DIE DEUTSCHEN KAISER

DIE DEUTSCHEN KAISER

GERHARD JAECKEL

DIE DEUTSCHEN KAISER

EINE ILLUSTRIERTE GESCHICHTE

DER DEUTSCHEN HERRSCHER

VON KARL DEM GROSSEN

BIS WILHELM II. UND

KARL I. VON ÖSTERREICH-UNGARN

Mit einem kunstgeschichtlichen Beitrag

über die Bildnisse der Kaiser von

GEORG JOHANNES KUGLER

URBES

© GERHARD JAECKEL UND URBES VERLAG HANS JÜRGEN HANSEN, D 8032 GRÄFELFING VOR MÜNCHEN
KONZEPTION UND IDEE: HANS JÜRGEN HANSEN
SATZ: DER SATZ-PARTNER, WIEFELSTEDE-GRISTEDE
REPRODUKTIONEN: REPROZWÖLF, WIEN
DRUCK UND BINDUNG: DRUCKHAUS NEUE STALLING GMBH & CO KG, 2900 OLDENBURG
ISBN 3-924896-18-6

Inhalt

DIE BILDNISSE
DER KAISER

Vergleicht man die Kunstentwicklung einzelner Völker und Epochen, fällt auf, daß das Bildnis eines bestimmten Menschen als Gattung der Malerei erst spät in Erscheinung tritt. Selbst die Einzeldarstellung der Mächtigen eines Staatswesens wird erst zur Sitte, nachdem Malerei und Bildhauerei auf allen Gebieten der Kunst schon das Größte geleistet hatten. Jakob Burckhardt spricht einmal vergleichsweise vom (antiken) Porträt als einer bisher versäumten Gelegenheit, das bei einem späteren Besuch nachgebracht wird.

Von der antiken Porätmalerei ist so gut wie nichts erhalten geblieben. Umso größere Bedeutung hat für uns die antike Skulptur. Der fast lückenlosen großartigen Reihe ausdrucksvoller Porträtbüsten antiker Herrscher, vor allem der römischen Imperatoren – auch sie sind einer kulturellen Spätzeit zuzuordnen – hat das Abendland nichts gleichwertiges entgegenzusetzen. Auch das antike Münzbild hat weithin Porträtcharakter, das mittelalterliche ist weit davon entfernt. Erst die Wiedererweckung des antiken Denkens, vor allem römischer Geschichts- und Staatsauffassung seit dem Ende des 14. Jahrhunderts bewirkte, daß auch in Europa das menschliche Bildnis zur vollen Ausprägung gelangte.

Das Bildnis, von dem wir hier sprechen, können wir definieren als Darstellung eines bestimmten, somit erkennbaren Menschen, hinter dessen körperlicher Erscheinung auch sein Geist und seine Seele aus dem Bilde sprechen muß. In erster Linie wird das »Äußere« des Menschen dargestellt und deshalb vom Bildnis Ähnlichkeit gefordert und höchstens eine Veredelung des Dargestellten geduldet. Im antiken Theben traf die »Verhäßlicher« eine Geldbuße von 1000 Drachmen! Hier wird bereits ein Problem der Bildnismalerei berührt, die Forderung nach Ähnlichkeit und Veredelung wird oft im Widerspruch stehen zum Bemühen des Künstlers, Seele und Geist, gleichsam das Innenleben durch die äußere Erscheinung durchleuchten zu lassen. Wo liegt die Grenze zwischen »Veredeln« und plumper Schmeichelei? Zu welcher künstlerischer, ja moralischer Konzession muß ein Bildnismaler bereit sein?

Die Verhältnisse liegen noch komplizierter beim Herrscherbildnis, das uns hier vor allem beschäftigt. Sein Zweck ist ja offensichtlich, den Ruhm und die Bedeutung des Dargestellten zu Lebzeiten zu verbreiten und der Nachwelt vor Augen zu führen. Hier muß nicht so sehr das Innere lebendig gemacht werden, denn nicht psychologische Einsicht wird vom Untertanen gefordert, sondern das Äußere, die Haltung und Würde des Herrschers muß mit großer Eindringlichkeit dargestellt werden, um Ansehen und Hochschätzung zu verbreiten. Der Mächtige wird durch das Bildnis gegenwärtig, fast allgegenwärtig, wenn man bedenkt, daß das Bild

auch magische Bedeutung hatte und hat, außerdem wirkt es über den Tod hinaus, das Ansehen seines Nachfolgers mitbestimmend. Bis zum heutigen Tag hängen die Photographien der monarchischen und republikanischen Staatsoberhäupter in allen Amtsstuben und Festsälen, Klassenzimmern und Bahnhofswarteräumen. Fehlt es dem Dargestellten auch oft an Würde und Haltung, die massenweise Wiederholung macht dies bald vergessen. Jedermann sind heute das Aussehen, sogar das Gehabe, die Redeweise und die Handbewegungen der Mächtigen bekannt. Vor der Erfindung der Photographie und des Films waren nur wenige Darstellungen eines Herrschers von ihm gebilligt und im Lande verbreitet. Überhaupt darf nicht vergessen werden, daß die Menschen der Vergangenheit nur wenige Bilder im Laufe eines Lebens zu sehen bekamen und diese waren überwiegend religiöse Bilder, deren Themen sich wiederholten. Welchen Eindruck muß damals ein Bild des Königs gemacht haben! Er kam – im doppelten Sinn – gleich nach den Heiligen des Himmels! Königliche Bildnisse sollten und mußten ganz bestimmten Vorstellungen und Erwartungen entsprechen. König oder Herzog, einen Bürgermeister, schon gar Kaiser und Papst stellte man sich so vor, wie seine Vorgänger ausgesehen hatten, die man auch nur von wenigen Bildnissen gekannt hatte. Man erwartete den gleichen Ornat oder die gleiche Uniform, den Bürgermeister in einer altväterlichen Tracht, sie alle geschmückt mit den traditionellen Zeichen ihres Amtes, ihres Ranges und ihrer Macht, also den Insignien: Kronen, Ordenszeichen, Halsketten und Waffen. Das Herrscherbild tritt uns hier als typische Darstellung entgegen, die sich nicht nur um individuelle Ähnlichkeit bemüht, sondern um allgemein verständliche Gültigkeit. Unabhängig vom gleichsam zufälligen Aussehen des Herrschers soll die erwünschte und potentielle Größe des Herrscheramtes im Bilde durchleuchten, soll dem Amt und damit dem Staatswesen dauernde ideelle Gültigkeit verliehen werden.

Wenn wir dies bedenken, verstehen wir, daß die Darstellung des Herrschers auch in Kulturen und Epochen üblich ist, die entweder nicht den Wunsch oder nicht die Fähigkeit haben, ein menschliches Gesicht individuell zu erfassen, von anderen zu unterscheiden und darzustellen. Im frühen und noch im hohen europäischen Mittelalter, etwa bis zum 13. Jahrhundert gibt es zwar Bilder von Kaisern und Königen, aber keine echten Bildnisse, bestenfalls Vorstufen dazu. Die ideale Erscheinung des Menschen galt mehr als seine wirkliche, weshalb fast ausschließlich die Mächtigen von Staat und Kirche dargestellt wurden. In den eindrucksvollen Malereien der kostbaren heiligen Bücher des 10. und 11. Jahrhunderts erkennen wir die Herrscher an ihren Gewändern und Insignien, durch ihre Haltung und Stellung inmitten der anderen Personen. Man denke an Kaiser Otto II. inmitten huldigender Nationen auf dem Blatt in Chantilly, das aus einer Handschrift in Trier stammt, oder an seinen Sohn Otto III. in dem kostbaren, nach ihm benannten Evangeliar aus Bamberg. Die in beiden Bildern übereinstimmende – auf antiken Traditionen beruhende – Haltung des Kaisers, die kostbaren Kleider, Krone, Apfel und stabartiges Zepter weisen ihn als den Herrscher schlechthin aus, dazu kommt noch der Thron unter dem Baldachin. Noch ehe die Personen aus dieser eindrucksvollen Bindung an den Herrschertypus heraustreten, werden die Insignien erkennbar, identifizierbar. Zuerst die Zeichen der Gnade Gottes, die Reliquien. Während wir nämlich auf der Darstellung der Krönung Heinrichs II. durch Christus in dem Sakramentar, das der Kaiser dem Bamberger Dom übergeben hat, die Heilige Lanze und den großen Span vom Kreuz Christi erkennen, die sich als ältere Reichsreliquien beide noch heute im alten Reichsschatz befinden, sind Krone, Reichsapfel und Zepter nicht zu bestimmen. Die Krone scheint viereckig und vierzackig zu sein, der Apfel (die Weltkugel) ist zwar mit dem Kreuz bezeichnet, trägt es aber noch nicht in der uns geläufigen Weise, und das lange Zepter ist mit der Taube des Heiligen Geistes geschmückt. Kein ähnliches Objekt ist erhalten.

Ein treffliches Beispiel für die erwähnte Geisteshaltung, die die Idealität höher schätzt als das individuelle Aussehen, ist die Beobachtung, daß Grabsteine und Sarkophage die Verstorbenen stets in der Blüte ihrer Jahre zeigen, weil diese nach einer verbreiteten Auffassung im Todesalter Christi, also 33jährig, dargestellt werden mußten. Man denke an das Idealbildnis Heinrichs des Löwen auf dem Sarkophag in Braunschweig, das rund vierzig Jahre nach seinem Tode entstand: kein Anzeichen des Alters, keine Ahnung des Todes.

Die künstlerische Freiheit kann sich schließlich über den Zwang der Individualität erheben und das reine Idealbild schaffen. Das königliche »Bildnis« des Bamberger Reiters ist der berühmteste solche Fall.

Idealität des Bildnisses will sagen, daß uns jenes Bild von weltlichen oder geistlichen Herrschern gegeben wird, das allgemein als Ideal angesehen wurde. Die Künstler drückten ja nichts anderes aus, als was im Volke unausgesprochen vorhanden war. Sie waren ja noch eingebettet in das Leben und Denken ihres Volkes, deshalb bleiben sie auch anonym. Nur der von weit herkommende Meister, der nicht in seiner Heimat arbeitet, wird – oftmals nach dieser – benannt und tritt aus der Anonymität hervor.

An den Grabplastiken treten dann im 13. und 14. Jahrhundert die ersten Merkmale einer Individualisierung auf. Die Naumburger Stifterfiguren hatten den Weg schon gewiesen, ohne Bildnisse zu sein. Was im Schoße der Zeit noch schlummert oder sich unbemerkt allmählich entwickelt, im künstlerischen oder geistigen Streben einer Zeit liegt, wird oftmals von einzelnen großen Menschen, die denkend und fühlend vorausgreifen, unvermutet ans Licht gebracht. Der Gedanke des echten Herrscher- und Menschenbildes liegt in der Mitte des 13. Jahrhunderts »in der Luft«: wir wären glücklich, wenn wir behaupten könnten, daß die steinernen Köpfe des großen Staufers Friedrichs II. sein wahres Antlitz überliefern!

Mit Sicherheit aber kann erst ein Papstgrab und ein Kaisergrab der 2. Hälfte des Jahrhunderts als Bildnis genannt werden. Die Grabfiguren des unmenschlichen Clemens IV. in Viterbo (um 1274) ist für uns hier weniger wichtig als die Grabskulptur des er-

sten Habsburgers auf dem deutschen Königsthron. Rudolf I. ließ sein Grabmal im Dom zu Speyer schon zu Lebzeiten errichten. Eine der zahlreichen Anekdoten, die von diesem populären König überliefert werden, erzählt, daß er den Bildhauer einige Zeit später beauftragt habe, sein Gesicht sorgfältig zu studieren, wieder nach Speyer zu fahren und die neu hinzugekommenen Runzeln »nachzutragen«!

So hat die Bildhauerei, nicht die Malerei, den ersten Schritt zum echten Porträt getan. In der Mitte des 14. Jahrhunderts ist dann das Herrscherbildnis ein verläßliches Abbild der natürlichen Erscheinung.

Die Bildnisbüste Kaiser Karls IV. im Prager Dom gehört zu einer geschlossenen Folge von Werken der Parler-Werkstatt, in denen sich Individualität des Menschen mit dem Typus des Herrschers verbinden. In dieser Zeit gibt es dann auch das gemalte Herrscherbildnis. Die ersten erhaltenen Beispiele sind jenes König Johanns des Guten (um 1360) in Paris und das erste deutsche jenes Herzog Rudolfs des Stifters (um 1365) in Wien.

Vergegenwärtigen wir uns nochmals die Aufgabe, die dem Bildnismaler gestellt ist. Das Nachahmen des Sichtbaren und Charakteristischen der Person ist zunächst selbstverständlich, dem Gesicht als Spiegel der Seele wird dabei besondere Bedeutung zukommen, wenn das Bildnis lebensvoll, gleichsam sprechend sein soll. Der höfische Porträtist, besonders der fest bestallte Hofmaler – den es seit dem 15. Jahrhundert zuerst an den westeuropäischen Höfen gibt – wird diese Aufgabe mit der Wiedergabe eines idealen politischen Menschen verbinden und darüber hinaus die übergeordneten Prinzipien des Handelns dokumentieren, die den Bestand des Staates moralisch rechtfertigen. Daß solche Aufgaben als unwürdiger »Fürstendienst« geschmäht wurden und der Hofmaler dem Hofpoeten gleichgestellt wurde, nimmt nicht wunder. Doch Hofmaler ist nicht gleich Hofmaler! Die großen schöpferischen Künstler, die sich dem Zwang unterwarfen, die Mängel der menschlichen Erscheinung durch ihre Kunst zu verbergen, erhoben sich über die Problematik ihres Berufes und vereinten die Gegensätze durch die Darstellung des vorbildlichen Menschen. Dabei bleibt wichtig, daß der Künstler sich seines Gegenübers nicht seelisch bemächtigt, daß nicht künstlerische Anliegen die Aufgabe der treulichen Wiedergabe verdrängen, wie dies z. B. bei Rembrandt oder van Gogh der Fall sein kann. Alle ganz großen Bildnismaler waren übrigens nicht nur, sondern auch Bildnismaler: Dürer, Holbein, Tizian, Velazquez, Rubens und van Dyck haben uns herrliche Porträts hinterlassen, aber auch großartige Kompositionen aller Art. Das große höfische Bildnis erhält durch diese Meister eine Ausdruckskraft, die nicht nur auf die Untertanen wirkt, sondern letzten Endes auf den Dargestellten selbst. Der Herrscher muß seine Fähigkeiten und Tugenden am Kunstwerk orientieren. Die Kunst als Erzieherin des Menschen!

Dürers Kaiser Maximilian, Holbeins König Heinrich VIII. oder Clouets Franz I. sind Kunstwerke von größter Kostbarkeit und vollendete Porträts in der Vereinigung der genannten Gegensätze. Ihren Wert als Bildnis aber vermitteln auch sorgfältig hergestellte Kopien von der Hand eines sonst unbedeutenden, weil ganz unselbstständigen Malers. Ihre wiederholte Kopierung führt dann oft vom Individuellen weg und bringt das Typische stärker zur Geltung. Münzen und Siegel sind oft Träger dieser Entwicklung. Hingegen ist die Bildnismedaille schon in der Antike ein ganz eigenständiges Kunstwerk. Sie erlebte durch Pisanello im Jahre

8

1438 gleichsam eine Auferstehung und ist seither wichtiges ikonographisches Dokument für zahlreiche Herrscher geblieben. Die italienische Frührenaissance hat auch eine andere Form des antiken Bildnis wiedererweckt, die Porträtsbüste.

Seit dem Beginn der Neuzeit, also etwa seit 1500, vollzieht sich aber die Geschichte des Bildnis im wesentlichen auf dem Gebiet der Malerei. Der Mensch nimmt sich als Maß aller Dinge, und die neue Bewertung der Persönlichkeit fördert allenthalben die Bildnismalerei. Ein Spezialistentum entwickelt sich, dessen Anfänge schon bei Holbein liegen, wichtiger wird dann noch Anthonis Mor, der die deutsch-niederländische Tradition nach Spanien verpflanzt und der Ahnherr der ausgeprägtesten Schule von Porträtmalern wird. Kein anderes Land außer Spanien hat es zu einer so geschlossenen Folge von fürstlichen Porträts und höfischen Familienbildern gebracht, die aus dynastischen Gründen auch zahlreiche Habsburger mit einschließt, die als römische Kaiser und Könige in der deutschen Geschichte eine große Rolle gespielt haben. Der Hauptbestand dieser Bildnisse des Erzhauses ist deshalb auch auf Madrid und Wien aufgeteilt.

Vor allem diejenigen Herrscher, die mit ihrem Bildnis propagandistische Zwecke verbanden, deshalb zahlreiche Exemplare, eventuell mit verschiedenen »gezielten« Inschriften wünschten, schätzten sachliche, exakte Arbeiten höher als große Kunstwerke. Kaiser Maximilian ging es dabei auch um die Kosten, wenn er im Jahre 1501 bei der Ernennung Jörg Kölderers zum Hofmaler sagt, daß er ihm »das hofgemäl, sonderlich dasjenige, so nit gar köstlich ist«, zusage. Aus denselben Überlegungen bevorzugte er Holzschnitt und Münze, die sein Bildnis, seine Taten und Pläne unter das Volk brachten. Von seinem Hofmaler Bernhard Strigel läßt er zwei Bildnistypen schaffen, den offiziellen und den privaten, und verschenkt beide in zahlreichen Fassungen.

Seine Popularität wurde zweifellos durch die Verbreitung seiner Bildnisse gefördert, sie äußerte sich aber auch darin, daß sein Porträt auf den Flügelaltären der Zeit, auf Glasfenstern und Tafelbildern erscheint. Das »versteckte« Herrscherbildnis gibt es nicht nur bei Maximilian I., sondern bei vielen Kaisern und Königen.

Hat sich Maximilian gelegentlich in seiner Leutseligkeit als »erster Bürger von Augsburg« bezeichnet, ist sein Enkel Karl auch der eigenen Selbsteinschätzung nach ein Weltherrscher. Er sucht, auch weil er aus ganz anderen künstlerischen Quellen schöpft als Maximilian, das Herrscherbildnis von der Hand des Meisters. Weil er mit Tizian nicht zusammentreffen konnte, ließ er sich von Jakob Seisenegger, dem österreichischen Hofmaler seines Bruders Ferdinand, in Bologna porträtieren und sandte Tizian dieses Gemälde, damit er es kopiere.

So stammt also das erste der für die Folge so wichtigen ganzfigurigen Kaiserbildnisse von der Hand eines typischen Hofmalers, der es sicherlich nach den genauen Anweisungen Kaiser Karls V. konzipierte. In Tizians »Kopie« vereinigte sich dann die neue Bildidee mit vollendeter künstlerischer Ausführung. In der Folge hat der große Venezianer den letzten universellen Monarchen mehrmals gemalt und unter diesen Werken befindet sich jenes unvergeßliche Reiterbildnis im Prado. Der Kaiser reitet als Sieger über das Schlachtfeld von Mühlberg, geprägt von der Last der Verantwortung, erhöht durch die Größe der Berufung. In seiner Erhabenheit und in seiner »Anmaßung« blieb dieses Bild allein. Die Nachfolger Karls V. auf dem Thron der Römischen Kaiser waren keine Universalherrscher, sondern mehr und mehr auf den alten Reichs-

kern beschränkt, sie wurden zu »deutschen Kaisern«. Es ist bezeichnend für ihre Stellung als primus inter pares, daß sie bis in die Barockzeit hinein ihren Ehrenvortrag nicht in Bildnissen dokumentierten. Die Kaiserbildnisse des späten 16. und 17. Jahrhunderts unterscheiden sich durch nichts von den Bildnissen der weltlichen Kurfürsten und anderen Reichsfürsten, es sei denn durch das Zeichen des Ordens vom Goldenen Vließ, das die Habsburger auf dem schwarzen Kleid ebenso tragen wie auf dem blanken Harnisch oder durch die oft halb versteckt auf einem Tisch liegende Reichskrone. Das Repräsentationbedürfnis der anderen europäischen Herrscher, aber auch künstlerischer Ehrgeiz, führten zuerst in Italien, namentlich aber dann in Frankreich, zu den im Ausdruck übersteigerten, konsequenterweise auch überlebensgroßen Standbildern und Reiterstatuen der Fürsten und Könige. Einzige Beispiele für diese Bildidee bei den habsburgischen Kaisern sind Elfenbeinstatuetten von Matthias Steinle, die Kaiser Leopold I. und seine Söhne und Nachfolger Joseph I. und Karl VI. als Türkensieger darstellen. Es sind Reiterbildnisse en miniature, geeignet, um in einer Kunstsammlung als Virtuosenstück eines Künstlers bewundert zu werden, aber keine »Denkmäler«. Dem französischen Vorbild folgend, ließen sich im 17. und 18. Jahrhundert zahlreiche deutsche Reichsfürsten zu Pferde darstellen, wie sie sich ja in allen künstlerischen und modischen Fragen nach dem Hofe des Sonnenkönigs richteten.

Frankreich war dann freilich auch das Land, in dem sich nach dem Tode Ludwigs XIV. der radikale Umschwung in der Beurteilung des Herrschers und seiner Aufgaben vollzog. Auch darin folgte Europa dem geistig überlegenen Vorbild. Das Ideal des aufgeklärten Herrschers, der sich, wie Friedrich II. von Preußen, »erster Diener des Staates« nannte, ist natürlich nicht erreicht worden, doch haben sich zahlreiche deutsche Fürsten, darunter Maria Theresia als Königin von Böhmen und Erzherzogin von Österreich, und ihre Söhne als Kaiser unermüdlich um die Verwirklichung bemüht. Joseph II. und Leopold II., die ungleichen Brüder, waren sich doch sehr ähnlich in ihrer Sorge um das Wohl des Staates und des Volkes. Ihr Bemühen zu helfen, vor allem zu erziehen, spricht auch aus ihren Bildnissen. Während wir aus früheren Herrscherbildnissen den Menschen nur mühsam hinter der Fassade erkennen, sieht uns der aufgeklärte Fürst geradeheraus, offen, ja auffordernd an, als ein Mensch, der sich um seine Mitmenschen sorgt. Als wichtig galt das Studium der Literatur und der Philosophie – auf dem Doppelbildnis Josephs und Leopolds liegt Montesquieu's »L'esprit de lois« auf dem Tisch – und die Beschäftigung mit den Naturwissenschaften, die damals ihren Siegeszug begannen. So läßt Maria Theresia das Andenken ihres Mannes, Kaiser Franz' I., durch ein Porträt von Johann Zoffany ehren, das ihn inmitten seiner Sammlungen und seines wissenschaftlichen Instrumentariums zeigt.

Die Herrscher des 18.Jahrhunderts haben sich erstmals in militärischen Uniformen porträtieren lassen. Anstelle der traditionellen, »spanischen« Hofkleidung – wir sehen sie an Kaiser Karl VI. – tritt gleichsam eine Dienstkleidung, der Offiziersrock des eigenen Regiments. Die Bedeutung der Uniform als höfische Kleidung wächst im 19. Jahrhundert, wohl als Folge der Napoleonischen Kriege, und erreicht im Kaisertum Österreich unter Franz Joseph und im Königreich Preußen unter Wilhelm II. den Höhepunkt. Von diesen Herrschern gibt es fast nur Bildnisse in Generals- oder Marschalluniform. Im Schatten des Untergangs trägt Kaiser Karl den schlichten Soldatenrock mit dem Kreuz des Militär-Maria-Theresienordens und Eisernen Kreuz an der Brust.

Letzte Erinnerungen an die würdevollen mittelalterlichen Herrschergewänder – die zum Teil in der Wiener Schatzkammer erhalten sind – rufen jene Bildnisse wach, die den Kaiser im Ornat vom Goldenen Vließ zeigen. Hier ist Kaiser Ferdinand I. in diesem prachtvollen Mantel abgebildet.

Der letzte Römische Kaiser war Kaiser Franz II. Unter dem Druck der Napoleonischen Agression und dem Abfall der Reichsfürsten erklärte er 1806 das Reich für gelöst. Würde und politische Machtstellung rettete er hinüber in das von ihm begründete Kaisertum Österreich, das in der Folge als Wahrerin der Tradition – für manche war es Reaktion – die Rolle eines heimlichen Römischen Reiches spielte. Der schwarze Adler im goldenen Schild blieb weiterhin kaiserliches Wappen, die Ämter und Zentralstellen blieben bestehen, die Reichskrone ruhte in der Schatzkammer der Hofburg. Wien blieb die Reichshauptstadt der Romantiker. In diese vormärzliche Situation paßt das große Bildnis des Kaisers Franz I. von Österreich – wie er nun zu titulieren war – von Friedrich Amerling. Der prächtige kaiserliche Ornat wurde erst 1830 für die Mailänder Krönung des Kronprinzen angeschafft, nach Entwürfen eines Theaterdekorateurs! Der Einfluß des modischen Prunks des Hofes Napoleons ist nicht zu übersehen. Die Insignien des Österreichers freilich sind ehrwürdig. Die habsburgische Hauskrone und österreichische Kaiserkrone hat schon Kaiser Rudolf II. um 1600 anfertigen lassen. Sie ist eine Mitrenkrone, die den achtzackigen Reif der Kaiserkrone mit der bischöflichen Mitra verbindet, die im Spätmittelalter unter der Reichskrone getragen wurde. Seit damals ist der Typus dieser Mitrenkrone zumindest bildlich überliefert, z. B. über dem Reichswappen auf Dürers Maximiliansbildnis.

So präsentiert sich der letzte Kaiser des alten Reiches in traditionellem Prunk vor der Geschichte, denn selbst getragen hat er diesen Ornat nur einmal, und damals war ihm, dem über Sechzigjährigen, die Krone zu schwer. Er selbst trug das Reitkleid beim Ausritt und täglich die Uniform, bei den Audienzen meistens jene des Tiroler Kaiserjägerregiments. Das war die Realität, das andere nur noch »Traum der Herrlichkeit«.

GEORG JOHANNES KUGLER

Karl der Große. Siegel von 774.

KARL I. DER GROSSE
768–814

»Da über die Geburt desselben und seine erste Kindheit, ja selbst seine Knabenjahre weder in Schriften etwas verzeichnet ist, noch ein Überlebender sagen könnte, daß er davon Kenntnis habe, so hielte ich es für töricht, darüber zu schreiben.« So steht es in der *Vita Caroli Magni* Einhards, des langjährigen Vertrauten Karls des Großen. Als Geburtstag wird bis heute der 7. April 742 angegeben, doch gilt nach neuesten Forschungen das Jahr 747 als wahrscheinlicher. Da die Ehe der Eltern, des merowingischen Hausmeiers Pippin des Jüngeren (auf Grund irrtümlicher Auslegung des Beinamens *minor* »der Kleine« oder »der Kurze« genannt) und der Bertrada, Tochter des Grafen Charibert von Laon, 744 geschlossen wurde, wäre damit die von den Historikern oft diskutierte Frage erledigt, ob Karl etwa unehelich geboren oder gar nicht der Sohn Bertradas war.

Der spätere Begründer des christlichen Abendlandes und der Herrschaft von etwa vierzig sich dazu durch Gottes Gnade berufen fühlenden Adelsfamilien, wurde nicht im Königspurpur geboren. Sein Vater Pippin war ein Usurpator. Schon Pippins Großvater Pippin II. der Mittlere und sein Vater Karl Martell (»der Hammer«) hatten als Hausmeier der degenerierten Merowingerkönige das fränkische Reich zwischen Loire und Rhein als Alleinherrscher regiert, ohne jedoch die Königswürde anzustreben. So unfähig und verkommen die späten Merowinger auch waren, haftete ihrem Geschlecht doch das auf Abstammung von den alten Germanengöttern zurückgeführte Königsheil an, das auch unter den längst christianisierten Germanen und Romanen des Reichs als Legitimation galt. Nur eine Anerkennung und Königsweihe der Pippinen durch den Papst konnte das Heil der Merowinger außer Kraft setzen. Durch eine Gesandtschaft fragte Anfang 751 Pippin der Jüngere bei Papst Zacharias an, »ob es gut sei, daß diejenigen, die Könige in Franzien genannt werden, nicht die wirkliche Macht hätten«. Der Papst, vom oberitalienischen Langobardenkönig Aistulf hart bedrängt und vom oströmischen Patriarchen in Byzanz in den Schatten gestellt, erhoffte sich Hilfe und neuen Glanz für Rom, wenn er sich den mächtigsten Herrscher des Abendlandes verpflichtete. Er antwortete Pippin, es sei besser, »daß derjenige König heißt, der die Macht hat« und versprach seinen Segen. Jetzt fühlte sich Pippin stark genug, dem Merowinger Childebert III. das lange Königshaar scheren zu lassen und ihn ins Kloster zu schicken. Ende 751 riefen ihn die Großen des Reiches in Soissons zum König aus. Nach dem Vorbild der biblischen Könige Saul und David wurde er vom päpstlichen Legaten Bonifatius gesalbt.

Im Dezember 753 tritt der junge Karl zum erstenmal ins Licht der Geschichte. Papst Stephan II. mußte vor den Langobarden fliehen. Mit großem Gefolge wurde ihm Karl bis St. Maurice im Wallis entgegengeschickt und geleitete den in ein Bußgewand gehüllten Greis nach der Königspfalz Ponthion. Dort empfing König Pippin den Papst, warf sich ihm zu Füßen und führte ihn, sein Pferd am Zügel haltend, in die Burg. Am 28. Juli 754 salbte Stephan II. in der Kirche St. Denis bei Paris den König zum zweitenmal und diesmal auch Königin Bertrada und die Söhne Karl und Karlmann. Unter Androhung ewiger Verdammnis gebot der Papst den Franken, niemals einen anderen König anzuerkennen als Pippin und seine Nachkommen, die Gesalbten des Herrn. Zugleich verlieh er ihnen den Titel *Patricius Romanorum,* Schutzherr der Römer. Im Vertrag von Quiercy versprach Pippin dem Papst außer dem Dukat von Rom einen Teil von Tuszien, die byzantinische Exklave Ravenna und die Pentapolis mit den Städten Rimini, Pesaro, Fano, Sinigaglia und Ancona. Die meisten dieser Gebiete mußte Pippin allerdings erst den Langobarden in zwei Feldzügen entreißen. Als Herr dieses Kirchenstaats leistete der Papst dem König der Franken den Treueeid. Nach Pippins Tod am 28. September 768 wurde das Reich zwischen Karl und Karlmann geteilt. In dieser Zeit entwickelte sich eine von Jugend auf bestehende Abneigung zwischen den Brüdern zu Feindschaft und Haß. Auf Drängen Bertradas heiratete Karl, der aus einer Friedelehe mit der Fränkin Himiltrud bereits einen Sohn hatte, die namentlich nicht genannte Tochter des Langobardenkönigs Desiderius. Durch das Bündnis Karls mit den Langobarden fühlten sich der Papst und Karlmann bedroht. Papst Stephan III. sah in dieser Ehe »eine wahrhaft teuflische Eingebung« und drohte in einem ihm angeblich vom Heiligen Petrus diktierten Brief mit Ausstoßung aus dem Reiche Gottes und dem Fegefeuer. Karl heiratete die Langobardin trotzdem. Schon schien es zum Bruderkrieg mit Karlmann zu kommen, da starb dieser plötzlich am 14. Dezember 771. Der Adel seines Reichsteils huldigte unverzüglich Karl, Karlmanns Söhne wurden von der Erbfolge ausgeschlossen. Jetzt, da er die Bundesgenossenschaft der Langobarden nicht mehr brauchte, machte Karl eine politische Kehrtwendung. Er schickte seine Ehefrau ihrem Vater zurück, es heißt, sie war schwanger. Kurz darauf heiratete er die dreizehnjährige Hildegard, Tochter des fränkischen Großen Gerold. Karlmanns Witwe Gerberga war inzwischen mit ihren Söhnen zu Desiderius geflüchtet. Der forderte vom neuen Papst Hadrian I. die Königssalbung für die Karlmannsöhne, und als der Papst zögerte, besetzte Desiderius 773 den Kirchenstaat. Obwohl Karl gerade im ersten Feldzug gegen die Sachsen stand, mußte er dem Papst zu Hilfe eilen. Nach monatelanger Belagerung zwang er die langobardische Hauptstadt Pavia im Juni 774 zur Kapitulation. Desiderius und die Söhne Karlmanns verschwanden in Klöstern. Karl setzte sich die eiserne Krone der Langobarden auf und nannte sich König der Franken und Langobarden.

Von da an hat Karl fast ununterbrochen Krieg geführt. Nur in zwei der einundvierzig Jahre seiner Regierung wurde das Heer nicht aufgeboten. Als Hauptmotiv seiner Kriege nennen die Annalen die Unterwerfung der heidnischen Sachsen und ihre Christianisierung, sowie die Sicherung des Reichs gegen die von Osten andrängenden Slawen und Awaren. Ebenso wichtig war aber die Eroberung von immer neuem Land. Denn darauf beruhte die Macht der Frankenkönige, daß sie aus reichem Kronbesitz ihre Vasallen mit Pfründen belehnen und sie so bei der Stange halten konnten.

Der Adel wiederum war auf die Einkünfte aus den Benefizien angewiesen, um der Kriegsdienstpflicht nachkommen zu können. Die Ausrüstung eines schweren Reiters, der Hauptwaffe der karolingischen Heere, mit eisernem Helm, Panzerkoller, Arm- und Beinschienen, Schwert, Lanze und Schlachtroß kostete den Gegenwert von 18 bis 20 Kühen. Wenn man erfährt, daß damals eine königliche Domäne von 2063 Hektar normalerweise 45 Kühe trug, weiß man, wie reich einer sein mußte, um Jahr für Jahr als gepanzerter Reiter unter Karl dem Großen ins Feld zu ziehen. Weit härter traf der Kriegsdienst die freien Bauern. Sie stellten zwar nur die leichte Reiterei und das Fußvolk, mußten aber Ausrüstung und Verpflegung für drei Monate selber aufbringen. Der Erlös einer Hofstelle reichte dazu selten aus, so daß schließlich nur noch die Besitzer von zwei, vier oder fünf Höfen einen Krieger zu stellen brauchten. Die kleineren Bauern mußten zusammenlegen oder ein Zehntel ihrer beweglichen Habe an den Gaugrafen zahlen. Wer einrücken und seinen Hof für die Dauer des Feldzugs seinen Sklaven überlassen mußte, entschieden die Grafen. Viele freie Bauern wurden so ruiniert, gerieten unter die Hörigkeit eines großen Besitzers oder gaben auf und wurden Mönche.

Zweiunddreißig Jahre und achtzehn Feldzüge brauchte Karl, um die Sachsen zu unterwerfen, die im Gebiet des heutigen Südholstein und zwischen Elbe und Sieg zäh an ihrem Götterglauben festhielten und der Eingliederung ins fränkische Reich trotzten. Die Gebiete Engern, Ost- und Westfalen wurden verhältnismäßig leicht erobert. Dem Heer folgten Scharen von Missionaren, die an Massen zusammengetriebener Sachsen die Taufe zelebrierten. Mit drakonischen Strafen wurde die Einhaltung der Glaubensregeln erzwungen – Todesstrafe für Fleischgenuß während der vierzigtägigen Fasten, für die Verweigerung der Taufe und die Verbrennung der Toten. Volksversammlungen wurden verboten, der Kirchenzehnte bei den an Steuern nicht gewöhnten Sachsen eingeführt.

Immer wenn Karl und sein Heer ihnen den Rücken wendeten, brachen Aufstände los, ihre Seele war der Westfale Widukind. 782 wurde am Süntel ein fränkisches Heeresaufgebot vernichtet. Der Aufstand wurde mit Hilfe sächsischer Adliger niedergeschlagen, und angeblich wurden viertausendfünfhundert sächsische Geiseln – die Zahl steht in den fränkischen Annalen – an einem Tage bei Verden an der Aller niedergemacht. Widukind gab schließlich der Übermacht nach und ließ sich 785 in Attigny taufen, Karl war sein Pate. In Paderborn, Münster, Osnabrück, Minden, Verden, Bremen und Halberstadt wurden aus Missionsstationen Bistümer. Doch im Nordosten tobten die Aufstände weiter. Zehntausende von Nordalbingiern wurden deportiert, ganze Landschaften planmäßig verwüstet, ehe ganz Sachsen um 804 endlich befriedet war. Weniger Aufwand erforderte die Unterwerfung der slawischen Völker an und östlich der Elbe – der Obotriten, Wilzen, Sorben und Böhmen. Gegen das asiatische Reitervolk der Awaren im Südosten, dessen Stoßkraft schon im Erliegen war, führte Karl 791 und 795 zwei großangelegte Feldzüge. Um die Truppenverschiebungen auf dem Wasserweg zu ermöglichen, begann er den Bau eines Kanals zwischen Main und Donau an der Wasserscheide zwischen Altmühl und schwäbischer Rezat. Die Reste dieses wahrscheinlich an der Bodenbeschaffenheit und dem Wetter gescheiterten Werkes sind heute noch bei Graben erkennbar.

Der einzige militärische Fehlschlag Karls war 778 sein Feldzug in das von den Arabern beherrschte Spanien. Aus nicht geklärten Gründen mußte er vor Saragossa umkehren. Auf dem Rückmarsch zerstörte er sinnlos Pamplona. Bei Roncesvalles, unweit Pamplona, wurden Nachhut und Troß überfallen und vernichtet. Dabei fiel auch Hruodland, der Graf der bretonischen Mark, der später in der französischen Rolandsage als Kind der Liebe Karls und seiner Schwester Berta bezeichnet wurde.

Im Innern war das Reich Karls des Großen streng zentralistisch organisiert. Schon Pippin der Jüngere hatte die Stammesherzogtümer Thüringen und Alemannien abgeschafft. 788 stürzte Karl den Herzog Tassilo III. von Bayern. Das ganze Frankenreich war in Gaue eingeteilt, die Gaugrafen wurden vom König bestellt. In ihrer Hand lagen Verwaltung, Rechtsprechung und Heeresaufgebot, sie wurden durch Königsboten kontrolliert. Seinen Willen in Fragen von Recht, Moral, Glauben und Wirtschaft gab der König in Sendschreiben (Kapitularien) kund. Reichsangelegenheiten und überörtliche Rechtsstreitigkeiten der Großen wurden auf Reichsversammlungen entschieden, die an wechselnden Orten einberufen wurden.

Widerstände gegen die zentralistische Ordnung meldeten sich, wurden aber niedergeschlagen. So der Aufstand des Grafen Hardrad, als Karl die Herausgabe einer Thüringerin erzwingen wollte, die nur nach fränkischem Recht mit einem Franken verlobt war. Familiär tragischen Hintergrund hatte der Mordanschlag auf Karl in Regensburg 792. Pippin der Bucklige, sein vernachlässigter Sohn aus der frühen Friedelehe mit Himiltrud, war der Anstifter. Er wurde ins Kloster Prüm verbannt, seine Mitverschworenen öffentlich gekreuzigt und geköpft.

Ebenso unumschränkt wie im weltlichen Reich regierte Karl der Große, so wurde er schon bald genannt, über die fränkische Kirche. Der König setzte die Bischöfe und Äbte ein und stattete sie mit enormen Pfründen aus. Sein Verhältnis zum Papst war freundschaftlich und wesentlich durch seine Rolle als Schutzherr der Römer und den Treueid bestimmt, den ihm jeder neue Papst zu leisten hatte. Schon 774 legte er auf dem Grabe des Apostels Petrus die Urkunden nieder, die dem Papst die Herrschaft über den Kirchenstaat als *Patrimonium Petri* bestätigen. Auf seiner dritten Romfahrt 781 erweiterte er die päpstlichen Ansprüche sogar noch um Güter in Unteritalien und Zinszahlungen aus Toskana und Spoleto.

Diese Ausstattung des Papstes, dessen Reich doch eigentlich nicht von dieser Welt sein sollte, mit Macht über Rom und Italien eröffnete einen oft blutig ausgetragenen Dauerkonflikt, der erst 1929 mit der Anerkennung der Souveränität des auf die Vatikanstadt geschrumpften Kirchenstaates durch Mussolini beendet wurde. Dieser Konflikt wurde im Jahre 800 zum äußeren Anlaß für die Krönung Karls des Großen zum Kaiser. Während der Markus-Prozession im April 799 wurde Papst Leo III. von unzufriedenen römischen Patriziern überfallen, schwer mißhandelt und eingekerkert.

Nach abenteuerlicher Befreiung traf Leo III. mit Karl in dessen Sommerlager bei Paderborn zusammen. Dort wurden aber auch Klagen laut, die den Papst der übelsten Vetternwirtschaft bezichtigten. Im November 800 traf Karl in Rom ein, um selber den Fall zu entscheiden. Er wurde mit den Ehren eines römischen Kaisers empfangen. Im Petersdom tagte unter seinem Vorsitz das geistliche Gericht. Die Vorwürfe gegen den Papst konnten nicht erhärtet werden, und am 23. Dezember löste sich Leo III. von der Anklage durch einen freiwillig abgelegten Reinigungseid. Am selben Tag noch baten die Synodalen König Karl, er möge die Kaiserwürde annehmen, die seit mehr als dreihundert Jahren auf die Herrscher in Byzanz übergegangen war. Aber dort hatte drei Jahre zuvor die Kaiserwitwe Irene ihren Sohn Konstantin VI. blenden und einkerkern lassen und sich mit Hilfe ihrer Eunuchen selber auf den Thron gesetzt. Eine Frau auf dem Kaiserthron war nach römisch-christlicher wie nach fränkischer Auffassung unmöglich, also galt die Kaiserwürde als vakant.

Zur Christmesse am 25. Dezember 800 im Petersdom erschien Karl in römischer Patriziertracht, langer Tunika und kurzem Mantel. Als er nach den Messen vom Gebet am Altar aufstand, setzte ihm der Papst eine sehr kostbare goldene Krone aufs Haupt. Die Menge brachte dreimal den Huldigungsruf aus »Erhöre uns Christus! Dem allerfrommsten Karl, dem von Gott gekrönten Erlauchten, dem großen und friedbringenden Imperator Leben und Sieg!« Der Papst legte dem Gekrönten einen purpurnen Kaisermantel um, küßte und salbte ihn und warf sich ihm zu Füßen, wie es bei den alten römischen Kaisern üblich war. Einhard berichtet, Karl sei durch die Krönung unangenehm überrascht worden. Vielleicht hatte er sich die Krone selbst aufsetzen wollen, wie das tausend Jahre später Napoleon I. getan hat. Vielleicht hat ihn auch gestört, daß die Krönung vor der Huldigung durch die Großen erfolgt war, die nach fränkischem und römischem Brauch der eigentliche Akt der Monarchenerhebung war. Amt des Papstes war es lediglich, Gottes Segen auf das Haupt des Erkorenen herabzuflehen. So aber konnte es aussehen, als hätte der Papst Karl als Kaiser eingesetzt. Gestört mag ihn weiterhin haben, daß bei der Huldigung die Römer als das Reichsvolk aufgetreten waren, während Karl seine Legitimation allein von seinem fränkischen Königtum ableitete. Er hat sich auch niemals römischer Kaiser genannt, sondern nur »Kaiser, Lenker des römischen Reiches und durch Gottes Gnade König der Franken und Langobarden«.

Zwei Jahre nach der Kaiserkrönung ließ Karl durch die Königsboten alle über zwölf Jahre alten Freien des Frankenreiches auf das *nomen Caesaris* vereidigen. Das von Gajus Julius Caesar abgeleitete Wort Kaiser für Oberherrscher war schon zu Zeiten Caesars, also seit über achthundert Jahren in den Sprachgebrauch der Germanen eingegangen (gotisch *kaisar*, althochdeutsch *keisur*). Ebenso bildeten nachher die slawischen Völker nach dem Namen ihres Besiegers Karl das Wort für König: *krali, korol, karallus.*

Auf Byzanz wirkte die Kaiserkrönung Karls wie eine Kriegserklärung. Doch er strebte nicht nach der Macht über Ostrom, sondern suchte Verständigung und gegenseitige Anerkennung. Um sie zu erreichen, gab er sogar 812 Venetien an Ostrom zurück und verzichtete auf Süditalien. In realistischer Einschätzung seiner Möglichkeiten enttäuschte er auch die Hoffnung derer, die von ihm die Wiederherstellung der römischen Weltherrschaft über den Mittelmeerraum und Kleinasien erwarteten. Mit dem größten Herrscher der arabischen Welt, dem Kalifen Harun ar-Raschid in Bagdad, unterhielt er

freundschaftliche Beziehungen und empfing von ihm als Geschenk die heiligen Stätten der Christenheit in Jerusalem. Ganz zu Unrecht hat die spätere französische Heldendichtung Karl als den ersten Kreuzfahrer verherrlicht.

Das Reich Karls des Großen war zu ausgedehnt und bestand aus zu vielen Völkerschaften, um auf die Dauer als Einheitsstaat regiert werden zu können. Daß es Karl bis zu seinem Tode gelang, war eine ungeheure Leistung. Auch wenn man alle Lobhudeleien seiner Hofpoeten und Hofhistoriker abzieht, bleibt das Bild einer alles überragenden, gewaltigen Persönlichkeit. Schon seine äußere Gestalt war ehrfurchtgebietend – fast 1 Meter 90 hoch, wie die Nachmessung seiner Gebeine bei der Graböffnung im Jahre 1861 ergab, breitschultrig bei etwas zu kurzem und dickem Nacken, die Stimme heller als man bei seiner Statur erwartet hätte. Seine Umgangssprache war Germanisch, doch beherrschte er auch Latein und Griechisch und wahrscheinlich auch das Romano-Keltische des westlichen Franzien. Energisch förderte Karl die von angelsächsischen und irischen Mönchen schon zur Zeit seines Großvaters eingeleitete Reform der Kirchen und Klöster, die Sammlung und Vervielfältigung der antiken römischen und griechischen Literatur, aber auch der

Karl der Große. Münzbild von einem Silberdenar aus Florenz.

germanischen Heldenlieder. Die in seinem Auftrag bearbeitete römische Liturgie setzte er für alle Kirchen und Klöster durch, vielleicht neben der Einführung einer einheitlichen Schreibschrift, der karolingischen Minuskel, sein größter und dauerhaftester Beitrag zur Einheit des Abendlandes.

Die warmen Heilquellen von Aachen scheinen der Hauptgrund für Karl gewesen zu sein, dort seine Hauptresidenz zu bauen, wie viele Krieger litt er von den Feldzügen her an Rheuma. Am Aachener Hof versammelte er die gelehrtesten Männer seiner Zeit. Die bedeutendsten waren der angelsächsische Theologe Alkuin, der langobardische Historiker Paulus Diaconus, Karls Biograph und Hofbaumeister Einhard, der Ire Dungal und der Grammatiker Peter von Pisa. In diesem Kreis wurden wissenschaftliche, vor allem theologische Fragen, aber auch die »sieben freien Künste« Latein, Griechisch, Dichtkunst, Rhetorik, Dialektik, Algebra und Astronomie im Stile einer Akademie diskutiert. Karl wurde dabei als Gleicher unter Gleichen behandelt. Nach dem Vorbild dieser Hofschule, ordnete Karl an, sollten an allen Klöstern Schulen auch für die Laien errichtet werden.

Aus seiner Ehe mit Hildegard hatte Karl vier Söhne und sechs Töchter. Nach dem Tod Hildegards 783 heiratete er Fastrada, Tochter des Grafen Radulf, die zwei Töchter zur Welt brachte und 794 starb. Die letzte Ehe mit der Schwäbin Liutgard blieb kinderlos. Daneben liebte er während und nach seinen rechtmäßigen Ehen noch mindestens vier Nebenfrauen, von denen er achtzehn Kinder hatte. Wegen dieses Lebenswandels sah der Mönch Wettin den allerfrommsten Karl später im Fegefeuer. Trotz ihrer von der Hofdichtung gepriesenen Schönheit blieben alle ehelichen Töchter unverheiratet, weil Karl sich nicht von ihnen trennen mochte. Doch er duldete, daß die Natur ihr Recht forderte. So hatte Hrotrud vom Grafen Rorico von Maine einen Sohn, der später Abt von St. Denis wurde. Bertha lebte in freier Ehe mit dem Hofdichter Angilbert, aus der der Dichter und Historiker Notker der Stammler hervorging. Es heißt, daß von allen jungen Frauen am Aachener Hof nur Karls Nichte Gundrada Jungfrau geblieben ist.

Schon 806, sieben Jahre vor seinem Tode, legte Karl der Große die Erbfolge fest. Nach fränkischem Recht hätte er das Reich gleichmäßig unter seinen drei rechtmäßigen Söhnen teilen müssen. Er entschied sich für einen Mittelweg. Karl, der älteste, sollte den größten Teil und höchstwahrscheinlich auch die Kaiserwürde erben, Pippin Italien und Ludwig Aquitanien, zu deren Königen sie schon 781 gekrönt worden waren. Aber Pippin starb 810, Karl ein Jahr darauf. Beide hatten sich im Unterschied zu dem nun allein überlebenden Ludwig als Heerführer bewährt. Im September 813 krönte Karl den frommen Ludwig zum Mitkaiser.

Seit dieser Zeit war Karl der Große leidend, im Winter begann er ernstlich zu kränkeln. Auch das Fasten brachte dem Fiebernden keine Erleichterung. In der Nacht zum 27. Januar 814 empfing er von seinem Erzkaplan Hildibald das Abendmahl und starb morgens um neun Uhr. Noch am gleichen Tag wurde er in der Aachener Marienkirche beigesetzt. Daß er sitzend auf seinem Thron bestattet worden wäre, ist eine Sage.

Ludwig der Fromme.
Münzbild von einem Silberdenar aus Dorestad.

LUDWIG I. DER FROMME
814–840

Als Karl der Große im Sommer 778 vom erfolglosen spanischen Feldzug zurückkehrte, fand er in der Pfalz Chasseneuil die Königin Hildegard im Kindbett mit Zwillingen. Sie wurden Lothar und Ludwig getauft, anknüpfend an die Merowingerkönige Chlothar und Chlodwig. Lothar starb im zweiten Lebensjahr. Kaum zwei Jahre alt, wurde Ludwig am Ostersonntag 781 gemeinsam mit seinem älteren Bruder Pippin in Rom von Papst Hadrian I. zum König gesalbt und gekrönt. Ihm wurde das Unterkönigtum Aquitanien bestimmt, das Land seiner Geburt zwischen Loire, Atlantik, Garonne, Pyrenäen und unterer Rhône. Noch im selben Jahr schickte ihn sein Vater in sein Königreich, das der fränkischen Herrschaft noch fremd gegenüberstand und an den Grenzen von Basken und Arabern beunruhigt wurde. Wie Ludwigs Biograph berichtet, wurde er bis Orléans in der Wiege befördert – es dürfte eine Sänfte gewesen sein –, dort legte man ihm Waffen an und hob ihn auf ein Roß, um ihn seinen neuen Untertanen vorzuführen. Als Regenten waren ihm ein Kanzler, ein Kämmerer, ein Kaplan und neun fränkische Grafen beigegeben, sein Erzieher war Arnold, einer der Großen am väterlichen Hof. Seine Mutter sah der Knabenkönig nie wieder, sie starb 783, den Vater durfte er zum erstenmal als Siebenjähriger in Paderborn besuchen.

Bei seiner Erziehung überwog der geistliche Einfluß, allerdings sagte man den aquitanischen Bischöfen nach, daß sie sich mehr in der Jagd, der Reiterei und den Waffen auskannten als in der Theologie. Ludwig, der nicht sehr groß, aber ebenso breitschultrig und stark wie sein Vater wurde, lernte Latein und Griechisch und wurde ein geschickter Ritter. Entscheidend für seine Persönlichkeit wurde jedoch der Einfluß des strenge Askese predigenden Abts Bernhard von Aniane. Der Konflikt zwischen seiner stark sinnlichen Natur und dem mönchischen Ideal trieb ihn in Exzesse der Frömmigkeit und des Aberglaubens. Gewitterblitze, Meteore, Erdbeben und nächtliche Geräusche erschienen ihm als Zeichen göttlichen Zorns. Ehe er um 794 mit Irmingard, der Tochter eines lothringischen Grafen, verheiratet wurde, hatte er von unbekannten Müttern zwei Kinder: Alpais, später Äbtissin von S. Pierre-Bas in Reims, und Arnulf, Graf von Senlis.

Während Ludwigs »Regierungszeit« in Aquitanien wurde Barcelona erobert und die Gascogne befriedet, was seinem Vater nicht gelungen war. Das Verdienst daran gebührte allerdings dem Grafen Wilhelm von Toulouse, einem später heilig gesprochenen Vetter Karls des Großen.

Nur dem vorzeitigen Tod seiner älteren Brüder Karl (811) und Pippin (810) verdankte es Ludwig der Fromme, daß sein Vater ihn zu seinem Nachfolger als Kaiser machte. Die verbreitete Version, Ludwig habe sich bei seiner Krönung zum Mitkaiser am 11. September 813 in Aachen die Krone auf Geheiß seines Vaters selbst aufgesetzt, beruht wohl auf falscher Deutung einer Quelle. Von großer Bedeutung aber ist, daß Karl die Krönung Ludwigs in Rom allein mit Zustimmung der fränkischen Großen, aber ohne Mitwirkung der Geistlichkeit vollzog. Symbolisch bekräftigte er damit kurz vor seinem Tode noch einmal seine Auffassung vom Kaisertum: Der Kaiser ist von Gott berufen; unmittelbar, ohne Mitwirkung des Papstes strömt das »Heil« von Gott auf den christlichen König und Kaiser herab. Doch Ludwig der Fromme gab diesen Anspruch preis, indem er sich 816 in Reims von Papst Stephan IV. erneut krönen und salben ließ.

Nach dem Willen Ludwigs sollte mit dem Thronwechsel alles anders werden im Reich. Zunächst führte er am lebensfrohen Aachener Hof strenge Sitten ein. Seine Schwestern, die in freier Liebe mit Adligen gelebt und Kinder geboren hatten, schickte er ins Kloster. Für alle wichtigen Ämter brachte er neue Leute mit. Nach der Devise des Erzbischofs Agobard von Lyon »Ein Gott, eine Kirche, ein Kaiser« sollte der Gottesstaat auf Erden verwirklicht werden, die Völker des Reichs zu einem Christenvolk eingeschmolzen, unter einem Gebet und einem Gesetz. Dem Klosterreformer Benedikt von Aniane baute Ludwig in der Nähe von Aachen das Kloster Inden (Kornelimünster). Das Bestreben der Reformer, alle Kirchen und Klöster dem Einfluß ihrer weltlichen Grundherren zu entziehen, erregte den Zorn des kleinen und mittleren Adels.

Beim Kirchgang am Gründonnerstag 817 brach unter Ludwig und seinem Gefolge die Galerie zusammen, die von der Aachener Kaiserpfalz zur Marienkirche führte. Der Kaiser sah darin ein himmlisches Zeichen, das ihn zu einer Ordnung des Reiches im Sinne der Einheitspartei ermahnte. Doch auf der Reichsversammlung schloß er einen Kompromiß zwischen Einheitsidee und dem Erbteilungsrecht, das den Franken heilig war. Er erhob seinen ältesten Sohn Lothar zum Mitkaiser. Unter Lothars Oberherrschaft sollten dessen jüngere Brüder Pippin in Aquitanien und Ludwig, der später der Deutsche genannt wurde, in Bayern und den östlich anschließenden Gebieten regieren. Diese Teilung empörte die Franken und die jüngeren Söhne, weil sie nicht gleichmäßig war. Die Reformpartei sah in ihr einen »Skandal gegen die Kirche« und eine »Beleidigung Gottes«. Der große Adel, der in allen Teilen des Reiches begütert war, schloß sich der Meinung der Einheitspartei an. Und so hatte sich Ludwig der Fromme zwischen sämtliche Stühle gesetzt.

Als erster empörte sich Ludwigs Neffe Bernhard von Italien, der in der Erbordnung völlig übergangen worden war. Auf dem Zug ins Frankenreich wurde er gefangengenommen und in Châlons auf so

grausame Weise geblendet, daß er starb. Mißtrauisch gegen alle Verwandtschaft geworden, verbannte Kaiser Ludwig auch seine unehelichen Halbbrüder Drogo, Hugo und Theoderich ins Kloster. Wenige Monate danach starb Kaiserin Irmingard. Ihr Mann sah darin die göttliche Strafe für seine Grausamkeit gegen Bernhard und wollte selber in ein Kloster gehen. Doch seine geistlichen Ratgeber hielten ihn davon ab und veranstalteten in Aachen eine regelrechte Schönheitskonkurrenz der vornehmsten Damen des Reiches. Ludwig verliebte sich in Judith, die schöne und geistvolle Tochter des schwäbischen Grafen Welf und heiratete sie vier Monate nach Irmingards Tod. Von da ab erscheint er hin- und hergerissen zwischen seiner jungen, reizvollen Frau, der strengen kirchlichen Einheitspartei, seinen Söhnen und den Interessen der Vasallen.

Eine neue seelische Krise Ludwigs löste 821 der Tod seines Mentors Benedikt von Aniane aus. In Attigny legte er 822 öffentlich Buße für alles ab, was er Bernhard, seinen Halbbrüdern und den Vettern seines Vaters, Adalhard und Wala, angetan hatte. Drogo wurde Bischof von Metz und später Erzkaplan, Hugo Abt von St. Quentin und später Erzkanzler. Adalhard gründete die Abtei Corvey, und Wala ging als Statthalter nach Italien; beide wurden führend in der Einheitspartei.

Im Jahre 823 brachte Judith in Frankfurt einen Sohn zur Welt, der auf den Namen Karl getauft wurde und später den Beinamen »der Kahle« erhielt. Für ihn strebte Judith einen Teil des Reichserbes an, und es gelang ihr, die Stiefsöhne Lothar und Ludwig (der ihre Schwester Hemma heiratete) dafür zu gewinnen. Auf dem Reichstag zu Worms 829 wurde dem jungen Karl das Herzogtum Alemannien mit dem Elsaß, Churrätien und ein Teil von Burgund zugesprochen – auf Kosten Lothars. Als er sich auflehnte, wurde er nach Italien geschickt und als Mitregent abgesetzt. Danach berief Ludwig den Grafen Bernhard von Barcelona als Kämmerer an den Hof, einen Urenkel Karl Martells und Sohn Herzog Wilhelms, des Eroberers der Spanischen Mark. Er war ein Günstling der Kaiserin, gewann rasch großen Einfluß, und Ludwig vertraute ihm blindlings. Um die wachsende Unruhe im Reich nach außen abzulenken, befahl Ludwig einen Feldzug gegen die Bretagne. Doch die erbitterten Großen marschierten statt dessen nach Paris und bewogen Lothar und Pippin von Aquitanien, sich mit ihnen gegen den Kaiser zu erheben. Die Rebellen bemächtigten sich Judiths und sperrten sie in ein Kloster zu Poitiers. Sie wurde des Ehebruchs mit Bernhard bezichtigt, eines Mordplans gegen ihre Stiefsöhne Lothar und Ludwig und der Verhexung des Kaisers. Bernhard konnte sich nach Barcelona retten, die Rache der Aufständischen traf seinen Bruder, er wurde geblendet. Auf einer Reichsversammlung in Compiègne wurde Ludwig die Kaiserkrone belassen, doch praktisch war er der Gefangene seines Sohnes Lothar. Erst als dessen Partei ihre Macht rücksichtslos ausbeutete, sagten sich Lothars Brüder Ludwig und Pippin von ihm los. Auf dem Reichstag zu Nimwegen im Oktober 830 wurde ihr Vater wieder voll in seinen Rechten bestätigt. Im Februar darauf versprach er Ludwig und Pippin bedeutenden Gebietszuwachs auf Kosten Lothars, der auf Italien beschränkt bleiben sollte. Im gleichen Jahr jedoch brachte Kaiserin Judith eine Verständigung mit Lothar zustande. Pippin wurde »wegen Ungehorsam und sittlicher Ungebundenheit« gefangengesetzt – ein Vorwand, um ihm zugunsten des jungen Karl sein Aquitanien abnehmen zu können.

In die Vorbereitungen zur Niederwerfung von Pippins aquitanischem Anhang platzte 832 die Nachricht, daß sein Bruder Ludwig in das seinem Stiefbruder Karl zugedachte Alemannien eingefallen war. Statt nach Süden zog der Kaiser nun über den Rhein, der Sohn wich zurück und unterwarf sich auf dem Lechfeld bei Augsburg. Inzwischen war Pippin aus der Gefangenschaft entkommen, und im Frühjahr 833 standen die drei älteren Söhne wieder vereint gegen den Vater, die kirchliche Einheitspartei schloß sich ihnen an. Lothar brachte aus Italien den Papst Gregor IV. als Vermittler mit. Ludwig der Fromme zog den Söhnen entgegen nach dem Elsaß. Auf dem Rotfeld bei Colmar (seitdem »Lügenfeld« genannt) lagen die Heere einander gegenüber. Während der Kaiser mit dem Papst verhandelte, nutzte Lothar die Zeit, um das kaiserliche Heer durch Versprechungen zum Verrat zu überreden.

So war Ludwig der Fromme am 30. Juni 833 zum zweitenmal der Gefangene seiner Söhne. Judith wurde nach Tortona verbannt, der junge Karl in Prüm in der Eifel festgehalten. Im Oktober mußte der Kaiser in der Kirche St. Médard bei Soissons vor Lothar und den versammelten Großen die Waffen ablegen und im Büßergewand seine Sünden und Fehler bekennen. Er wurde exkommuniziert und durch Gottesurteil für abgesetzt erklärt, weigerte sich jedoch, Mönch zu werden.

Ein halbes Jahr dauerte die Gefangenschaft, aber schon bald verbündeten sich die Brüder Ludwig und Pippin wieder gegen die Oberherrschaft Lothars. Am 1. März 834 wurde Ludwig der Fromme im Dom St. Denis in Paris feierlich wieder eingesetzt und nannte sich jetzt »Kaiser durch die wiederkehrende Gnade Gottes«. Kaiserin Judith wurde aus der Haft befreit. In dem nun folgenden blutigen Bruderkrieg unterlag Lothar und wurde wiederum auf Italien beschränkt.

Während seiner letzten sechs Lebensjahre blieb es das wichtigste Ziel Ludwigs, seinen und Judiths Sohn Karl den Kahlen zu versorgen. Im Dezember 838 starb Pippin von Aquitanien. Wieder einigte sich der Kaiser mit Lothar zugunsten Karls. Nach dem Tode des Kaisers sollte Lothar das Reich östlich von Maas, Saône und Rhône, einschließlich Italiens, Karl das Gebiet westlich davon bekommen. Der Sohn Ludwig sollte auf Bayern beschränkt werden. Auf dem letzten Feldzug, den er gegen ihn führte, erkrankte der Kaiser in Salz an der fränkischen Saale und starb, seelisch und körperlich gebrochen, auf einer Rheininsel bei Ingelheim. In seinem Testament hatte er die Übersendung der Reichsinsignien an Lothar angeordnet. Beigesetzt wurde er in Metz in der Kirche seines Ururahnen, des Heiligen Arnulf, die 1552 mitsamt seinem Grab zerstört worden ist.

LOTHAR I.
840–855

Als sein Großvater Karl der Große 814 starb, war Lothar neunzehn Jahre alt, und sein Vater Ludwig der Fromme machte ihn zum Regenten in Bayern. Bei der Erbteilung 817 wurde er Mitkaiser. 822 heiratete er Irmengard, eine Tochter des mächtigen Grafen Hugo von Tours, und erhielt das seit der Ermordung seines Vetters Bernhard vakante Königtum Italien. Ostern 823 wurde er in Rom von Papst Paschalis zum Kaiser gekrönt und gesalbt. Durch sein kräftiges Auftreten als Richter in einem Prozeß des Papstes gegen den Abt des Benediktinerklosters Farfa erregte er den Unwillen der römischen Geistlichkeit und gewann die Sympathie der Gegner der weltlichen Papstherrschaft in Italien.

Lothar I. Siegelkristall um 850 aus dem Lotharkreuz im Aachener Dombesitz.

Eine ständige Residenz Lothars in Pavia wollte Ludwig der Fromme nicht zulassen und beorderte ihn deshalb nach Aachen zurück. Aber schon ein Jahr später erzwangen schwere päpstliche Übergriffe erneutes Eingreifen. Nach Verhandlungen mit dem neuen Papst Eugen II. erließ Lothar im November 824 ein Edikt, in dem die kaiserliche Oberherrschaft in weltlichen Angelegenheiten des Kirchenstaates bekräftigt wurde. Das Recht zur Papstwahl wurde auf die lateinischen Stände Roms beschränkt, die Weihe des Papstes von der Bestätigung der Wahl durch den Kaiser und von der Leistung des Treueids durch den Papst abhängig gemacht. Für den Kirchenstaat wurde das römische Recht allein gültig. Diese *Constitutio Lothari,* die wesentliche Zugeständnisse Ludwigs des Frommen an den Heiligen Stuhl aufhob, markiert einen Höhepunkt der Macht des Kaisertums über das Papsttum. Man erkennt darin den Einfluß von Lothars Berater Wala, dem Halbbruder Karls des Großen.

Als 823 Lothars Stiefbruder Karl der Kahle geboren wurde, übernahm Lothar die Patenschaft für ihn und verpflichtete sich eidlich, ihm einen Teil des Reiches unter kaiserlicher Oberherrschaft zu sichern. Der Fall war im Reichsstatut von 817 zwar nicht vorgesehen, doch ein drittes Unterkönigtum neben denen von Lothars Brüdern Ludwig und Pippin hätte dem Sinn des Statuts nicht widersprochen. Erst als Ludwig der Fromme 829 dem jungen Karl Alemannien bestimmte, das zu Lothars Hausmacht gehörte, lehnte er sich auf. Zwar wagte Lothar zunächst keinen offenen Widerstand, doch schon sein Sinneswandel kostete ihn die Mitregentschaft, und er wurde nach Italien verwiesen. Dem Aufstand der westfränkischen Großen gegen seinen Vater 830 schloß er sich erst an, als dieser bereits deren Gefangener war.

In den Verschwörungen Lothars und seiner Brüder gegen den Vater und Kaiser und in ihren jahrelangen Bruderkämpfen scheint die Zeit der Merowinger mit ihrer Grausamkeit und Treulosigkeit, mit Mord, Heimtücke und Selbstzerfleischung wiedergekehrt zu sein. Die Rolle des Hauptschurken dabei weist der Biograph Ludwigs des Frommen, Bischof Thegan von Trier, Lothar zu. In Wirklichkeit war er eher ein Werkzeug der kirchlichen Reformpartei und der

Die wichtigsten der heute in der Schatzkammer der Wiener Hofburg bewahrten Insignien des Heiligen Römischen Reiches Deutscher Nation: die Reichskrone, mit der seit der Krönung Ottos I. 962 bis zur Krönung Franz II. 1792 viele Kaiser gekrönt wurden, der aus dem 12. Jahrhundert stammende Reichsapfel, das in der ersten Hälfte des 14. Jahrhunderts entstandene Zepter und das in einem goldenen Kreuzreliquiar gefaßte angebliche Stück vom Kreuz Christi, das zu den ältesten Kleinodien des Reiches gehörte.

Links: Karl der Große thronend
mit Krone, Reichsapfel und
Zepter, ein um 1180 entstandenes Glasfenster aus dem
Straßburger Münster.

Bronzene Reiterstatuette Karls
des Großen aus dem 9. Jahrhundert im Musée Cluny,
Paris.

Die im Auftrage Kaiser Karls IV. um 1350 angefertigte Reliquien-büste Karls des Großen im Aachener Dom, in der dessen Schädeldecke aufbe-wahrt wird. Die Krone der Büste sollte zu der 1871 erwogenen, aber nicht erfolgten Krönung Wilhelms I. im Kölner Dom verwendet werden, da die in Wien befindliche alte Reichskrone nicht verfügbar war.

Rechts: Ludwig der Deutsche als Verteidi-ger des christlichen Glaubens mit Kreuz und Schild. Miniatur aus einer Fuldaer Handschrift des 9. Jahrhunderts in der Österreichischen Nationalbibliothek in Wien.

REXREGUMDOMINUSMUNDUMDICIONEGUBERNANS
IMPERITANSCEPTRUMREGNANSQIIUREPERENNI
INMORTALETENESCUMCRIMINAMULTAPARENTUM
LAXASTICRUCETIUSTITIAECUMFRENALOCARAS
OMNIBUSERGOTUISSERVISSUPERASTRABEATAM
SPERAREHINCUITIASCITOCHRISTEDEDISTI
DONIQUEESTMODOCRISTEDESPATRISQEUIGE
NUNCNOMENIDRITETUIAMCUNCTASTUPEBANT
SAECULADUUMENUERTICEQGESTATURAMICA
SUMMIXPTOCOLERITEGERENDUMHOC
PERIUSTAMRONUMAUIDOQODTOLLERELEGEM
ATQDECETTOTUMAUGUSTONUTUEXCOLATORBEM
NAMHOCPAGENUSTANTORANDOCARDINEPRODIT
ORBSSCIATUTGALEATSULTUCAESARISORET
AUGUSTOPUREFERBATIAMHINCLAUDECORONA
NAMOPTIMADEXTRAMUIRTUSDIUINAPARETARTE
STIPSTESTUADETRIUSTITIAEPOSIMUSOMNES
IAMALMUMGATATATQUELIGATUGIRETAMICO
HAECSILIDUMLORICAPLACITUMSICIPSAPARATUM
DUMAFFEROSSEMPERAMICUMQUEMPIECHRISTUS
OPTEMUSRUANNULLUSIACULOPREMITASTFUR
RETUTATULOPROTERATHOSTISCRIMINEDIRO
FASUELINARTISSEDFIRMUMMONSTRATAMANDUM
DEFENSORULANEATCAESARISOBTINETHAUSTUM
IUSORNATAMNACTUTUMIMPERIUMMANETORBE
OMENFITQUEALUMOMNEPERAEUUMMUNERADONANT
ENREGNACRATISICQUECIUSSOBOLISLATUSAMBIT
ETPERSADLETAPROPAGUCINMPLEDONAT
GENSPLEBTEDENSUANEATSCICTSCUTUETAMARE
MUSAMUIUASCEPTRATENENDOQUIDATUBIQ
SPEMECULDONECSAECLASUADEPELLITABARTE
REMHAUSTUGEIURATENEBUNTTELANEFASSINT
QAEFORMOOLITUSPERMANETDANPROTERAM
ETSEDAREMATORBISCRISTICUCLARATRIBUTA
QUAMESTSINTOMENUSIQMENSDEUOTUNDABORE
TRANSFORTURGETQUEPROBETTUSDIUAMARI
IURECOLENTOUESTQUEBONAEDIUIMUNEREFAMAE
QUAEHOCSINDEORBEMDUMRETULICITATAQ
NEMPETONSICABICIPORTOCRUCEDATSEPERCASTERQ
PROFICITRGEMODUISTUCASTRANIUNICIAST
SICABICIENIMINGODATIMOSELACFUGANSDAT
HUNCTIBIEMQETIMORALTUINIMICAHAECGENS
CAESARLARGRATUMIUMPRONUMROGATHAECGENS
TERRESSPEMQETIMORALTUSNOBISADIUSSAPARENTIS
TUPIUSETGRATUMIUMPRONUMROGATHAECGENS
ADUENIAMIREANMUSNOBISADIUSSAPARENTIS
CONSCRIPSIDUDUMNAMCRISTILAUDELIBELLUM
UERSIBUSETPROSATIBIQENUNCINDUPERATOR
OFFEROSANCTELIBENSCUIUSPRAECEDITIMAGO
STANSARMATAFIDEUICTOREMMONSTRATUBIQUE

Lothar I. thronend mit Krone, Reichsapfel und Zepter an dem um 1215 vollendeten Karlsschrein im Aachener Dom.

Rechts: Ludwig der Deutsche (rechts) und Papst Nikolaus I., Buchmalerei aus dem Goldenen Buch von Prüm in der Stadtbibliothek Trier.

Links: Karl der Kahle thronend, Buchmalerei aus dem Codex Aureus von St. Emmeram bei Regensburg, der um 870 in der Palastschule des Kaisers bei Paris entstand und sich heute in der Bayerischen Staatsbibliothek in München befindet.

Heinrich I. thronend mit Krone, Reichsapfel und Zepter an dem um 1215 vollendeten Karlsschrein im Aachener Dom.

Otto I. der Große, Skulptur von dem um 1250 entstandenen Reiterdenkmal des Kaisers in Magdeburg.

Rechts: Otto II. überreicht dem Bischof Adalbert von Gnesen den Bischofsstab. Relief aus der ersten Hälfte des 12. Jahrhunderts an der Bronzetür des Doms von Gnesen.

Verherrlichung Ottos II., Buchmalerei aus dem Ottonischen Evangeliar im Aachener Domschatz.

Rechts: Otto III. thronend mit geistlichen und weltlichen Regenten. Buchmalerei aus dem vermutlich 998 in Bamberg entstandenen Evangeliar des Kaisers in der Bayerischen Staatsbibliothek München.

Heinrich II., Skulptur von der
um 1230 bis 1240 entstandenen
Adamspforte des Bamberger
Doms.

Rechts: Heinrich II., Skulptur
von Tilman Riemenschneider
von dem 1499 bis 1513
geschaffenen Grabmal des
Kaisers im Bamberger Dom.

Folgende Seite: Konrad II. Ein
um 1180 entstandenes Glasfenster aus dem Straßburger
Münster.

karolingischen Reichsaristokratie – der einen, weil sie durch das Versagen Ludwigs des Frommen das große Werk des einheitlichen Gottesstaates gefährdet sah, der anderen, weil sie für ihre über das ganze Reich verstreuten Besitztümer fürchteten, wenn die Unterkönigtümer gestärkt wurden.

Zweimal bemächtigte Lothar sich im Einverständnis mit seinen Brüdern der Person des frommen Vaters. Beide Male mußte er ihn auf Druck seiner Brüder wieder freigeben, die sich mit dem mittleren und kleinen Adel Ostfrankens und Aquitaniens gegen ihn verbündeten. Nach der ersten Gefangennahme in Compiègne 830 wollte Lothar sich noch mit seiner Wiedereinsetzung als Mitregent begnügen. Nach seinem Verrat auf dem Lügenfeld aber ging er aufs Ganze, wollte die Abdankung des Vaters erpressen, und suchte, als das mißlang, die Entscheidung in der Schlacht. Aus purer Rache zerstörte er das burgundische Châlons-sur-Saône, ließ zwei Grafen enthaupten und die Nonne Gerberga, eine Schwester des verhaßten Günstlings Bernhard von Barcelona, in einem Weinfaß in der Saône ertränken. Doch am Ende unterlag er wieder, mußte sich 834 bei Blois unterwerfen – und kam wieder mit der Verweisung nach Italien davon. Mit ihm zog die Elite der fränkischen Hocharistokratie, an ihrer Spitze der Karolinger Wala. Dieser versuchte dann, als vielleicht der einzige Realpolitiker der Reformpartei, die Verständigung zwischen Lothar und dem Kaiser herbeizuführen, starb aber 836 in seiner italienischen Abtei Bobbio. Damit war Lothar des Mentors beraubt. Um seine fränkischen Vasallen zu binden, duldete er Übergriffe gegen Kirchengüter und Gewalttaten gegen päpstliche Beamte und zerstörte damit, was er an fränkisch-italienischer Verständigung unter Walas Anleitung zustande gebracht hatte.

Auf Betreiben seiner Stiefmutter, der Kaiserin Judith, die in ihm nun den gegebenen Verbündeten zur Unterstützung der Erbansprüche ihres Sohnes Karl des Kahlen sah, versöhnte sich Lothar Ende Mai 839 mit seinem Vater. Der in Worms von Ludwig dem Frommen festgelegten Teilung des Reiches zwischen ihm und Karl stimmte Lothar zu, doch sofort nach dem Tode des Kaisers beanspruchte er die Alleinherrschaft und trieb dadurch seine Brüder Ludwig den Deutschen und Karl den Kahlen in ein Bündnis. Bei Fontenoy in Burgund wurde er am 25. Juni 841 geschlagen. Die mit den siegreichen Gegnern verbündeten Bischöfe erklärten, daß sie nur für die gerechte Sache gefochten hätten und Lothars Niederlage ein Gottesurteil sei. Lothar wiegelte nun die Freien und Halbfreien Sachsens zum Aufstand gegen den Adel auf, doch damit trieb er nur den Adel vollends auf die Seite Ludwigs des Deutschen.

Die Vasallen beider Seiten waren durch den verheerenden Krieg erschöpft, die Geistlichkeit drängte zum Frieden. Im Vertrag von Verdun vom 10. August 843 behielt Lothar die Kaiserwürde und ein Mittelreich, das im Osten vom Rhein, im Westen von Schelde, Maas und Rhône begrenzt war und von der Nordsee bis zum Mittelmeer und den Grenzen des Kirchenstaates reichte. Ludwig der Deutsche erhielt die östlich, Karl der Kahle die westlich davon liegenden Gebiete.

Von der Kaiserherrlichkeit war Lothar lediglich die Aachener Pfalz geblieben. Sein 844 unternommener Versuch, seinen Onkel Erzbischof Drogo vom Papst zum Reichsvikar ernennen zu lassen und so kaiserlichen Einfluß auf die Kirchen der anderen Königtümer auszuüben, führte sofort zu einem engeren Zusammenschluß Ludwigs und Karls. Zwar trafen die drei Brüder sich mehrmals zu sogenannten Frankentagen, auf denen sie sich ihrer brüderlichen Liebe versicherten und einander öffentlich Stäbe als Symbole der Übergabe ihres Besitzes überreichten, doch in Wahrheit lauerten zumindest Ludwig und Karl nur auf die erste Gelegenheit, sich auf Kosten des anderen zu bereichern.

Zum ernsten Zerwürfnis mit Karl dem Kahlen kam es, als dessen Vasall Gisalbert 846 eine Tochter Lothars nach Aquitanien entführte. Drei Jahre währte der Streit, indessen die Araber die italienischen Provinzen und Rom verwüsteten und die Normannen die Nordseeküste plünderten. Ein Versuch Lothars, den Dänen Rorik durch Verleihung mehrerer Grafschaften und des Handelsvororts Wijk bij Duurstede im Rheindelta zur Verteidigung Frieslands zu gewinnen, schlug fehl.

Schon 844 hatte Lothar seinen ältesten Sohn Ludwig als König in Italien eingesetzt, am 6. April 850 wurde er von Papst Leo IV. in Rom als Ludwig II. zum römischen Kaiser gekrönt. Im Jahre 855 teilte Lothar sein Reich unter seine drei Söhne auf: Kaiser Ludwig II. behielt die Kaiserkrone und Italien, Lothar II. erhielt den nördlichen Teil des Mittelreiches (Lotharingien) und Karl Burgund. Lothar zog sich leidend in die Benediktinerabtei Prüm in der Eifel zurück, nahm die Kutte und starb noch im gleichen Jahr. Seine Gebeine sind 1861 in der dortigen romanischen Stiftskirche aufgefunden worden.

LUDWIG DER DEUTSCHE
840–876

In beiden Erhebungen der Söhne Ludwigs des Frommen gegen ihren Vater war der als dritter um 804 geborene Ludwig, der später der »Deutsche« heißen sollte, stets derjenige, der als erster zu den Waffen griff, und der erste, der sich dem Vater wieder unterwarf. Aus Dankbarkeit versprach Ludwig der Fromme ihm, »der dem Vater in allen Nöten zur Seite stand«, 831 zu seinem Königreich Bayern das rechtsrheinische Germanien außer Alemannien sowie die Gaue Ardennen, Hasben, Brabant, Flandern, den Pas-de-Calais und das Vermandois. Aber wenig später sah Ludwig sich zugunsten seines Stiefbruders Karl des Kahlen geprellt und fiel 832 in Alemannien ein.

Nach dem Verrat auf dem Lügenfeld am 30. Juni 833 leistete Ludwig seinem Bruder Lothar den Treueid und bekam dafür Alemannien und das Elsaß. Doch schon bald störten ihn die Herrschaftsgelüste Lothars, und angeblich fühlte er sich auch durch dessen harte Behandlung ihres Vaters in seinen kindlichen Gefühlen verletzt. Anfang 834 schickte er den Abt Grimoald von Weißenburg und den Grafen Gebhard zum Vater nach Aachen. Sie durften den gefangenen Kaiser nur in Gegenwart der Aufseher sprechen und gaben ihm zu verstehen, daß sein Sohn Ludwig seine Befreiung plane. Nachdem dies gelungen war, schloß der feierlich wieder eingesetzte Kaiser noch im März desselben Jahres seine Befreier Ludwig und Pippin in Quiercy gerührt in die Arme und bestätigte Ludwig, den »Deutschen«, nun auch im Besitz Ostfranziens. Kaiserin Judith, die als Schwester seiner Gattin Hemma zugleich Stiefmutter und Schwägerin Ludwigs des Deutschen war, erlangte 837 auf Lothars Kosten Ludwigs Zustimmung zur Übertragung der besten Teile Westfrankens, Frieslands, des größten Teils Belgiens und des Landes zwischen Seine und Maas von Burgund bis zum Ozean an ihren Sohn Karl den Kahlen. Doch Ludwig der Deutsche fürchtete, daß

Ludwig der Deutsche. Zeitgenössisches Siegel.

Judiths Ländergier auch auf seine Kosten um sich greifen könnte, und traf sich um Mittfasten 838 im Tal von Trient heimlich mit Lothar. Ihr Vater erfuhr davon, und in der Osterwoche mußte Ludwig sich in Aachen einem scharfen Verhör stellen. Zunächst wurde ein leidliches Einvernehmen hergestellt, doch dann verfügte der Kaiser unvermittelt die Einziehung von Sachsen, Thüringen, Ostfranken, Alemannien und Elsaß. Damit war Ludwig der Deutsche wieder auf Bayern beschränkt. Doch er kam den Maßnahmen des Kaisers zuvor. Gegenüber von Mainz verwehrte er wochenlang dem kaiserlichen Heer den Rheinübergang, bis schließlich kaisertreue Sachsen am rechten Rheinufer erschienen und am 7. Januar 839 die Überfahrt der Landungsboote deckten. In hellen Scharen liefen Ludwigs Ostfranken, Thüringer und Schwaben davon, er floh nach Bayern. Am 30. Mai teilte Ludwig der Fromme nun das Reich zwischen seinen Söhnen Lothar und Karl dem Kahlen. Doch schon im Februar 840 stand ihr Bruder Ludwig der Deutsche wieder mit bewaffneter Macht in Frankfurt und beanspruchte alles Land bis zum Rhein. Wieder zog der Kaiser gegen ihn zu Felde, wieder floh Ludwig nach Bayern. Nur die schwere Krankheit und der Tod seines Vaters retteten ihn vor harten Maßnahmen. Ludwig der Fromme verzieh, ehe er starb, seinem Sohn Ludwig erst auf dringenden Zuspruch seines Halbbruders und Beichtvaters, trug aber den Bischöfen auf, ihn daran zu mahnen, »wie er seines Vaters graue Haare mit Herzeleid in die Grube gebracht und Gottes Gebote und Drohungen verachtet habe«. Die bittere Erfahrung aber, von den eigenen Söhnen bekämpft zu werden, sollte dann auch Ludwig dem Deutschen nicht erspart bleiben.

Nach ihrem blutigen Sieg über den Bruder Lothar bei Fontenay trafen sich Ludwig der Deutsche und Karl der Kahle am 14. Februar 842 bei Straßburg. Ihren einander gegenüber aufgestellten Heeren nahmen sie – Ludwig in altfranzösischer, Karl in althochdeutscher Sprache – einen feierlichen Eid ab. Darin verpflichteten sich die Mannen Ludwigs für den Fall, daß dieser seinem Bruder Karl den Treueid brechen sollte, gegen ihren König für den anderen einzutre-

ten. Und die Mannen Karls schworen dasselbe dem König Ludwig. Staatsrechtlich wurde damit die Einheit des Karolingerreiches von der Oberherrschaft des Kaisers auf eine in Treue der königlichen Brüder gegründete Eidgenossenschaft verlagert. Doch praktisch war dieser Eid für Ludwig und Karl nur eine Waffe gegen ihren kaiserlichen Bruder Lothar I. Und auch die beiderseitigen Vasallen legten ihn, wie sich zeigen sollte, im Ernstfall nur nach ihrer eigenen Interessenlage aus. Als Sprachdenkmal zweier noch nicht politisch, aber kulturell voneinander verschiedenen »Nationen« sind die Straßburger Eide ein bedeutendes historisches Dokument.

Im mühsam ausgehandelten Friedens- und Teilungsvertrag von Verdun erhielt Ludwig 843 außer Bayern, das ihm schon gehörte, alles Land östlich des Rheins und – des Weines wegen – linksrheinisch die Städte Speyer, Worms und Mainz mit ihren Sprengeln. Es war der kulturell und verkehrsmäßig am wenigsten erschlossene, volksärmste Teil des Karolingerreiches mit unbefriedeten Grenzen nach Norden, Osten und Südosten.

Nachdem Hamburg 845 von den Dänen zerstört worden war, gelang Ludwig ein Abkommen mit ihrem König Horich I., das sogar in dessen Reich die Missionstätigkeit des Erzbischofs Ansgar wieder zuließ. 861 kam es zu erneuten Wikingereinfällen in Sachsen, doch im Vergleich zu Westfranken hatte Ludwigs Reich wenig unter den Nordleuten zu leiden. Böhmen und Mähren blieben während der ganzen Regierungszeit Ludwigs ständige Unruheherde. 845 ließen sich zwar vierzehn böhmische Fürsten in Regensburg taufen, und in Mähren setzte Ludwig 846 den Christen Rastislaw als Herzog ein. Doch alle Mühen, diese Völker durch die Mission in ein festes Abhängigkeitsverhältnis zu bringen, schlugen ebenso fehl wie wiederholte Verwüstungsfeldzüge in ihre Länder. Einmal verzeichnen die Annalen als hervorstechendsten Erfolg die reiche Beute, die beim Überfall auf einen Hochzeitszug in Böhmen anfiel.

Trotzdem fand Ludwig Lust und Kraft zu zwei abenteuerlichen Unternehmungen gegen seinen Bruder Karl den Kahlen. In Aquitanien herrschte Aufruhr gegen den Westfrankenkönig, der sich gegen die Normannen als unfähig erwies. Aquitanische Abgesandte flehten Ludwig den Deutschen an, »daß er entweder selbst die Herrschaft über ihre Lande übernehme oder einen seiner Söhne schicke, um sie von der Tyrannei Karls zu befreien, da sie sonst gezwungen wären, bei den fremden und ungläubigen Völkern mit Gefahr ihres Glaubens Hilfe zu suchen«. Ludwig schickte ein Heer von Thüringern, Alemannen und Bayern unter seinem zweiten Sohn, Ludwig dem Jüngeren, auf den weiten Marsch. Aber in Aquitanien war die Stimmung längst zu Gunsten von dessen Vetter Pippin II. umgeschlagen. So sah sich Ludwig der Jüngere im Herbst 854 zur fluchtartigen Heimkehr gezwungen.

Vier Jahre darauf wurde König Ludwig der Deutsche erneut, diesmal von den führenden Vertretern der westfränkischen Aristokratie, gegen die Tyrannei seines Bruders zum Eingreifen aufgefordert. Seine Heere standen gerade bereit zu Feldzügen gegen die aufrührerischen Slawen, doch folgte Ludwig der Deutsche nach schweren Bedenken »im Bewußtsein der Reinheit seines Gewissens« dem Ruf des Westens. Am 1. September 859 empfing er in der alten Merowinger-Pfalz Ponthion die Huldigung der Großen, die ihn gerufen hatten. Der Hochadel ganz Westfrankens und Aquitaniens schloß sich an. Am 12. November floh Karl der Kahle nach Burgund, seine Truppen gingen zu Ludwig über. Seines Sieges sicher, verbot er die Verfolgung und schickte sein ostfränkisches Heer nach Hause. In der Pfalz Attigny wollte er überwintern.

Um seiner Eroberung auch die kirchliche Weihe zu geben, lud Ludwig der Deutsche die Bischöfe Westfrankens nach Reims ein. Doch die Oberhirten dachten nicht daran, anstelle eines untätigen Karls einen tatkräftigen Ludwig zu krönen, und Erzbischof Hinkmar von Reims erteilte Ludwig in ihrem Namen eine glatte Absage. Auch den weltlichen Großen kamen Zweifel. Zwei ihm verschwägerte westliche Welfen, die Ludwig zur Beobachtung Karls des Kahlen nach Burgund abgeordnet hatte, gingen zu Karl über und überredeten ihn, Ludwig zu überfallen, der nur noch ein kleines Gefolge bei sich hatte. So entging am 15. Januar 859 der herbeigeflehte Eroberer im Gebiet von Laon nur knapp der Gefangenschaft und war schneller als er gekommen war, wieder zu Hause. Die Geistlichkeit, die Ludwigs Fehlschlag herbeigeführt hatte, vermittelte auch den Frieden, der am 1. Juni 860 in Koblenz von den drei Königen geschlossen wurde. Ludwig bereute sein Unrecht, die Brüder garantierten einander den Bestand ihrer Reiche.

Das Fiasko in Westfranken erschütterte auch Ludwigs Ansehen im eigenen Reich. Um es zu wahren, entsetzte er im April 862 wegen »Untreue« den hervorragendsten seiner Großen, den Grafen Ernst von der Böhmischen Mark; die Lehen seiner Verwandten und Anhänger wurden eingezogen. Sie fanden Zuflucht beim Grafen Adalhard in Westfranken. Daraufhin empörte sich Ludwigs ältester Sohn Karlmann, der mit einer Tochter des Grafen Ernst verheiratet war. Er verbündete sich mit dem Herzog Rastislaw von Mähren gegen den Vater, setzte die Grafen der pannonischen und der kärntischen Mark ab und bestellte dafür ihm ergebene Leute. Der Vater Ludwig rückte 863 gegen ihn zu Felde, Karlmann floh, stellte sich dann aber und wurde 865 in Gnaden wieder aufgenommen.

Bei dieser Gelegenheit regelte Ludwig der Deutsche auch die Erbteilung nach seinem Tod. Karlmann sollte Bayern mit seinen Grenzmarken erhalten, Ludwig der Jüngere Ostfranken, Thüringen und Sachsen, für Karl, den spätere Chronisten den »Dicken« nannten, blieb Schwaben und Churwalchen. Im gleichen Jahr noch kam es zum Zwist zwischen Ludwig dem Deutschen und seinem Sohn Ludwig dem Jüngeren, der sich gegen den Willen des Vaters mit einer Tochter des Grafen Adalhard verlobt hatte. Durch Vermittlung Karls des Kahlen wurde die Heirat unterbunden. Im Jahr darauf fühlte sich Ludwig der Jüngere zugunsten Karlmanns in seinen Lehen verkürzt, konspirierte mit den wegen Untreue bestraften Vasallen des Vaters und verhandelte mit Rastislaw, der in Bayern einfallen sollte. Der König reagierte jedoch so energisch, daß Ludwig der Jüngere aufgab.

Am 10. August 869 starb in Piacenza der König des nördlichen Mittelreiches, Lothar II., Sohn Kaiser Lothars I. und Neffe Ludwigs des Deutschen und Karls des Kahlen. Seine Ehe mit Theutberga, Tochter des Grafen Boso von Valois, war kinderlos, seine jahrelangen Bemühungen um Scheidung der Ehe und Legitimierung seiner Friedelehe mit seiner Konkubine Waldrada, von der er einen Sohn hatte, scheiterten am Nein zweier Päpste. Ludwig der Deutsche und Karl der Kahle scheinen sich der Gefahr bewußt gewesen zu sein, die in einer solchen Anwendung des Sakraments für die weltliche Herrschaft lag, und hatten Lothar II. vorsichtig unterstützt. Heimlich hatten sie aber auch vereinbart, sich gegebenenfalls dessen Reich gleichmäßig zu teilen. Ludwig der Deutsche lag, als sein Neffe Lothar II. starb, schwerkrank in der Regensburger Pfalz, die Ärzte zweifelten an seinem Aufkommen. Sein Bruder Karl nutzte die Gunst der Stunde, besetzte ganz Lotharingien und ließ sich am 9. September 869 in Metz zum König krönen. Doch Ludwig raffte

sich von seinem Krankenlager auf, stand Anfang 870 in Frankfurt und drohte mit Krieg. Bruder Karl der Kahle lenkte ein. In Meerssen an der Maas wurde am 9. August 870 zwischen ihnen die Teilung Lotharingiens entlang der Maas-Mosel-Linie besiegelt, die etwa der damaligen deutsch-französischen Sprachgrenze folgte.

Im Jahr 872 fühlten sich Ludwigs des Deutschen Söhne Ludwig der Jüngere und Karl der Dicke gegenüber dem ältesten Bruder Karlmann benachteiligt. Sie besetzten den Speyerer Gau, nahmen mit ihrem Onkel Karl dem Kahlen Verbindung auf und verweigerten Karlmann die Heerfolge gegen Mähren. Ludwig der Deutsche ließ einen Gefolgsmann der aufsässigen Söhne blenden. Daraufhin gingen sie nach Westfranken und riefen den Oheim Karl um Vermittlung an. Der Streit wurde jedoch auf das Gerücht vom Tode Kaiser Ludwigs II. hin, des Sohnes Lothars I. und Neffen Ludwigs des Deutschen und Karls des Kahlen, oberflächlich beigelegt. Das Gerücht erwies sich als falsch: Kaiser Ludwig II. war im August 871 in Benevent von Herzog Adalgis überfallen worden und wurde von ihm gefangen gehalten. Doch stellte Ludwig der Deutsche nun ebenso wie sein Bruder Überlegungen über die Nachfolge des erbenlosen Neffen an. Im Mai 872 vereinbarte Ludwig in Trient mit der Kaiserin Angilberga die Rückgabe der italienischen und lotharingischen Gebiete ihres Gatten Ludwigs II. Dafür wurde ihm die Anwartschaft seines ältesten Sohnes Karlmann auf die Kaiserwürde zugesichert. Noch kurz vor seinem Tod am 12. August 875 sprach Kaiser Ludwig II. den Wunsch aus, daß Karlmann ihm als Kaiser nachfolge.

Wie schon beim Tode Lothars II. war Karl der Kahle auch in diesem Falle schneller, und Papst Johannes VIII. lud ihn förmlich ein, sofort nach Italien zu kommen. Ludwig schickte daraufhin ein Heer unter Karl dem Dicken und Karlmann nach Italien und fiel selber in Westfranken ein, in der Hoffnung, Karl den Kahlen dadurch zur Rückkehr zu zwingen. Doch während Ludwig der Deutsche in Attigny Weihnachten feierte, wurde in Rom Karl der Kahle zum Kaiser gekrönt. »Von Mitleid ergriffen und den Bitten vieler nachgebend, er möge nicht wegen der Torheit Karls dessen Reich verderben«, zog sich Ludwig der Deutsche im Januar 876 nach Frankfurt zurück, bestand aber auf dem ihm erbrechtlich und vertraglich zustehenden Teil Lotharingiens und Italiens und rüstete zum Krieg. Mitten in den Vorbereitungen erkrankte er und starb am 28. August in der Pfalz zu Frankfurt. Im Kloster Lorsch am Rande des Odenwalds wurde er beigesetzt.

Seinen Beinamen »der Deutsche« hat dieser letzte Karolinger, der dem großen Karl in einigen Zügen am ähnlichsten war, erst von späteren Geschichtsschreibern erhalten. Er kann zwar nicht als Gründer des Deutschen Reiches gelten, doch unter seiner Regierung hat sich ein stärkeres Zusammengehörigkeitsgefühl der germanischen Stämme herausgebildet. Er hat den Einfluß der durch ihren über die Reichsteile hinausgreifenden Grundbesitz mächtigen »Reichsaristokratie« geschwächt und sich auf mittlere, landschaftlich gebundene Vasallen gestützt. Auch die hohe Geistlichkeit hat in Ludwigs ostrheinischem Reich nie eine politische Rolle gespielt. In den im Vergleich zu Westfranken unterentwickelten Ländern der großen Wälder fanden die Klöster noch ihre wichtigste Aufgabe in landwirtschaftlicher und erzieherischer Arbeit. Hrabanus Maurus, Schüler des Alkuin, wurde von Ludwig zunächst als Abt von Fulda abgesetzt, weil er ihm zu sehr Gefolgsmann Ludwigs des Frommen und der klerikalen Einheitsideologie war. Aber schon 847 machte er ihn zum Erzbischof von Mainz, damit er das karolingische Bildungswerk fortsetzen konnte. Die Entwicklung und Verfeinerung der deutschen Sprache, die Karl der Große gefördert und Ludwig der Fromme vernachlässigt hatte, hat Ludwig der Deutsche wieder aufgenommen. Der Mönch Otfried von Weißenburg widmete ihm sein deutsches Evangelienbuch.

Karl der Kahle von einem Buchdeckel aus Trier.

KARL II. DER KAHLE
875–877

Karl, der am 13. Juni 823 in Frankfurt am Main geborene Sohn Ludwigs des Frommen und dessen zweiter Frau, der Kaiserin Judith, wuchs am weltzugewandten Hof seiner Mutter auf. Als er sechs Jahre alt war, gab sie ihm in dem jungen Mönch Walahfried Strabo aus dem Kloster Reichenau einen Erzieher, der zugleich Dichter war und außer biblischen und Heiligengeschichten auch ein »Blumenbuch« hinterlassen hat. Zweimal riß der Neid seiner um zwanzig und mehr Jahre älteren Stiefbrüder den verwöhnten Liebling des Kaisers aus dieser behüteten Welt. Zweimal schien es, als würde er sein Leben hinter Klostermauern verbringen müssen, wenn ihm nicht gar das Schicksal so vieler Merowingerprinzen drohte, ermordet oder geblendet zu werden. Diese Erlebnisse des Acht- und des Zehnjährigen müssen tiefe Spuren in seinem Charakter hinterlassen haben.

Als er 843 nach dem Friedensschluß zu Verdun sein Königtum Westfranken übernahm, war das Land durch den dreijährigen Bruderkrieg am Ende seiner Kräfte. Unfähig, der Normannen militärisch Herr zu werden, die mit ihren Schiffen ungehindert die Seine, die Loire und die Rhône hinauffuhren, mußte er die Gegenwehr ganz den regionalen Gewalten überlassen. 845 erkaufte er den Abzug der Normannen aus Paris zur Seinemündung durch erhebliche Tributzahlungen. Die Herrschaft entglitt ihm, und zweimal mußte er erleben, daß die Großen seines Landes seinen Bruder Ludwig

den Deutschen ins Land riefen. Nur die Zerstrittenheit des Adels und die staatsmännischen Fähigkeiten seines Kanzlers, des Erzbischofs Hinkmar von Reims, bewahrten ihn vor dem endgültigen Sturz.

Nach dem Tod seines Neffen Kaiser Ludwigs II. am 12. August 875 eilte Karl der Kahle unverzüglich nach Italien und datierte schon am 29. September in Pavia eine Urkunde »im ersten Jahr der Nachfolge Ludwigs«. Entrüstet schickte Ludwig der Deutsche seinen jüngsten Sohn Karl den Dicken über die Alpen, doch der unfähige Prinz konnte sich gegen das starke Heer des Onkels nicht durchsetzen. Ludwigs ältester Sohn Karlmann rückte daraufhin mit einem starken bayerischen Heer an. Karl der Kahle wollte den Kampf vermeiden und überredete Karlmann zu einem Treffen, bei dem er ihm versprach, Italien sofort zu verlassen und die Entscheidung über die italienische Frage Ludwig dem Deutschen anheim zu stellen. Daraufhin willigte Karlmann in einen Waffenstillstand bis Mai nächsten Jahres ein und zog im Vertrauen auf das Wort seines Onkels nach Bayern ab. Karl der Kahle jedoch rückte nicht ab, sondern ging in aller Eile nach Rom. Geschickt nutzte er das Mißtrauen des Papstes Johannes VIII. gegen Ludwig den Deutschen aus und gewann ihn vollends durch reiche Zusagen auf Güter, die er gar nicht besaß. Am fünfundsiebzigsten Jahrestag der Kaiserkrönung Karls des Großen, dem 25. Dezember 875, empfing Karl der Kahle in St. Peter die Kaiserkrone. Im Februar 876 erkannten die Großen der Lombardei ihn als König von Italien an.

Auf Drängen Karls ernannte der Papst am 5. Januar 876 den Erzbischof Ansegis von Sens zum apostolischen Vikar für Gallien und Germanien. Im März kehrte Karl aus Italien zurück und rüstete zum Feldzug gegen Ostfranken. Er soll erklärt haben, sein Heer sei so groß, daß seine Rosse den Rhein aussaufen und er trockenen Fußes das Flußbett durchqueren würde. Bald nach dem Tod seines Bruders Ludwig des Deutschen am 29. August 876 rückte Karl durch Lothringen und drang bis Köln vor. Trotz seiner erdrückenden Übermacht wurde er aber am 8. Oktober 876 bei Andernach von seinem Neffen Ludwig dem Jüngeren entscheidend geschlagen und mußte im Vertrag von Meerssen erneut die Zugehörigkeit Lothringens zum Ostfrankenreich anerkennen.

Unterdessen wurde Italien von den Sarazenen heimgesucht, die 876 Rom plünderten. Weil jede Hilfe Karls II. ausblieb, begannen die Großen Italiens an seiner Eignung zum Kaiser zu zweifeln. Papst Johannes VIII. geriet unter immer stärkeren Druck der mittelitalienischen Fürsten und schickte verzweifelte Hilferufe an Karl. Auf einer Synode in Ravenna am 1. August 877 verteidigte der Papst Karl gegenüber den Bischöfen, nannte ihn »das heilbringende Gestirn, das der Menschheit aufgegangen sei« und behauptete, seine Kaiserwahl sei schon vor der Erschaffung der Welt von Gott vorherbestimmt worden. Nun endlich raffte sich der Kaiser, dessen Heer die Verluste von Andernach noch nicht überwunden hatte, zum Zug über die Alpen auf. Der Papst reiste ihm bis Vercelli entgegen und ließ sich mit ihm in Pavia nieder. Dort überraschte sie die Nachricht, daß Karlmann von Bayern mit einem starken Heer im Anmarsch sei.

Die westfränkischen Großen drängten auf sofortigen Rückzug und verweigerten dem Kaiser die Heerfolge. Karl der Kahle, der in den Fuldaer Annalen »feiger denn ein Hase« genannt wird, ergriff eilig die Flucht. Beim Übergang über die Alpen befiel ihn ein Fieber, und am 13. Oktober 877 starb er in einem Weiler des Arc-Tales, angeblich an einem Gift, das ihm sein jüdischer Leibarzt unter das Fiebermittel gemischt haben soll. In Nantua wurde er in einem mit Leder überzogenen und verpichten Weinfaß beigesetzt und später nach St. Denis überführt.

Aus seiner ersten Ehe mit Irmintrud, der Tochter des Grafen Odo von Orléans, hatte Karl der Kahle vier Söhne und drei Töchter. Nach Irmintruds Tod heiratete er Richilda, die Witwe eines Grafen Biwin und Schwester des Grafen Boso. Von seinen vier Söhnen hat er Ludwig, genannt den Stammler, zum König von Neustrien und Karl zum König von Aquitanien krönen lassen. Beide empörten sich 862 gegen den Vater, wurden aber schnell unterworfen. Nur Ludwig behielt sein Reich und wurde nach Karls des Kahlen Tod sein Nachfolger im Westfrankenreich. Seinen dritten Sohn Karlmann hatte Karl für die geistliche Laufbahn bestimmt und ließ ihn blenden, als dieser sich dagegen auflehnte.

Die geschichtliche Bedeutung Karls des Kahlen liegt mehr in seinen Niederlagen als in seinen Taten. Wiederholt zeigte er eine sehr rasche Reaktion und ein sicheres Gefühl für die Gunst der Stunde, so durch seine Besetzung Lothringens nach dem Tode seines Neffen Lothar II. und durch seinen Zug nach Italien, als Kaiser Ludwig II. starb. Doch beide Unternehmen scheiterten dann an seiner fehlenden militärischen Begabung und mangelnder Willenskraft. Sein Hof zeichnete sich durch eine Ansammlung vieler hervorragender Gelehrter aus. Der Sohn Judiths hat mehr als alle anderen Enkel Karls des Großen für die Fortsetzung des karolingischen Bildungswerks geleistet.

Ob Karl II. seinen Beinamen »der Kahle« wirklich einem spärlichen Haarwuchs oder gar einer Glatze verdankt, läßt sich aus den wenigen von ihm erhaltenen Bildern nicht beweisen, hat aber die Biographen zu allen möglichen Überlegungen angeregt. Manche meinten, er sei so genannt worden, weil er vor seiner Ausstattung mit Alemannien 829 kahl, das heißt ohne Land gewesen sei. Ein ihm gewidmetes Poem des zeitgenössischen Dichtermönchs Hucbald vom Kloster St. Amans, betitelt *de laude calvorum* (Vom Lob der Kahlköpfe), könnte allerdings darauf hindeuten, daß Karl der Kahle wirklich kahl gewesen ist.

KARL III. DER DICKE
876–887

Während sich in Frankfurt am Main die Großen Ostfrankens zu einem Reichstag einfanden, brach am 26. Januar 876 Karl, der jüngste Sohn Ludwigs des Deutschen, in der Kirche unter furchtbaren Krämpfen zusammen. Zu Bewußtsein zurückgekehrt, bekannte er laut, daß er sich zusammen mit seinem Bruder Ludwig dem Jüngeren gegen den Vater verschworen habe, daß sie ihn absetzen und für immer einkerkern wollten. Karl erklärte, er sei vom bösen Geist besessen gewesen. König Ludwig der Deutsche befahl, Karl unter dem Geleit von Bischöfen an heilige Stätten zu führen, wo er an den Reliquien der Märtyrer um Befreiung von den Dämonen und Wiederherstellung seines gesunden Verstandes beten sollte.

Die spärlichen Quellen über die Persönlichkeit Karls III., den die Geschichte den »Dicken« nennt, berichten von keinen weiteren Anfällen von »Besessenheit«, doch deuten viele Anzeichen darauf hin, daß er Epileptiker war. In seiner frühen Zeit »der Sanftmütige« genannt, ist seine Regierungszeit durch Perioden von Trägheit und

Karl der Dicke. Zeitgenössisches Siegel.

Mutlosigkeit gekennzeichnet, die allerdings ebenso im Charakter bedingt sein könnten. Zeichen von Geisteskrankheiten traten gegen sein Lebensende auf, eine Operation gegen sein »Kopfleiden«, der er sich in seinem letzten Lebensjahr in Bodmer am Bodensee unterzog, könnte eine Schädeltrepanation gewesen sein, wie sie im frühen Mittelalter bei Gehirnkrankheiten vorgenommen wurde.

Von seinem todkranken Bruder Karlmann mit der Anwartschaft auf Italien und damit auf die Kaiserkrone betraut, zog Karl im Herbst 879 über den St. Bernhard nach Oberitalien und brachte es ohne Widerstand in seinen Besitz. Anfang 880 nahm er in Ravenna im Beisein des Papstes Johannes VIII. die Huldigung der italienischen Großen und Bischöfe entgegen. Die Hoffnung des Papstes, er werde sofort in Rom die Kaiserkrone in Empfang nehmen und gegen die Sarazenen und aufsässigen mittelitalienischen Großen ziehen, wurde von Karl enttäuscht. Seine Hauptsorge galt zunächst dem Adoptivsohn und zeitweiligen Kaiserkandidaten des Papstes Boso, der sich in Arles zum König der Provence aufgeschwungen hatte. Karl hob die Kaiserinwitwe Angilberga, Bosos Schwiegermutter, in ihrem Kloster Brescia aus, verbannte sie nach Schwaben und zog mit den unmündigen Söhnen Karls des Kahlen gegen Boso. Während der Belagerung von Vienne verbrannte er plötzlich nachts sein Lager und rückte, ohne die Verbündeten zu verständigen, ab.

Mitte Februar 881 empfing Karl III. in der Peterskirche die Kaiserkrone. Doch statt in Italien energisch zu werden, verharrte er untätig am Bodensee. Anfang Februar hielt er einen Reichstag in Ravenna ab, dort erreichte ihn die Nachricht vom Tod seines Bruders Ludwig des Jüngeren. Da dieser ebenso wie vorher der älteste Bruder Karlmann ohne legitime Söhne gestorben war, fiel nun Karl dem Dicken das ostfränkische Reich zu.

Im Norden Ostfrankens hausten die Normannen; Aachen, Köln und Trier waren geplündert und verbrannt. Karl III. eilte nach Worms, empfing die Huldigungen und rüstete ein mächtiges und, »wenn es einen tüchtigen Führer gehabt hätte, furchtbares Heer«. Karl übernahm den Oberbefehl. Es gelang, die Normannen in ihrem Lager Elsloo an der Maas einzuschließen. Nach zwölf Tagen Belagerung schien am 21. Juli 882 der Sieg sicher. Da bot der Kaiser Verhandlungen an. Gegen Zahlung von mehr als 2000 Pfund Silber und Gold schwor der Normannenfürst Gotfried, künftig Frieden zu halten und ließ sich taufen. Kaiser Karl war sein Pate und gab ihm Grafschaften und Lehen in Friesland. Das Heer war empört und bezichtigte Karls Erzkanzler Liutward offen des Verrats. Schon im November brannten die Normannen Deventer an der Ijssel ab und zogen wieder plündernd rheinaufwärts. Doch Kaiser Karl der Dicke überließ dieses Problem dem Grafen Heinrich von Babenberg und den Erzbischöfen von Mainz und Bremen. Am 12. Dezember 884 starb Karlmann, der Enkel von Karls Onkel Karl dem Kahlen und König von Westfranken. Die Großen seines Reiches übergingen die Rechte von Karlmanns fünfjährigem Halbbruder Karl (der später als Karl der Einfältige doch noch westfränkischer König wurde) und trugen Karl dem Dicken die Nachfolge an. Im Juni 885 wurde er in Ponthion gekrönt. Damit war das ganze Reich Karls des Großen unter seinem schwachen Urenkel noch einmal vereint.

Mehr noch als Ostfranken litt der Westen unter den Normannen. Doch der Kaiser blieb untätig und verhandelte statt dessen mit Papst Hadrian III. wegen der Nachfolge seines unehelichen, noch minderjährigen Sohnes Bernhard. Der Papst starb auf der Reise nach Deutschland in Nonantola. Im November 885 schlossen die Normannen Paris ein, streiften bis Reims. Aber Karl der Dicke zog nach Italien, um den neuen Papst Stephan V. für seine Erbfolgepläne zu gewinnen. Der jedoch hatte längst die Hoffnung auf den Kaiser aufgegeben, suchte Hilfe in Byzanz und verbündete sich mit dem ärgsten Widersacher Karls in Italien, dem Herzog Guido von Spoleto.

Erst als im August 886 sein fähigster Feldherr Heinrich von Babenberg vor Paris gefallen war, zog der Kaiser selber gegen die Normannen. Sie gingen vor ihm auf das linke Seineufer zurück, er bezog Lager am Fuß des Montmartre, und das Heer setzte über den Fluß. Doch wieder begann Karl Verhandlungen, diesmal angeblich, da der Winter vor der Tür stand, erkaufte für 700 Pfund Silber den Rückzug der Normannen an die Seinemündung und gab ihnen Burgund als Beute preis.

Krank zog sich der Kaiser an den Bodensee zurück, wo er wegen seines Kopfleidens operiert wurde. Zwischen seinem Erzkanzler Liutward, dem er das Bistum Vercelli verliehen hatte, und Karls treuestem italienischen Vasallen, dem Markgrafen Berengar von Friaul, einem Enkel Ludwigs des Frommen, kam es zum Streit. Ein Neffe Liutwards hatte eine Nichte Berengars aus dem Kloster in Brescia entführt, und Berengar hatte aus Rache Liutwards Bischofssitz geplündert. Der allmächtige Erzkanzler wurde der Habgier, der Ketzerei und des Ehebruchs mit der Kaiserin Richardis beschuldigt, deren Ehe mit Karl III. kinderlos geblieben war. Auf einem Reichstag in Kirchen am Rhein wurde Liutward abgesetzt und statt seiner Erzbischof Liutbert von Mainz zum Erzkanzler ernannt. Kaiserin Richardis, mit der Karl nach seiner Aussage die Ehe niemals vollzogen hatte, war bereit, ihre Jungfräulichkeit vor dem Reichtstag durch ein Gottesurteil zu beweisen. Die Ehe wurde gelöst, die Kaiserin zog sich in das von ihr gestiftete Kloster Andlau zurück. Um seine Nachfolge zu sichern, nahm Karl der Dicke den unmündigen Sohn seines toten Erzrivalen Boso, Ludwig von Burgund, an Sohnes Statt an. Er war mütterlicherseits ein Enkel Ludwigs des Frommen und erlangte als Ludwig III. dreiundzwanzig Jahre später die Kaiserkrone.

Der Skandal seiner Ehe und die zunehmende Geisteskrankheit machten die Position Karls immer unhaltbarer. Im Einverständnis mit vielen ostfränkischen Großen wandte sich der entmachtete Erzkanzler Liutward, da Ludwig von Burgund für ihn nicht in Frage

kam und kein anderer legitimer Nachkomme Karls des Großen mehr lebte, an den Markgrafen Arnulf von Kärnten, den unehelichen Sohn Karlmanns, des ältesten Sohnes Ludwigs des Deutschen. Die ostfränkischen Fürsten wählten Arnulf im Herbst 887 in Frankfurt zum König. Als auch die Schwaben, die bis zuletzt zu ihm gehalten hatten, zu Arnulf übergingen, dankte Karl der Dicke am 11. November 877 ab und zog sich auf seine schwäbischen Güter zurück. Am 13. Januar 888 starb er in Neudingen an der Donau und wurde im Kloster Reichenau beigesetzt. Sein Beiname »der Dicke« findet sich erst in sächsischen Annalen des 12. Jahrhundert.

Arnulf von Kärnten. Kaisersiegel.

ARNULF VON KÄRNTEN
887–899

Indem König Karlmann von Bayern seinen einzigen, aber unehelich geborenen Sohn um 850 auf den Namen eines der beiden Stammväter des Geschlechts, des Heiligen Arnulf von Metz, taufen ließ, zeigte er an, daß er in ihm einen vollwertigen Karolinger und künftigen Erben sah. Doch es gelang Karlmann nicht, diesen Anspruch für Arnulf durchzusetzen. Noch dem Sterbenden nötigte sein Bruder Ludwig der Jüngere 879 den Verzicht auf Bayern ab. Arnulf behielt als Amt und Lehen die bayerischen Grenzmarken Pannonien und Kärnten, die er seit 876 verwaltete. Dabei blieb es auch nach der Übernahme des Ostfrankenreiches durch Karl den Dicken. Zusammen mit den bayerischen Großen schwor Arnulf dem neuen Oberherrn über einem »Stück des heiligen Kreuzes« den Treueid.

Im Sommer 882 befehligte Arnulf beim Reichsfeldzug gegen die Normannen das bayerische Aufgebot. Ein Überrumpelungsversuch, den er zusammen mit den Mainfranken Heinrichs von Babenberg unternahm, mißglückte zwar, doch Arnulf galt in Bayern als der geborene Heerführer. Das verleitete ihn, sich mit Waffengewalt in Angelegenheiten des mit dem Mährerfürsten Swatopluk auf gutem Fuß stehenden Grafen Aribo von der böhmischen Grenzmark einzumischen. Dadurch löste er einen zweijährigen Krieg mit dem ihm weit überlegenen Swatopluk aus, in dem die Mark Pannonien verwüstet wurde. Kaiser Karl der Dicke mußte schließlich den Frieden wiederherstellen. Doch in Bayern schadete die Unbesonnenheit Arnulfs seinem Ansehen nicht; im Gegenteil: die bayerischen Großen waren wegen des Friedens über den Kaiser empört und sahen mit Sorge und Neid, wie Swatopluk in den folgenden Jahren die Böhmen unterwarf und den Einfluß seines christlichen großmährischen Reichs bis an die Weichsel ausdehnte.

Als im Herbst 887 die Geisteskrankheit Karls des Dicken eine Entscheidung forderte, war Arnulf nicht nur der einzige zur Nachfolge fähige Karolinger, sondern auch der einzige unter den Großen des Reichs, der über die gesamte Wehrkraft seines Stammesgebietes verfügen konnte. Seine illegitime Geburt spielte da keine Rolle mehr. Denen, die ihm die Gefolgschaft verweigern sollten, drohte er mit Entzug ihrer Lehen, was er nur als König tun konnte. Während Arnulf in Frankfurt die Huldigung der Großen empfing, schickte ihm Karl der Dicke durch Unterhändler die Kreuzesreliquie, über der Arnulf ihm fünf Jahre zuvor den Vasalleneid geleistet hatte. Er soll bei dem Anblick in Tränen ausgebrochen sein, umstimmen aber ließ er sich dadurch nicht.

Im Ostreich, bei den germanischen Stämmen, war Arnulf als Erbe des Reichs Karls des Großen unumstritten. Umstritten ist die Frage, ob er seinen Ehrgeiz bewußt auf dieses »Deutschland« beschränkt oder nur durch Nachlässigkeit und Verfolgung privater Interessen den endgültigen Zerfall des Reichs Karls des Großen zugelassen hat. Während er den ersten Winter seiner Regierungszeit in Regensburg mit glänzenden Festen feierte, schossen im Westen und Süden »viele Königlein« heraus, wie eine Chronik sagt. Graf Odo von Orléans riß die Macht über das Gebiet nördlich der Loire an sich. Ein Ramnulf erklärte sich zum König in Aquitanien, der Welfe Rudolf zum König von Hochburgund. Bosos Sohn Ludwig regierte in der Provence, in Italien erklärte sich Markgraf Berengar von Friaul, ein Enkel Ludwigs des Frommen, zum König, gleichzeitig aber auch Herzog Wido von Spoleto. Mit Ausnahme des Letzteren huldigten sie

Arnulf von Kärnten. Königssiegel von 888.

aber alle Arnulf als Reichsoberhaupt, und damit war er zufrieden. Er hatte andere Sorgen, Vatersorgen.

Aus jungen Jahren hatte er von einer bayerischen oder slawischen Friedelfrau Holenrada zwei Söhne, Zwentibold und Ratolf. Zwentibolds Pate war der Mährerfürst Swatopluk, auf dessen Zweitnamen er getauft wurde. Als Arnulf die Konradinerin Ota heiratete, ließ er sich vom Reichstag zu Forchheim im Juni 889 für den Fall, daß Ota keinen Sohn bekommen sollte, das Nachfolgerecht der Friedelsöhne bestätigen.

Einem dringenden Hilferuf des Papstes Stephan V., der ihm durch Swatopluk zukam, folgte Arnulf nicht. Denn die Normannen waren in das Gebiet des heutigen Belgien eingefallen. Nach anfänglichen Niederlagen stürmte Arnulf mit einem nur aus Franken bestehenden Heer – die Schwaben hatten ihre Hilfe verweigert – im November 891 das stark befestigte normannische Winterlager bei Löwen an der Dyle. Trotzdem streiften die Normannen im folgenden Jahr wieder bis zur Eifel, zogen sich aber im Herbst 892 endgültig auf die britische Insel zurück. Weniger glücklich gingen zwei Feldzüge aus, die Arnulf 892/93 gegen Swatopluk von Mähren führte, der sich geweigert hatte, die Kaiser Karl dem Dicken geleistete Huldigung zu erneuern. Arnulf verstärkte sein Heer durch ungarische Reiterscharen, was ihm den Vorwurf eingebracht hat, den Ungarn den Weg zu ihren verheerenden Einbrüchen des Jahres 898 nach Mähren und in die bayerischen Grenzgebiete gewiesen zu haben.

Im Herbst 893 bekam Königin Ota einen Sohn, den späteren König Ludwig IV. das Kind. Um Zwentibold zu entschädigen, verschaffte ihm Arnulf gegen erheblichen Widerstand der linksrheinischen Großen die Krone Lotharingiens. Zwentibold gelang es jedoch nicht, den mächtigen lothringischen Adel zu gewinnen, mit dem er es durch seine Gewalttätigkeiten verdarb. Ein Jahr nach dem Tode seines Vaters fiel er an der Maas im Kampf gegen den zum Anschluß an das Westreich drängenden Adel Lotharingiens. Im luxemburgischen Kloster Susteren, wo er begraben ist, wurde er als Heiliger verehrt.

In Italien hatte schon 890 Herzog Wido von Spoleto aus fränkischem Einwanderergeschlecht die Macht an sich gerissen und war, nachdem dessen wiederholte Hilferufe an Arnulf umsonst blieben, von Papst Stephan V. am 21. Februar 891 zum Kaiser gekrönt worden. Der nächste Papst, Formosus, hatte, offenbar widerwillig, 892 die Krönung wiederholt und dabei Widos Sohn Lambert zum Mitkaiser gekrönt. Während seine Bayern in Mähren kämpften, zog Arnulf endlich im Winter nur mit schwäbischen Truppen über die Alpen, eroberte am 1. Februar 894 Bergamo und ließ sich in Pavia als König von Italien huldigen. Weiter konnte er sich mit seiner durch Krankheit gelichteten Streitmacht nicht wagen, sondern mußte sich sogar vor Widos Truppen schleunigst nach Norden absetzen.

Nach Widos Tod kehrte Arnulf im Herbst 895 mit einer Streitmacht aus Schwaben und Franken zurück und stürmte Rom, das von Ageltruda, der Mutter Lamberts, verteidigt wurde. Am 22. Februar 896 zog er feierlich in Rom ein und wurde als letzter Karolinger von Papst Formosus zum Kaiser gekrönt. Das aber war ein leerer Titel, solange die Macht der Widonen Lambert und Ageltruda nicht gebrochen war. Doch auf dem Zug gegen Spoleto erlitt der frischgekrönte Kaiser einen Schlaganfall. Quellen behaupten, er habe sich in den Armen italienischer Gespielinnen überanstrengt – im Alter von 46 Jahren.

Halbgelähmt zog sich Kaiser Arnulf nach Bayern zurück. Sein Friedelsohn Ratolf sollte in Mailand die Stellung halten, wurde aber schon im Mai 896 von Gegenkaiser Lambert in die Flucht geschlagen. Papst Formosus mußte noch nach seinem Tod die Rache der Widonen über sich ergehen lassen. Sein Nachfolger Stephan VI. ließ seinen Leichnam neun Monate nach der Bestattung ausgraben. In Papstgewänder gekleidet, wurde er auf den Thron des Konziliensaales gesetzt und über die Mumie ein Tribunal gehalten. Man hackte die drei Segensfinger der rechten Hand ab und warf sie in den Tiber. Papst Stephan VI. wurde noch im gleichen Jahr von Anhängern des Formosus und der »deutschen« Partei Roms erwürgt. Papsttum und römisches Kaisertum waren auf einem Tiefstand ihrer Geschichte angelangt.

Trotz seiner fortschreitenden Lähmung war Arnulf in den letzten Jahren seines Lebens nicht untätig. Mit Waffengewalt warf er den Markgrafen Aribo nieder, der sich zum Nachteil des Reichs in innermährische Auseinandersetzungen eingemischt hatte. Noch kurz vor seinem Tod ließ Arnulf im Juni 899 auf einer Reichsversammlung in Regensburg eine Anklage gegen seine Gemahlin Ota wegen Ehebruchs zu. Siebzig hohe Adlige beschworen die Unschuld der Kaiserin. Arnulf starb am 8. Dezember 899 in Regensburg, im Kloster St. Emmeram wurde er beigesetzt.

Ludwig das Kind. Zeitgenössisches Siegel.

LUDWIG IV. DAS KIND
899–911

Vor seinem Tode hatte Kaiser Arnulf die geistlichen und weltlichen Großen auf seinen 893 in Altötting geborenen einzigen ehelichen Sohn von der Kaiserin Ota vereidigt. Zur Regentschaft bestimmte er Erzbischof Hatto von Mainz und Bischof Salomo von Konstanz, zum Erzieher den Bischof Albero von Augsburg. Weltlicher Vormund wurde Graf Konrad von Hessen und Niederlahnstein, ein Verwandter Otas und wiederum mit deren Tochter Glismut, also einer Schwester des jungen Ludwig verheiratet. Am 4. Februar 900 wurde Ludwig das Kind in Forchheim feierlich gekrönt, gesalbt und mit einem Königsmantel bekleidet.

Neben diesen mächtigen und ehrgeizigen Regenten spielte Ludwig nur als Symbol für die Einheit des ostfränkisches Reiches eine Rolle. Und um diese Einheit war es schlecht bestellt. Schon seit den Bruderkämpfen der Söhne Ludwigs des Frommen war das karolingische Herrschaftsprinzip, nach dem Königslehen mit dem Erlöschen des damit verbundenen Amtes oder dem Tod des Lehensträgers an den König und das Reich zurückfielen, immer mehr aufgeweicht worden. Lehen wurden erblich und gingen in das Eigentum der Grafen über, aus Lehnsgrafen wurden feudale, dem Monarchen nur noch durch Treueid verpflichtete Grundherren. Die mächtigsten und vornehmsten Grafen schwangen sich zu Herzögen auf und die alten, von Karl dem Großen abgeschafften Stammesherzogtümer erstanden wieder, zuerst Sachsen und Thüringen. Gegen diese Entwicklung stemmten sich die Bischöfe, die für den Besitz der Kirchen und Klöster fürchteten. Ein geistlicher Chronist spricht von »Ludwig, unter dem alle Güter friedlos wurden«. Ihrerseits benutzten die geistlichen Regenten Hatto von Mainz und Salomo von Konstanz ihre Stellung, um ihrer Verwandschaft große erbliche Besitztümer auf Kosten des Reichsgutes zu verschaffen.

Während an der Südostgrenze des Reichs die Ungarn zu einer gefährlichen Bedrohung wurden, führten Ludwigs Verwandte, die Konradiner, vier Jahre lang eine blutige Privatfehde mit den am oberen Main begüterten Popponen, deren Stammburg auf dem Babenberg lag, dem späteren Domberg in Bamberg. Die »Babenberger Fehde« wurde erst 906 durch königliches Heeresaufgebot zugunsten der Konradiner entschieden, der Poppone Graf Adalbert hingerichtet.

Im gleichen Jahr streiften die Ungarn bis nach Sachsen, ein Jahr darauf fiel Markgraf Luitpold von Kärnten im Kampf gegen die Eindringlinge, 909 drangen sie bis nach Schwaben vor. Die Abwehr blieb den betroffenen Stämmen überlassen, deren Große dadurch noch mächtiger und selbstbewußter wurden. Erst 910 kam endlich ein Reichsaufgebot zustande, das mit dem siebzehnjährigen König Ludwig IV. an der Spitze den Ungarn entgegentrat. Auf dem Lechfeld bei Augsburg wurde er vernichtend geschlagen.

Nach dieser Schlacht gibt es nur noch wenige Nachrichten über den König. Im Oktober 910 erscheint sein Name auf einer Forchheimer Urkunde, im Juli 911 zum letztenmal auf einem Frankfurter Dokument. Er starb im Alter von nur achtzehn Jahren am 20. August 911 »siechen Körpers und einer frühzeitigen Auflösung erliegend« an unbekanntem Ort. In St. Emmeram bei Regensburg soll er angeblich neben seinem Vater Kaiser Arnulf beigesetzt worden sein. Er war als ostfränkischer König nach Ludwig III. dem Jüngeren, dem zweiten Sohn Ludwigs des Deutschen, der vierte seines Namens, wurde jedoch nicht zum Kaiser gekrönt, so daß später Kaiser Ludwig der Bayer ebenfalls als Ludwig IV. bezeichnet wurde.

KONRAD I.
911–918

Nachdem Ludwig das Kind tot war, lebte als einziger Nachkomme Karls des Großen im Mannesstamm und Träger der karolingischen Erbheiligkeit nur noch der König Westfrankens, Karl III. der Einfältige, ein Enkel Kaiser Karls des Kahlen. Doch das Selbstbewußtsein der germanischen Stämme Ostfrankens war zu groß, als daß sie an diese Erbfolge gedacht hätten. Sie kehrten zur

Oben: Konrad II., Münzbild von einem in Augsburg geprägten Silberdenar.

Unten: Heinrich III., Münzbild von einem in Regensburg geprägten Silberdenar.

Heinrich III., Skulptur vom
Grab des Kaisers in der
Ulrichskapelle des Kaiser-
hauses in Goslar.

Rechts: Heinrich IV. thronend
mit Krone, Reichsapfel und
Zepter an dem um 1215
vollendeten Karlsschrein im
Aachener Dom.

Heinrich IV., angebliche
Darstellung des thronenden
Kaisers, um 1170 entstandene
Wandmalerei in der Doppel-
kirche von Bonn-Schwarz-
rheindorf.

Oben: Heinrich IV., Münzbild
von einem in Regensburg
geprägten Silberdenar.

Unten: Heinrich V., Münzbild
von einem in der Wetterau
geprägten Silberdenar.

Links: Rudolf von Schwaben,
Bronzeplatte vom Grabmal des
Kaisers im Dom zu Merseburg,
entstanden nach 1080.

Heinrich V., Wandmalerei aus
der Mitte des 12. Jahrhunderts
in der Klosterkirche Prüfening
bei Regensburg.

4

LOTHARIVS. **IMPR. III.**

Sub nře itaq; confirmationis auctoritate cōphendentes tam ea que ipsem hab̃ & q̃m q̃ habitura ẽ eade ecclia. ꝑcipiendo iuben̄ ut nullus deniq̃ magna ꝑuaue ꝑsona comes. uice comes. nulla deniq̃ magna ꝑuaue ꝑsona in his ecclesiis eā īnq̃tare molestare diuestare ꝑsumat. Siquis g̃ contra hoc qd no ncredim̄ ꝑsumpserit. qdragenta libras auri. medietate camere nře. medietatem p̃dicte ẽpo nax ꝯ ecclie.

Lothar III. von Supplinburg überreicht dem Abt des Klosters Formbach ein Privileg. Buchmalerei des 12. Jahrhunderts aus dem Traditionskodex von Formbach im Bayerischen Hauptstaatsarchiv München.

Konrad I. Zeitgenössisches Siegel.

altgermanischen Form der Königserhebung zurück. Als erstem wurde dem Herzog Otto dem Erlauchten aus dem Stamm der Liudolfinger die Königswürde angetragen. Otto lehnte ab, weil er sich zu alt fühlte, und schlug den Herzog von Franken, Konrad vor. Auf einer Reichsversammlung in Forchheim vom 6. bis 10. November 911 wurde der Konradiner von den Großen Sachsens, Frankens, Bayerns und Schwabens zum König gewählt. Lotharingien blieb fern und entschied sich für Karl den Einfältigen. Ob bei der Wahl Konrads I. eine Rolle gespielt hat, daß er durch seine Mutter Glismut von Karl dem Großen abstammte, ist nicht wahrscheinlich. Sicher ist aber, daß er der Favorit Erzbischof Hattos und Bischof Salomos war.

Obwohl Konrad I. die Krone den Großen der Stämme verdankte, begann er sehr bald, ihre Macht zurückzudrängen. Als ersten machte er sich Herzog Heinrich von Sachsen zum Feind, der Ende 912 auf seinen Vater Otto gefolgt war. Ihm verweigerte der König den Besitz großer außersächsischer Reichslehen, die vertragsgemäß mit dem Tod des alten Herzogs erloschen. Während Konrad in Lothringen um die Wiedereroberung des Landes kämpfte, fiel Heinrich in Hessen und Thüringen ein. Gleichzeitig brannte es in Schwaben. Dort strebte der Pfalzgraf Erchanger das Herzogtum an, was der Kanzler um keinen Preis zulassen wollte. Um Erchanger friedlich zu stimmen, heiratete Konrad 913 dessen Schwester Kunigunde, die Witwe des bayerischen Markgrafen Liutpold, deren Sohn sich seit 907 Herzog von Bayern nannte.

Wenige Monate nach der »Friedensheirat« setzte Schwager Erchanger den Bischof Salomo gefangen, so daß Konrad eingreifen mußte und Erchanger in die Verbannung schickte. Konrad griff jetzt selber in den Kampf gegen Heinrich von Sachsen ein. Doch als er ihm mit starker Übermacht entgegentreten wollte, kam aus Schwaben die Nachricht, daß Erchanger aus dem Exil zurückgekehrt war, die Anhänger Salomos geschlagen und sich zum Herzog von Schwaben hatte ausrufen lassen. In Bayern hatte sein Stiefsohn Herzog Arnulf, in geistlichen Chroniken »der Böse« genannt, sich

Königsrechte angemaßt, Bischöfe abgesetzt und Kirchengut eingezogen. Statt Heinrich von Sachsen in die Schranken zu weisen, mußte Konrad ihn in Grona 915 als Herzog über ganz Sachsen anerkennen und gegen seine angeheirateten Verwandten vorgehen.

Auf einer Synode in Hohenaltheim bei Nördlingen im September 916 wurden Erchanger und sein Bruder Berthold zu lebenslanger Klosterhaft verurteilt, konnten aber fliehen. Als man sie wieder ergriff, soll Konrad Tränen vergossen haben, weil nun ein Todesurteil unvermeidlich war. Sie wurden im Januar 917 in Aldingen (Württemberg) enthauptet. Ihrer Güter bemächtigte sich der Hunfridinger Burchard, den Konrad bald darauf als Herzog von Schwaben anerkannte. Arnulf von Bayern war der Vorladung nach Hohenaltheim nicht gefolgt. Im Kampf mit seinen Truppen wurde Konrad I. schwer verwundet, doch Arnulf floh zu den Ungarn – den Reichsfeinden.

Von seinen im Kampf gegen Arnulf erlittenen Wunden sollte sich Konrad nie mehr erholen. Den Tod vor Augen, sah er ein, daß er versagt hatte. Statt alle Kräfte des Reichs und der Stämme zum Kampf gegen den äußeren Feind zu vereinen, hatte er sich in sinnlosen Fehden verzettelt, sich die besten Heerführer Heinrich, Erchanger und Arnulf zu Feinden gemacht. Indem er dem Phantom des karolingischen Zentralstaats nachjagte, hatte er die Sicherheit und Einheit des Reichs aufs Spiel gesetzt. Der Besitz der königlichen Insignien, die Salbung, Burgen und Waffen konnten nicht ersetzen, was das wahre Königsheil ausmachte: »Glück und edle Sitten«.

Konrad hatte keine eigenen Nachkommen. Er bat seinen Bruder Eberhard, auf die Erbfolge zu verzichten und die Königsinsignien demjenigen zu überbringen, »dem das Glück mit den edelsten Sitten folgt« – seinem größten Feind Herzog Heinrich von Sachsen. Konrad I. starb am 23. Dezember 918 und wurde in Fulda beigesetzt. Sein letzter Entschluß war die einzig große Tat seines Lebens. Nach dem Niedergang des Ostfrankenreichs begann der Aufstieg des deutschen Reiches unter dem Zeichen der sächsischen Dynastie.

HEINRICH I.
919–936

Die Legende, daß Herzog Heinrich von Sachsen durch die Überbringung der Königsinsignien überrascht worden sein soll, als er in Dinklar bei Hildesheim »am Vogelherd« zwischen Fangnetzen und Leimruten Singvögel einfing, entstand erst zweihundert Jahre nach seinem Tod. In Wirklichkeit war sich Heinrich seines Anspruchs auf die Königwürde wohl bewußt. Nach sächsischer Überlieferung war es schon die Überführung der Gebeine des Hl. Vitus aus St. Denis ins sächsische Kloster Corvey 836 gewesen, die den Niedergang der Franken und den Aufstieg der Sachsen zum ersten Stamm des Reiches einleitete. Heinrichs Großvater Liudolf hatte sein östlich des Harzes begütertes Geschlecht in den Kämpfen gegen Normannen und Slawen an die Spitze der sächsischen Großen gebracht. Heinrichs Vater Otto hatte den Besitz der Liudolfinger durch Heirat mit der Babenbergerin Hadwig auf Thüringen und Mainfranken ausgedehnt. Heinrich entführte Hatheburg, die verwitwete Tochter des Grafen Erwin von Merseburg, die bereits den Schleier genommen hatte, aus dem Kloster und heiratete sie trotz angedrohten Kirchenbannes. Von ihr hatte er bereits einen Sohn

Heinrich I.
Porträt auf einem zeitgenössischen Schmuckpfennig

»Burgenordnung« von 926 wurde die Anlage von Wehrburgen beschlossen. Jeder neunte heerbannpflichtige Mann wurde zum Bau herangezogen und mußte ständig dort wohnen. Die Burgen enthielten Unterkünfte für die übrigen Wehrbauern, die inzwischen die Felder bestellten, und Einrichtungen für die Unterbringung der Ernte in Kriegszeiten. Gauversammlungen, Gerichtstage, Märkte und Festlichkeiten wurden in die Burgorte verlegt.

Mit seiner erstarkenden Kriegsmacht ging Heinrich zuerst an die Erweiterung des Reichs im Osten. Im Winter 927/28 eroberte er die Hauptstadt der slawischen Heveller Brennabor (Brandenburg an der Havel), unterwarf im Elbegebiet die Dalemizinier und gründete dort die Burg Meißen. Zusammen mit Arnulf von Bayern marschierte er 929 gegen die Böhmen und zwang ihren König Wenzel zur Tributzahlung. Ein Aufstand der Wenden wurde durch einen Sieg bei Lenzen niedergeschlagen. 933 fühlte sich Heinrich stark genug, den Ungarn den fälligen Tribut zu verweigern. Als sie darauf mit zwei Heeren in Franken und Thüringen einfielen, wurden sie am 9. März bei Riade an der Unstrut und in der Nähe von Göttingen geschlagen. Danach hatten Deutschland und Westeuropa 22 Jahre lang Ruhe vor ihnen.

Schon 926 hatte Heinrich den in Italien gefallenen Herzog Burchard von Schwaben durch den konradiner Franken Hermann ersetzt, dem er die 922 gewährten Königsrechte über die Kirchen wieder entzog. 926 erkannte auch König Rudolf von Burgund die Vorherrschaft Heinrichs an und übergab ihm die »heilige Lanze«, an deren Spitze drei angeblich vom Kreuz Christi stammende Nägel befestigt waren und die Kaiser Konstantin dem Großen einst zum Sieg über die Heiden verholfen haben sollte. Mit dem Besitz dieser Lanze, so heißt es, sei die Herrschaft über Italien und damit die Anwartschaft auf die Kaiserwürde verknüpft. Wahrscheinlich plante Heinrich im Jahre 935, nachdem der innere und äußere Bestand des Reiches gesichert war, einen Zug über die Alpen. Da traf ihn ein Schlaganfall, und er starb am 2. Juli 936 sechzig Jahre alt in der Königspfalz Memleben an der Unstrut. In der Stiftskirche St. Peter in Quedlinburg wurde er beigesetzt.

Thankmar, als er plötzlich einsah, »daß er sich durch die unerlaubte Ehe arg versündigt habe«. Der Grund für die Gewissensbisse war die reizende Tochter Mathilde des westfälischen Grafen Thiederich, eine Nachkommin Widukinds. Hatheburg wurde verstoßen, die von ihr in die Ehe eingebrachten Güter behielt Heinrich. Die Ehe mit Mathilde brachte ihm weiteren Besitzzuwachs und festigte die Stellung der Liudolfinger in Westfalen.

Im Mai 919 empfing Heinrich I. in Fritzlar die Königsinsignien – Krone, Mantel, Lanze und Schwert. Als Erzbischof Heriger von Mainz ihn krönen und salben wollte, lehnte er ab: »Es genügt mir, daß ich vor meinen Vorfahren König genannt werde«. Damit betonte er seine Unabhängigkeit von der Kirche. Heinrich wollte die allein auf die Kirche gestützte Politik Konrads I. gegen die Stammesfürsten nicht fortsetzen, sondern den Herzögen in ihrem Land weitgehend freie Hand lassen. Nur die Verfügung über das Kron- und Kirchengut in den Stammesgebieten sollte dem König vorbehalten bleiben.

Gegen Heinrich I. ließ sich Herzog Arnulf von Bayern mit Unterstützung Herzog Burchards von Schwaben zum Gegenkönig *in regno Teutonicorum* (im Reich der Deutschen) erheben. Heinrich zwang erst den Schwaben und dann den Bayern mit bewaffneter Macht, aber ohne daß es zum offenen Kampf kam, zur Anerkennung. Dafür überließ er ihnen in ihren Ländern die Königsrechte über die Kirche. Den Herzog Giselbert von Lothringen unterwarf Heinrich, nachdem er sich mit Karl dem Einfältigen über die Rückgabe Lothringens verständigt hatte, mit Waffengewalt und verheiratete ihn mit seiner Tochter Gerberga. Damit war die königliche Gewalt über die Herzöge der fünf Stämme Franken, Sachsen, Lothringer, Schwaben und Bayern hergestellt.

Der Ungarneinfälle konnte auch Heinrich nicht Herr werden, deshalb erkaufte er von ihnen 926 gegen hohe jährliche Tributzahlungen einen neunjährigen Waffenstillstand. Diese Zeit nutzte er, um das Heereswesen neu zu organisieren. Die Wehrpflicht aller Freien wurde wieder eingeführt, die gepanzerte Reiterei, die allein den Reiterschwärmen der Ungarn gewachsen sein konnte, verstärkt. In der

Heinrich I. Zeitgenössisches Siegel.

Bereits 929 in Quedlinburg hatte Heinrich mit Zustimmung der Großen seinen ältesten Sohn aus der zweiten Ehe mit Mathilde zum Thronfolger bestimmt. Eine Erbteilung, die zur Zerstückelung des fränkischen Reiches geführt hätte, war damit ausgeschlossen, das Reich war von nun an unteilbar.

Otto I. Siegel von 940.

OTTO I. DER GROSSE
936–973

Die Ernennung Ottos zu seinem Nachfolger durch König Heinrich I. war in seiner Familie umstritten. Königinwitwe Mathilde sah in ihrem zweiten Sohn Heinrich den gegebenen König, weil ihr Gemahl bei der Geburt Ottos am 23. Oktober 912 noch nicht einmal Herzog gewesen war, während Heinrich 920 und damit »unter der Königswürde« geboren war. Doch die sächsischen Großen folgten dem Willen König Heinrichs, durch den das Königsheil auf Otto übergegangen war.

Zur Wahlversammlung wurden die Herzöge und Großen aller fünf Stämme auf den 7. August 936 nach Aachen in die Kaiserpfalz Karls des Großen geladen. Von den Großen wurde Otto auf einen Thron in der Säulenvorhalle des Münsters gehoben, worauf ihm jeder einzeln durch Handschlag den Treueid leistete. Erzbischof Hildebert von Mainz stellte den Erwählten den im Münster versammelten Edlen und Freien vor: »Seht, ich führe euch den von Gott erwählten und von Heinrich bestimmten, jetzt aber von allen Fürsten zum König berufenen Otto herbei. Wenn euch die Wahl gefällt, erhebt die Rechte zum Himmel und bestätigt sie.« Nach der von Heilrufen begleiteten Akklamation durch das Volk wurde Otto I. von den Erzbischöfen von Mainz und von Köln Schwert und Königsmantel angelegt, die Krone aufgesetzt und sein Haupt mit geweihtem Öl gesalbt. Auf dem Marmorthron Karls des Großen sitzend wohnte er der Messe bei. Beim anschließenden Königsmahl in der Pfalz leisteten ihm die vier Herzöge die Hofdienste – Giselbert von Lothringen als Kämmerer, Eberhard von Franken als Truchseß, Hermann von Schwaben als Mundschenk und Arnulf von Bayern als Marschall. Die glänzende, in allen Einzelheiten wohldurchdachte Inszenierung war symbolisch sowohl für Ottos Auffassung vom Königstum als auch für sein politisches Programm: Der König verdankt seine Würde der Gnade Gottes, die der von Gott geleitete Vorgänger auf den von ihm designierten Nachfolger überträgt. Die »Wahl« war lediglich eine Bestätigung dieser Entscheidung. Indem die Bischöfe den König krönen und salben, erkennen sie ihn als Oberhaupt der Reichskirche an, dem allein das Recht zusteht, Bischöfe einzusetzen. Ottos politisches Programm war nach außen die Wiederaufnahme der Unterwerfung und Missionierung der heidnischen Slawen, nach innen die Durchsetzung der königlichen Gewalt gegen die Eigeninteressen der Herzöge und des Adels.

Die Eintracht von Aachen erwies sich bald als trügerisch. Während im Osten Graf Hermann Billung die Liutizen niederwarf, brachen im Innern Aufstände gegen den erhöhten Herrschaftsanspruch des Königs los. Ein Übergriff Eberhards von Franken auf sächsisches Gebiet, den Otto mit harter Hand ahndete, war der erste Anlaß. Eberhard mußte eine hohe Buße leisten, seine Gefolgsleute demütigte Otto, indem er sie Hunde nach Magdeburg tragen ließ. Sein Halbbruder Thankmar, den Heinrich I. um sein mütterliches Erbe gebracht hatte, verbündete sich mit Eberhard von Franken und wurde von Kriegern Ottos am Altar der Kirche von Eresburg erschlagen. Als 937 Arnulf von Bayern starb, verweigerte sein Nachfolger Eberhard dem König die Huldigung und wurde von Otto unterworfen und mit seinen Brüdern in die Verbannung geschickt. Ottos Bruder Heinrich verbündete sich 939 mit seinem Schwager Giselbert von Lothringen und Eberhard von Franken gegen Otto. Bei Andernach wurden sie durch Hermann von Schwaben geschlagen, Eberhard fiel, Giselbert ertrank im Rhein. Heinrich floh nach Frankreich zu König Ludwig IV. und beteiligte sich 941 an einem Mordkomplott gegen Otto, das vereitelt wurde. Weihnachten darauf versöhnten sich die beiden endgültig.

Durch planmäßige Heiratspolitik brachte Otto I. die Herzogtümer in Familienbesitz. Sein Sohn Liudolf aus der Ehe mit der angelsächsischen Prinzessin Edgitha heiratete die Tochter des Herzogs Hermann von Schwaben, Edgithas Tochter Liudgard wurde die Frau des Franken Konrad des Roten, den Otto mit Lothringen belehnte. Sein Bruder Heinrich, der mit der Tochter Arnulfs von Bayern, Judith, verheiratet war, erhielt 947 Bayern. Das Herzogtum Franken wurde eingezogen. Durch die Ehen seiner Schwestern Gerberga, der Witwe Giselberts von Lothringen, mit König Ludwig IV. und Hadwigs mit dessen Rivalen Hugo von Franzien gewann Otto Einfluß auf die Auseinandersetzungen um die Herrschaft im westfränkischen Reich, die er zum Ausbau seiner Vormachtstellung im Abendland nutzte.

In Italien war Anfang 951 Markgraf Berengar II. von Ivrea nach dem Tode des jungen Königs Lothar zusammen mit seinem Sohn Adalbert zum König gekrönt worden und hatte die schöne Königswitwe Adelheid gefangengesetzt. Auf Adelheids Hilferuf, hinter dem aber wohl der von Berengar II. hart bedrängte Papst Agapet II. gestanden haben dürfte, ging Otto im Spätsommer 951 mit einem starken Heer über die Alpen. Ohne Widerstand zog er im September in Pavia ein, und im Oktober huldigten ihm weltliche und geistliche Große Italiens als König der Langobarden. Königin Edgitha war schon 946 gestorben. Weihnachten 951 heiratete Otto die befreite Adelheid, eine hochgebildete Tochter des Königs Rudolf II. von Burgund. Erzbischof Friedrich von Mainz wurde nach Rom geschickt, um wegen der Kaiserkrönung zu verhandeln, doch unter dem Druck des in Rom allmächtigen Patricius Alberich lehnte Papst Agapet II. ab. Im März 952 nach Deutschland zurückgekehrt, nahm Otto die Unterwerfung Berengars an und belehnte ihn mit dem Königreich Italien, von dem aber Verona, Friaul und Istrien abgetrennt und Heinrich von Bayern unterstellt wurden.

Die Ehe mit Adelheid und die Bevorzugung Heinrichs erregte den Unwillen Liudolfs, den Otto 946 als Nachfolger designiert hatte. Als Königin Adelheid Anfang 953 einen Sohn gebar, ging das Gerücht um, daß Otto die Regelung von 946 zugunsten von Adelheids Nachwuchs umstoßen wolle. Zusammen mit Konrad von Lothringen und im Einvernehmen mit dem Erzbischof von Mainz nötigte Liudolf, als Otto mit geringem Gefolge in Mainz war, ihm einen Vertrag ab, in dem die Erbfolge und die Absetzung Heinrichs von Bayern bestätigt wurden. Sobald Otto wieder in Sachsen war, erklärte er den Vertrag für nichtig und forderte die Rebellen unter Androhung des Banns zur Unterwerfung auf. Es kam zum Krieg, in dem Bayern und Schwaben ganz, Franken und Lothringen teilweise zu den Rebellen übergingen. Nur ein gewaltiger Einbruch der Ungarn rettete Otto vor einer möglichen Niederlage. Liudolf und Konrad, die mit den Ungarn in Verbindung traten und sie gegen den inneren Gegner abzulenken versuchten, verloren schlagartig ihren Anhang, mußten sich im Dezember 954 unterwerfen und verloren ihre Herzogtümer. Das Erzbistum Mainz vergab Otto an seinen unehelichen Sohn Wilhelm, nachdem er schon vorher seinen Bruder und Kanzler Bruno zum Erzbischof von Köln gemacht hatte.

Mit dem wiederhergestellten Reichsheer schlug Otto am 10. August 955 auf dem Lechfeld bei Augsburg die Ungarn so vernichtend, daß sie fortan auf weitere Raubzüge verzichteten und seßhaft wurden. Otto war zum Retter des Abendlandes geworden wie zwei Jahrhunderte vor ihm Karl Martell vor den Sarazenen. Sein Prestige setzte er zunächst für innere Reformen ein. In Schwaben und Lothringen wurden wieder bodenständige Herzöge eingesetzt. Doch die Macht aller Herzöge wurde derart eingeschränkt, daß sie praktisch Beamte des Königs waren, neben denen vom König mit Lehen ausgestattete Mark- und Pfalzgrafen als Vertreter des Königs standen.

Die zuverlässigste Stütze seines Königtums jedoch schuf sich Otto I. in der Reichskirche. Bistümer und Abteien wurden mit Männern seines Vertrauens besetzt, die aus der Hofkapelle hervorgegangen waren. Bistümer und Klöster wurden mit reichen Schenkungen bedacht, die Bischöfe erhielten in ihren Herrschaften und Bischofsstädten die Gerichtsbarkeit sowie Zoll-, Münz- und Marktrecht. Dafür mußten sie allerdings auch Reichssteuern zahlen und ihren Beitrag zum Reichsheer leisten. Daß diese Macht der geistlichen Fürsten mit ihrem Tode erlosch und nur der König ohne Rücksicht auf dynastische Erbansprüche über die Nachfolge der Zölibatäre zu entscheiden hatte, machte die Reichskirche zum unvergleichlichem Instrument des Monarchen. Daß aus den treusten Dienern des Königtums einmal seine gefährlichsten Gegner werden würden, konnte Otto der Große nicht vorhersehen. Das hohe Ansehen Ottos bei der Kirche beruhte nicht zuletzt darauf, daß er der Mission im Osten ständig neue Gebiete erschloß. Unter seiner Regierung entstanden das Erzbistum Magdeburg und die Bistümer Oldenburg (Holstein), Brandenburg, Havelberg, Meißen, Merseburg und Zeitz, gesichert durch die Organisation der Grenzmarken.

Von Papst Johannes XII. gegen Berengar zu Hilfe gerufen, zog Otto I. 961 zum zweitenmal nach Italien. Berengar wurde vertrieben und Otto zusammen mit Adelheid am 2. Februar 962 in Rom zum Kaiser gekrönt. Er erneuerte die karolingischen Garantien des Kirchenstaats und die kaiserliche Schutzhoheit über Rom. Aus nicht objektiv erklärbaren Gründen kam es bald zu schweren Auseinandersetzungen zwischen Kaiser und Papst. Johannes XII. wurde von Otto I. abgesetzt. Die Römer gelobten, in Zukunft nie mehr einen Papst ohne Zustimmung und Wahl Kaiser Ottos zu wählen. Gewählt wurde Leo VIII., der jedoch im Mai von Anhängern des Johannes vertrieben und durch Benedikt V. ersetzt wurde. Otto zog daraufhin wieder nach Rom, zwang die Stadt nach harter Belagerung am 23. Juni 964 zur Übergabe, verbannte Benedikt V. und setzte Leo VIII. wieder ein. Aber kaum war der Kaiser nach Deutschland zurückgekehrt, begann es in Rom wieder zu gären. Papst Johannes XIII., der mit Ottos Zustimmung nach dem Tode Leos VIII. auf den Heiligen Stuhl gefolgt war, wurde vom römischen Stadtadel gefangengenommen. Zum drittenmal zog Otto über die Alpen, setzte Johannes XIII. wieder ein und ließ Weihnachten 967 seinen zwölfjährigen Sohn Otto II. zum Kaiser krönen. Mit dem oströmischen Kaiserreich, dem noch immer Süditalien gehörte, suchte Kaiser Otto zu einer Verständigung zu gelangen, indem er für seinen Sohn Otto II. bei Kaiser Nikephoros Phokas um die Hand der Tochter des verstorbenen Kaisers Romanos II. anhielt. Gleichzeitig marschierte er jedoch in Apulien ein und drang tief nach Kalabrien vor. Erst nachdem Kaiser Nikephoros im Dezember 969 ermordet worden war, kam es mit seinem Nachfolger Johann Tzimiskes zum Frieden. Gegen Ottos Verzicht auf Süditalien bot der Grieche ihm die Hand einer Prinzessin für Otto. Von einer glänzenden Gesandtschaft aus Konstantinopel abgeholt, wurde Prinzessin Theophano Ostern 972 in der Peterskirche dem jungen Otto angetraut. Wie sich später herausstellte, war sie nicht die im Purpur geborene Tochter eines Kaisers von Byzanz, sondern eine Nichte des Johann Tzimiskes von unsicherer Abkunft. Dem Kaiser soll deshalb geraten worden sein, sie ihrem Onkel zurückzuschicken. Otto der Große lehnte das ab, weil für ihn die guten Beziehungen zu Byzanz wichtig waren und weil Theophano ein schönes, feingebildetes Produkt griechischer Erziehung und Bildung war.

Ostern 973 trafen an Ottos Hof in Quedlinburg Fürsten und Gesandte aus ganz Europa ein, um dem mächtigsten Fürsten des Abendlandes ihre Ehrfurcht zu bezeugen – der Böhmenkönig Boleslav, Boten aus Ungarn und Bulgarien, aus Byzanz, Rußland und Dänemark, aus Rom und Benevent. Wenig später empfing er in Merseburg eine arabische Gesandtschaft aus Afrika. Am 7. Mai 973 starb er in Memleben offenbar nach einem Herzinfarkt. Im Magdeburger Dom wurde er neben seiner ersten Frau Edgitha beigesetzt. Das Reich Ottos des Großen von der Schlei bis zum Tiber, von der Maas bis zur Oder und von der Lombardei bis zur Steiermark war um Frankreich kleiner als das Reich Karls des Großen. Aber es bestand länger, fast neunhundert Jahre. Es überdauerte, obwohl die von Otto dem Großen überwundene Spannung zwischen Zentralismus und Partikularismus immer wieder aufbrach. Wäre Deutschland ohne die Italien- und Kaiserpolitik Ottos und seiner Nachfolger besser zur nationalen Einheit und wie Frankreich und England zur Demokratie gelangt? Die Frage ist unter Historikern bis heute umstritten. Die soziale Entwicklung in Deutschland unter Otto ist gekennzeichnet durch einen weiteren Rückgang des freien Bauerntums, aber auch durch ein Aufblühen der Städte, in denen viele von Haus und Hof vertriebene Bauern als Handwerker und Händler eine bessere Existenz fanden.

Otto II. Miniatur aus dem Registrum Gregorii, Trier um 985.

OTTO II. DER ROTE
973–983

Als er 955 geboren wurde, hatte seine Mutter Königin Adelheid bereits zwei Söhne bald nach der Geburt verloren. Es war das Jahr, in dem der Aufstand von Liudolf, dem Erstgeborenen und designierten Nachfolger Ottos des Großen, zusammenbrach. Die Großmutter Mathilde des Neugeborenen, der seherische Fähigkeiten zugeschrieben wurden, sagte über ihn: »Dieser wird einst die anderen unseres Geschlechts an Ruhm überstrahlen und seinen Ahnen neuen Glanz verleihen.« Liudolf, der anscheinend als Unterkönig von Italien vorgesehen war, starb dort 957. Bevor Otto der Große zum zweitenmal nach Italien zog, ließ er den sechsjährigen Otto in Worms zum König wählen umd am 26. Mai 961 in Aachen krönen. Seine feinsinnige Mutter sorgte für eine wesentlich bessere Bildung des Knaben, als sie sein Vater erfahren hatte. Soweit sie nicht mit dem König und Kaiser reiste, las sie mit dem jungen Otto lateinische Texte. Im Sommer 967 hielt der Zwölfjährige in Vertretung des Vaters einen Reichstag in Worms ab. Weihnachten darauf wurde er in Gegenwart seiner Eltern in Rom von Papst Johannes XIII. zum Kaiser gekrönt.

Die Hochzeit Ottos mit der griechischen Fürstentochter Theophano zu Ostern 972 in der Peterskirche wurde in Rom als Symbol der Verständigung zwischen den west- und oströmischen Kaisern gefeiert. Doch die Ehe blieb politisch bedeutungslos, da Theophanos Onkel Kaiser Johann Tzimiskes schon bald darauf ermordet wurde. Für Otto und das sächsische Kaiserhaus war die Griechin Theophano auf jeden Fall ein Gewinn, sie wurde – allerdings erst nach Ottos II. Tod – eine der großen Frauen der deutschen Geschichte. Otto wurde bei seiner Hochzeit als von knabenhafter, zierlicher Gestalt beschrieben. Wenn er sich erregte, lief sein Gesicht rot an, was ihm den Beinamen »der Rote« eintrug.

Otto war achtzehn Jahre alt, als sein Vater starb. Die Weissagung seiner Großmutter sollte sich nicht erfüllen. Schon früh brachen die Machtkämpfe innerhalb der Verwandtschaft wieder auf, die sein Vater so mühsam beigelegt hatte. Als Ende 973 Herzog Burchard von Schwaben ohne Erben starb, belehnte der Kaiser seinen Neffen Otto, Sohn des unglückseligen Liudolf, mit dem Herzogtum. Als er dann auch noch einem Babenberger die bayerische Ostmark Österreich gab, empörte sich sein Vetter Herzog Heinrich von Bayern, später »der Zänker« genannt, und zettelte mit den Herzögen Boleslaw von Böhmen und Mesko von Polen eine Verschwörung gegen den Kaiser an. Der übergab daraufhin auch Bayern seinem Freund Otto von Schwaben. Heinrich der Zänker wurde erst 978 besiegt und nach Utrecht verbannt, von wo er nach dem Tode Ottos II. wiederkehrte.

Unterdessen besiegte Otto im Norden den aufsässigen König Harald Blauzahn von Dänemark und Boleslaw von Böhmen. 977 verfeindete er sich völlig unnötigerweise mit seinem Vetter König Lothar III. von Westfranken, indem er dessen aufsässigen Bruder Karl zum Herzog von Niederlothringen und damit zu seinem Vasallen machte. Während Otto und Theophano zu Johanni 978 in Aachen beim Mittagsmahl saßen, drangen plötzlich die Vorhuten von Lothars Heer in die Kaiserpfalz ein, und das Kaiserpaar entkam mit knapper Not. Otto revanchierte sich und verfolgte Lothars Heer bis Paris, schloß dann aber 980 bei Margut am Chiers Frieden mit ihm, Lothar verzichtete auf Lothringen. Der klugen Kaiserinwitwe erschien die Politik ihres Sohnes allzu sprunghaft und unüberlegt, sie zog sich in ihre Heimat Burgund und nach Italien zurück, wobei auch schwiegermütterliche Eifersucht auf die ehrgeizige und verwöhnte Theophano mitgespielt haben dürfte.

Auch Kaiser Otto II. folgte, als er im Oktober 980 nach Italien aufbrach, dem Hilferuf eines Papstes. Benedikt VII. war von dem Adelsführer Crescentius aus der Stadt verjagt worden. Ohne Heer, doch mit großem Gefolge von weltlichen und geistlichen Fürsten, stellte Otto II. die Ordnung wieder her. In Pavia versöhnte er sich mit seiner Mutter und zog Ostern 981 in Rom ein, wo er im Palast neben der Peterskirche einen glänzenden Hof aufschlug. Wahrscheinlich wurde er hier unter dem Einfluß seiner bedeutenden geistlichen Hofgelehrten Gerbert von Aurillac und Adso von Montier-en-Der von der Idee der *Renovatio imperii Romanorum,* der Erneuerung des römischen Weltreichs ergriffen. Der nächstliegende Schritt zu diesem Ziel war die Eroberung Süditaliens, das seit Jahren von den Sarazenen heimgesucht und von Byzanz sich selbst überlassen wurde. Ottos weitergehender Plan war die Vertreibung Ostroms aus ganz Italien. Er nannte sich jetzt »erhabener Kaiser der Römer«.

Für den Feldzug rüstete Otto ein Heer mit allein 2100 Panzerreitern, deren größten Teil die Bistümer und Abteien Bayerns, Schwabens, Frankens und Lothringens stellten. Im Januar rückte er in Apulien ein, entriß den Griechen Kalabrien, Neapel und Salerno. Ostern feierte er mit Theophano in Tarent. Inzwischen hatte sich Byzanz mit den Sarazenen verbündet, die von Sizilien in großen Massen übersetzten. Bei Kap Colonna südlich von Cotrone kam es am 13. Juli 982 zur Schlacht. Abul Kasim, der arabische Führer, fiel. Doch bei der ungeordneten Verfolgung der fliehenden Moslems geriet Ottos Heer in einen mächtigen Hinterhalt und wurde fast völlig vernichtet. Er selber entkam in einem griechischen Boot nach Rossano.

Auf einem Reichstag in Verona im Juni 983 stimmten die deutschen

Fürsten einem neuen Feldzug gegen Unteritalien und nach Sizilien zu. Der Kaiser ließ seinen dreijährigen Sohn zum König wählen und bestimmte seine Krönung in Aachen Weihnachten 983. In die Feldzugsvorbereitungen platzte die Nachricht vom großen Aufstand der Slawen, ausgelöst durch die unmenschliche Härte der Markgrafen Dietrich und Bernhard. In kurzer Zeit war die Hälfte der Kirchenprovinz Magdeburg und der größte Teil der Nordmark wieder in den Händen der Obotriten, Liutizen und Wenden. Diesen Schicksalsschlägen erlag die ohnehin nicht sehr kräftige Natur Ottos II. Im November setzte er noch die Wahl seines Kanzlers Bischof Simon von Pavia zum Nachfolger des verstorbenen Papstes Benedikt VII. durch. Eine fiebrige Darmkrankheit versuchte er durch unmäßige Einnahme von Abführmitteln zu bekämpfen, es kam zu heftigen Blutungen. Am 7. Dezember 983 starb er, achtundzwanzig Jahre alt, im Palast bei der Peterskirche. In einem antiken Marmorsarg wurde er in der Vorhalle von St. Peter beigesetzt. Beim Neubau der Basilika im Jahre 1618 wurden seine Gebeine in einen anderen Sarg umgebettet und in die vatikanischen Grotten überführt.

Otto III. Siegel von 993.

OTTO III.
983–1002

Die Nachricht vom Tode seines Vaters war noch nicht bis nach Deutschland gedrungen, als der dreieinhalbjährige Sohn Kaiser Ottos II. und der Kaiserin Theophano am Weihnachtstag 983 in Aachen zum König von Deutschland und Italien gekrönt wurde. Kaiserin Theophano, die nach drei Töchtern am 15. Juli 980 den Thronfolger in Kessel an der Maas geboren hatte, war noch in Italien. Der Kindkönig wurde der Obhut des Erzbischofs Warin von Köln übergeben. Dort erschien Anfang 984 Heinrich der Zänker, abgesetzter Herzog von Bayern, der aus seinem Exil in Utrecht entkommen war, und verlangte als Onkel die Auslieferung Ottos und

seiner Schwester Adelheid. Im Besitz dieser Faustpfänder ließ er sich zu Ostern 984 von zahlreichen Großen, darunter den Bischöfen von Köln, Trier, Magdeburg und Metz sowie allen Bischöfen Bayerns, zum König wählen.

Doch Erzkanzler und Erzbischof Willigis von Köln einigte alle Herzöge gegen Heinrich den Zänker und brachte Kaiserin Theophano nach Deutschland. Auf einem Fürstentag in Rara bei Worms wurde Heinrich gezwungen, die Kinder herauszugeben. Kaiserin Theophano wurde unter der Reichsverweserschaft des Erzkanzlers Willigis zur Regentin bestimmt. Das von vielen Zeitgenossen und auch späteren Historikern skeptisch beurteilte »Weiberregiment«, noch dazu einer Griechin, war nach innen und außen erfolgreich. Angriffe der Slawen, die noch 984 Hamburg verwüsteten, wurden abgeschlagen, Frieden mit Böhmen geschlossen, der Besitz Lothringens und Italiens durch ihre meisterhafte Diplomatie gesichert. An ihrem Hof in Nimwegen wurde Otto III. unter Leitung des Kapellans Bernward, späteren Bischofs von Hildesheim, sorgfältig auf seine spätere Aufgabe vorbereitet. In Griechisch unterrichtete ihn Johannes Philagathós aus Kalabrien, ein Günstling Theophanos. Als Theophano 991 starb, übernahm Ottos Großmutter Kaiserin Adelheid die Regentschaft, bis Otto im September 994 die Schwertleite empfing und damit großjährig wurde.

Auf Drängen des Erzkanzlers zog Otto III. Anfang 996 nach Rom, um sich die Kaiserkrone zu holen. Papst Johannes XV. starb, bevor der König Rom erreichte. Otto zwang den Römern als Nachfolger seinen acht Jahre älteren Vetter, den Kapellan Bruno von Kärnten auf, der Anfang Mai als erster Deutscher unter dem Namen Gregor V. den Heiligen Stuhl einnahm. Am 21. Mai 996 krönte er Otto III. zum Kaiser. Der Eindruck der gewaltigen Ruinen des antiken Rom und der Grüfte der urchristlichen Märtyrer ließ in ihm die Idee der Erneuerung des römischen Weltreichs als christlicher Gottesstatt, die ihm schon seine Mutter eingepflanzt hatte, übermächtig werden. Im Kloster St. Bonifatius und Alexius lernte er den aus Prag geflohenen Bischof Adalbert kennen, der ihn in den Bann seiner urchristlich-asketischen Glaubensvorstellungen zog. Während seines Aufenthalts in Deutschland 996/97 schloß er sich dem hochgelehrten Ratgeber seiner Eltern, Bischof Gerbert von Reims an, der das Ende der Welt für das Jahr 1000 n.Chr. prophezeite, falls bis dahin Kirchen und Klöster nicht zum reinen Christentum zurückkehren würden.

Während Otto gegen die Elbslawen zu Felde zog, wurde in Rom Papst Gregor V. von der Adelspartei gestürzt und im Einvernehmen mit Byzanz Ottos einstiger Lehrer Philagatós im Mai 997 als Johannes XVI. inthronisiert. Im März 998 zog der Kaiser unangefochten in Rom ein. Der abtrünnige Günstling Theophanos wurde grausig verstümmelt, der Patricius Crescentius hingerichtet. Vielleicht gab diese Provokation Ostroms den Ausschlag, daß Otto beschloß, Rom zur Hauptstadt seines Reiches und der Welt zu machen. Auf dem Palatin ließ er aus Trümmern der alten Cäsarensitze seinen Kaiserpalast bauen. An diesem Hof führte er das byzantinische Zeremoniell ein. In einem goldbrokatenen Purpurgewand thronte der Kaiser hoch über seinen Würdenträgern, denen er lateinische und griechische Amtsnamen verlieh. Er tafelte allein, von seinen Großen bedient. Dann wieder schloß er sich wochenlang als Büßer in Grotten oder Klöster ein, nannte sich Knecht Jesu Christi und der Apostel. Als Papst Gregor V. im Februar 999 starb, ließ Otto Gerbert von Reims, den er vorher schon zum Erzbischof von Ravenna ernannt hatte, zum Papst wählen. Er nannte sich Silvester II., anknüpfend an Silvester I., der im 4. Jahrhundert Konstantin den Großen getauft hatte.

Bei allem inneren Schwanken zwischen weltkaiserlichen Vorstellungen und Weltentsagung war Kaiser Otto III. kein bloßer Phantast. Bei aller Freundschaft mit dem Papst ließ er keinen Zweifel darüber aufkommen, daß er als römischer Kaiser und »Schöpfer des Papstes« der Herrscher war. Zum erneuerten Reich sollten gehören: Roma, Italia, Germania, Gallia und Sklavenia (Slawien). Dabei sollten Frankreich und die slawischen Länder zu nichts anderem verpflichtet sein, als zur Anerkennung des Kaisers, zur Erhaltung der Kirche und zum Frieden. Im Jahre 1000 wallfahrtete Otto nach Gnesen zum Grab seines als Missionar bei den Preußen getöteten Freundes Adalbert. Er erhob Gnesen zum Erzbistum, das nicht der deutschen Reichskirche, sondern dem Papst unterstellt wurde. Den Polenherzog Boleslaw Chrobry ernannte er zum König, »Bruder und Mithelfer im Reich«. Ebenso verfuhr Otto ein Jahr später mit dem zum Christentum übergetretenen Ungarnkönig Stephan. Ihm übersandte er die später berühmte Krone, die ihm durch einen päpstlichen Legaten aufgesetzt wurde. In Aachen ließ Otto im Mai 1000 »aus Neugier und Andachtsbedürfnis« die Gruft Karls des Großen öffnen, fand die Leiche angeblich noch gut erhalten vor, warf sich betend vor ihr nieder und nahm einen Zahn und das Halskreuz als Reliquien mit.

Sehr zum Unwillen der deutschen Fürsten, die mit Ottos Polen- und Ungarnpolitik unzufrieden waren, kehrte der Kaiser schon Ende 1000 nach Rom zurück. Die Römer waren hin- und hergerissen zwischen Begeisterung für den jungen Kaiser, der ihre Stadt wieder zum »Haupt der Welt« machen wollte, Haß gegen die meist deutschen Beamten und den Papst als weltlichen Herrn. Am Streit um die Nachbarstadt Tivoli, die Rom als Stadtgut beanspruchte, von Otto aber dem Papst zugesprochen wurde, entzündete sich ein Aufstand. Auf dem Palatin wurde der Kaiser belagert und mußte, da seine geringen Truppen im Land verstreut waren, am 16. Februar 1001 aus Rom fliehen. Mit einem ausreichenden Heer hätte er Rom und Italien bald wieder in den Griff bekommen können, doch die deutschen Fürsten und Bischöfe verweigerten ihm bis auf wenige die Unterstützung für das, was sie und viele deutsche Historiker nach ihnen das italienische Abenteuer nannten. Für Wochen zog Otto III. sich in die Mysterien des Mönchtums zurück, ging dann wieder bis Salerno vor und bestürmte Benevent, um sich schließlich auf die Burg Paterno bei Civita Castellana am Fuß des Soracte zurückzuziehen. Dort starb er von Kasteiungen geschwächt am 3. Januar 1002, noch nicht zweiundzwanzig Jahre alt, an der Malaria. In Aachen wollte er begraben sein. Den Weg des Sarges mit seinem Leichnam bis zu den Alpen mußten seine Getreuen sich mit ihren Schwertern freischlagen.

HEINRICH II. DER HEILIGE
1002–1024

Der letzte Kaiser aus dem sächsischen Geschlecht der Liudolfinger wurde am 6. Mai 973 in Bayern als Sohn Herzog Heinrichs des Zänkers und der burgundischen Prinzessin Gisela geboren. Während der elfjährigen Verbannung seines Vaters wuchs er in Sachsen heran. Wahrscheinlich auf Befehl Kaiser Otto II. wurde er an der Domschule in Hildesheim und später in Regensburg zum

Heinrich II. Münzbild von einem Silberdenar aus Augsburg.

Geistlichen erzogen. Nach dem Tode Heinrichs des Zänkers wählte ihn jedoch der bayerische Adel zum Herzog. Als zuverlässiger Freund und Vasall folgte er Kaiser Otto III. zweimal nach Italien und rettete ihn 1001 vor den Belagerern des Palatin. Seit 998 war er mit Kunigunde, einer Tochter des Grafen Siegfried von Luxemburg, verheiratet.

Im März 1002 geleitete Herzog Heinrich den Leichenzug Ottos III. durch Bayern bis zur Donau. Im Bewußtsein, als einziger Urenkel Heinrichs I. im Mannesstamm zur Nachfolge berufen zu sein, nahm er dem fürstlichen Gefolge des toten Kaisers mit Gewalt die Reichsinsignien ab. Die Mehrheit der zur Bestattung des Kaisers in Aachen versammelten Fürsten hielten ihn jedoch hauptsächlich wegen seiner Kränklichkeit nicht für regierungstauglich. Favorit im Westen und Südwesten war Herzog Hermann II. von Schwaben, im Norden der sächsische Markgraf Ekkehard von Meißen. Ekkehard wurde auf einem Werbezug überfallen und getötet. Auf Initiative Erzbischofs Willigis von Mainz wählten die in Mainz versammelten bayerischen und fränkischen Großen Heinrich zum König, und am 7. Juni 1002 wurde er gekrönt. Mehr mit Diplomatie und Zugeständnissen als durch militärische Stärke setzte Heinrich seine Anerkennung im ganzen Reich durch.

Während seiner ganzen Regierungszeit sah sich Heinrich II. ständig Problemen gegenüber, die unter Ottos III. einseitig auf Italien konzentrierter Politik ungelöst geblieben waren. Im Osten riß Boleslaw Chrobry von Polen die Herrschaft über Böhmen an sich und drang bis zur Elbe vor. In langen Kriegen, in denen Boleslaw Verbündete in dem Grafen der bayerischen Ostmark Heinrich von Schweinfurt und sogar in Heinrichs II. Bruder Bruno fand, scheute Heinrich nicht vor einem Bündnis mit den heidnischen Liutizen gegen den christlichen Polen zurück. Erst 1018 kam in Bautzen ein Friede zustande, der Boleslaw die Lausitz beließ. Zweimal mußte Heinrich in Italien gegen den Markgrafen Arduin von Ivrea zu Felde ziehen, der sich zum König von Italien erhoben hatte. In Pavia ließ sich Heinrich am 14. Mai 1004 die Langobardenkrone aufsetzen, ein Aufstand am Abend des Krönungstages endete mit der Zerstörung der Stadt. Eine erneute Erhebung Arduins 1013 führte zu seiner endgültigen Niederwerfung. Am 14. Februar 1014 empfingen Heinrich II. und Kunigunde aus der Hand von Papst Benedikt VIII. die Kaiserkrone. An der Hadriansbrücke kam es danach zu einem blutigen Gemetzel zwischen Römern und Deutschen, wie es künftig zum fast zeremoniellen Nachspiel der Kaiserkrönungen werden sollte. Im Inneren stützte sich Heinrich II. mehr als alle Vorgänger und Nachfolger auf die Kirche. Durch reiche Schenkungen sorgte er dafür, daß die Bistümer ihre Reichslasten – zwei Drittel der Finanzen und zwei Drittel der Wehrkraft – erbringen konnten. Bei der Einsetzung der Bischöfe verfuhr er willkürlich, ebenso bei ihm notwendig erscheinenden Umverteilungen von Kirchen- und Klosterbesitz. Die Klöster wurden den Bischöfen unterstellt und eine strenge Befolgung der benediktinischen Ordensregeln durchgesetzt. Eine gemeinsame Stiftung Heinrichs und Kunigundes ist das Bistum Bamberg. Sein Sprengel wurde zum großen Teil auf Kosten von Würzburg und Eichstätt gebildet, das Bistum verschwenderisch mit Grundbesitz ausgestattet. Hier, an einer strategischen Schlüsselstellung zwischen Nord und Süd errichtete Heinrich auch seine bevorzugte Königspfalz.

Um den Kaiser um Hilfe gegen die überhandnehmende Macht Ostroms in Unteritalien zu bitten, kam Papst Benedikt VIII. Ostern 1020 nach Bamberg. In seinem dritten Italienfeldzug 1021/22 konnte Heinrich II. die kaiserliche Autorität in ganz Italien für einige Zeit wiederherstellen. An der Seite der Deutschen kämpften 250 normannische Ritter, die Vorboten einer Macht, die bald entscheidend in die Verhältnisse Italiens eingreifen sollte. Im Sommer 1022 zwangen große Hitze und Seuchen Heinrich zur Rückkehr. Vorher hatte er zusammen mit dem Papst auf einer Synode in Pavia das Eheverbot für Priester bis herab zum Subdiakon bei Androhung schwerer Strafen verkündet, eine Forderung der klösterlichen Reformer. Durch die Verbindung der Reformer mit dem Papsttum deutete sich bereits damals eine Entwicklung an, die schließlich von der nationalen Reichskirche zur papstabhängigen »Hochkirche« führte. Als Erzbischof Aribo von Mainz den Gläubigen verbot, sich ohne Erlaubnis des Bischofs an den Papst zu wenden, entzog Benedikt VIII. ihm das Pallium, das lithurgische Abzeichen seiner Würde.

Bevor er in diesem so wichtigen Fall eine Entscheidung treffen konnte, erlag Heinrich II. in der Pfalz Grone bei Göttingen einer Gallenkolik. Er wurde in Bamberg beigesetzt. Hauptsächlich wegen der Stiftung von Bamberg wurden er 1146, Kaiserin Kunigunde 1200 heiliggesprochen. Zu Unrecht schildern die Heiligenlegenden ihn als weltabgewandten Asketen und Büßer. Daß er mit Kunigunde in einer Josephsehe gelebt haben soll, ist nicht zu widerlegen, da die Ehe kinderlos blieb. Sage ist dagegen sicher, daß Kunigunde, vom Teufel des Ehebruchs bezichtigt, ihre Unschuld nachgewiesen hätte, indem sie ohne Schaden über sieben glühende Flugscharen ging.

KONRAD II. DER SALIER
1024–1039

Nachdem mit Kaiser Heinrich II. das sächsische Geschlecht der Liudolfinger im Mannesstamm erloschen war, standen die Fürsten wieder vor einer Königswahl. Da sich keiner der Herzöge durch Macht oder Ansehen empfahl, lag die Auswahl der Kandidaten bei den geistlichen Fürsten. Sie entschieden sich, damit doch dem Geblütsrecht folgend, für zwei Urenkel von Liutgard, der Tochter Ottos des Großen, und Konrad dem Roten von Lothringen. Beide hießen Konrad und beide gehörten der im Raum Worms und Speyer reich begüterten salisch-fränkischen Familie an. Auf der Reichsversammlung in Kamba gegenüber Oppenheim wurde am 4. September 1024 der Favorit des Erzbischofs Aribo von Mainz, der ältere Konrad Graf von Speyer mit den Stimmen des Herzogs von Bayern und der Bischöfe von Metz, Straßburg und Augsburg zum König gewählt. Für den jüngeren Konrad, nominell Herzog von Kärnten, stimmten neben Erzbischof Pilgrim von Köln die Mehrheit der lothringischen Großen.

Als Sohn des Grafen Heinrich von Speyer und der Adelheid von Metz um 990 geboren, war Konrad bei der Teilung des Erbes seines Großvaters Otto von Kärnten zugunsten seines jüngeren Vetters

Konrad II. Zeitgenössiches Siegel.

Konrad schwer benachteiligt worden. Er entschädigte sich dafür, indem er 1016 die Witwe Gisela des Herzogs Ernst I. von Schwaben heiratete. Nach kanonischem Recht, das Ehen bis zum siebten Verwandschaftsgrad verbot, war die Ehe ungültig. Doch Konrad hielt daran fest und fiel dadurch bei Kaiser Heinrich II. in Ungnade, der Gisela die Vormundschaft über ihren Sohn Ernst und die Regentschaft in Schwaben entzog. Wegen Fehde gegen einen Günstling des Kaisers wurde Konrad verbannt, jedoch nach einiger Zeit wieder in Gnade aufgenommen, ohne daß er sich von Gisela getrennt hätte. Damit rechnete anscheinend der Erzbischof von Mainz, als er Konrads Wahl durchsetzte. Bei der Krönung am 8. September 1024 in Mainz weigerte er sich jedenfalls, auch Gisela zu krönen, doch das holte seltsamerweise Konrads bisheriger Gegner Pilgrim von Köln vierzehn Tage später nach.

Auf dem nach der Krönung üblichen Königsritt durch das Reich fand Konrad II. überall Zustimmung. Dazu trug nicht zuletzt seine stattliche Erscheinung bei. »An seinem Sattel hängen Karls Bügel« sagten die Zeitgenossen. Einer Empörung seines Vetters Konrad, der sich auch sein Stiefsohn Ernst II. von Schwaben, die Grafen Welf II. und Werner von Kyburg sowie lothringische Große an-

CONRADVS III ROMANORVM REX   ROTWILENSES

IOTHARIVS III IMPERATOR

FRED E RIC R
IMPR A VGV T.

Friedrich I. Barbarossa und
sein Kanzler Bischof Otto von
Freising, Skulptur vom Portal
des 1205 geweihten Freisinger
Doms.
Links: Konrad III., angebliche
Darstellung des thronenden
Kaisers, um 1170 entstandene
Wandmalerei in der Doppel-
kirche von Bonn-Schwarz-
rheindorf.

Links: Angeblicher Porträt-
kopf Friedrichs I. Barba-
rossa von einer um 1160
entstandenen Reliquien-
büste aus vergoldeter
Bronze, die der Kaiser
seinem Taufpaten Probst
Otto von Cappenberg
schenkte und in der
Schloßkirche von Cappen-
berg in Westfalen auf-
bewahrt wird.

Friedrich I. Barbarossa
thronend mit seinen
beiden Söhnen Kaiser
Heinrich III. (links) und
Herzog Friedrich. Buch-
malerei um 1180.

Romzug und Krönung Heinrichs VI. am 15. April 1191. Buchmalerei aus der 1195 bis 1196 entstandenen Handschrift »Liber ad Honorem Augusti« des Petrus de Ebulo.

Rechts: Heinrich VI., Buchmalerei aus der um 1300 entstandenen Manessischen Liederhandschrift in der Universitätsbibliothek Heidelberg.

Philipp von Schwaben, Skulptur aus dem 13. Jahrhundert im St.-Ulrich-Museum von Regensburg.

schlossen, wurde Konrad leicht Herr. Weil er vom Stiefvater seine Erbansprüche auf Burgund bedroht sah, griff Ernst II. 1027 erneut zu den Waffen. Nach seiner Begnadigung weigerte er sich, den von Konrad geächteten Werner von Kyburg zu bekämpfen, wurde selber geächtet und zog sich als Raubritter auf seine Burg Falkenstein im Schwarzwald zurück, wo er 1030 im Kampf gegen den Grafen Mangold fiel. Sein Schicksal und besonders seine Treue zu Werner von Kyburg wurden im Volksbuch vom Herzog Ernst besungen.

Nachdem er 1025 die Nord- und Ostgrenze durch Abtretung Schleswigs an den dänisch-englischen König Knut gesichert hatte, zog Konrad II. im Frühjahr 1026 nach Italien, empfing im März in Mailand die lombardische und nach langwierigem Kampf gegen Pavia und Ravenna am 26. März 1027 in Rom die Kaiserkrone. In wechselvollen Kämpfen mit dem Polenkönig Mieszko II. stellte Kaiser Konrad die Grenzmarken Lausitz und Milzen wieder her. Als mit dem Tod König Rudolfs III. von Burgund 1032 die schon von Kaiser Heinrich II. erworbene Erbfolge fällig wurde, sicherte Kaiser Konrad den Besitz dieses wichtigen Landes zwischen Basel und der Rhônemündung gegen den Widerstand des burgundischen Großen Odo, Graf von der Champagne. Am 2. Februar 1033 wurde Konrad II. in Payerne (Peterlingen) im heutigen Kanton Waadt zum König von Burgund gewählt und gekrönt.

Ohne jeden Ehrgeiz, wie sein Vorgänger als kirchlicher Reformator auftreten zu wollen, begünstigte Konrad II. die Klosterreform aus praktischen Gründen. Im weltlichen Bereich erkannte er die Erblichkeit der Lehen an, aber nicht nur für die Herzöge, sondern auch für den kleinen Adel, den er damit der Reichskrone stärker verpflichtete. Die Herzogtümer verlieh er mit Ausnahme von Sachsen und Lothringen seinem Sohn Heinrich oder vereinigte sie mit dem Königtum. Durch die Besetzung italienischer Bistümer mit Deutschen und mit Ehestiftungen zwischen italienischem und deutschem Adel festigte er die Bindung mit Italien.

Da der mächtige Reichsvikar Erzbischof Aribert von Mailand die Regelung der Lehensverhältnisse hintertrieb, kam es zum Aufstand des niederen Adels, den Aribert blutig niederschlug. Auf den Hilferuf der lombardischen Lehensritter zog Konrad II. 1036 zum zweitenmal nach Italien. Ein kaiserliches Gericht verurteilte Aribert als Hochverräter, doch er entkam und verschanzte sich in Mailand, das zu ihm überging. Vergeblich belagerte der Kaiser die Stadt, es wurde die erste von vielen Niederlagen, die deutsche Kaiser von den selbstbewußten lombardischen Städten hinnehmen mußten.

Im Heerlager vor Mailand erließ Konrad am 20. Mai 1037 das folgenschwere Gesetz »zur Sicherung des Besitzes aller Lehensträger gegen willkürliche Verdrängung und Verbürgung der Erblichkeit aller Lehen selbst«. In Unteritalien setzte er zuverlässige Fürsten ein, darunter Rainulf, den Führer der um Aversa seßhaft gewordenen Normannen. Während des Rückzuges entlang der Adriaküste ging ein großer Teil seines Heeres an einer Seuche zugrunde.

Ein Gichtanfall Anfang des Jahres 1039 in Nimwegen lähmte Konrad II. monatelang. Als er kaum wiederhergestellt zum Pfingsttreffen der Großen nach Utrecht kam, überfielen ihn während des Festmahls nach der Messe heftige Schmerzen, und am Pfingstmontag, dem 4. Juni starb er, umgeben von vielen Bischöfen und Großen aus allen Teilen des Reiches. Sein Leichnam wurde nach Speyer überführt und im Neubau des mächtigen Doms St. Marien, zu dem er 1030 den Grundstein gelegt hatte, beigesetzt. Mit ihm ging eine der kraftvollsten Herrschergestalten des Mittelalters dahin, die salischen Machtwillen mit realpolitischer Klugheit verband.

Heinrich III. und Gemahlin Agnes, aus dem Goldenen Buch von Prüm, Stadtbibliothek Trier.

HEINRICH III.
1039–1056

Als er am 28. Oktober 1017 geboren wurde, war sein Vater ein nicht sehr bedeutender Graf, und die Ehe seiner Eltern wurde von Kirche und Kaiser mißbilligt. Als er noch keine sieben Jahre alt war, trug sein Vater als Konrad II. die Königskrone und ließ den jungen Heinrich zu seinem Nachfolger wählen. Mit zehn Jahren wurde Heinrich in Rom Zeuge der glänzenden Kaiserkrönung seiner Eltern. Die erste Kaiserbulle Konrads II. trägt das Bild Heinrichs und die Umschrift *Heinricus spes Imperii* »Heinrich Hoffnung des Reiches«. Im selben Jahr 1027 wurde Heinrich mit dem Herzogtum Bayern belehnt. Sein Vater hielt für ihn in Byzanz um die Hand einer der schon ziemlich betagten Töchter des Kaisers Konstantin VIII. an, doch Konstantin starb 1028, und die Damen wurden in ihrer Heimat als Nachfolgerinnen gebraucht. Ostern 1028 wurde Heinrich in Aachen von Erzbischof Pilgrim zum König gekrönt.

Der Kapellan Wipo aus Burgund unterwies Heinrich in den Pflichten eines christlichen Herrschers. In hundert Denksprüchen vermittelte er ihm die christliche Sittenlehre. Einer von ihnen lautete »Besser ist Weisheit als irdische Macht, besser ist, sich zu demütigen, als sich zu erhöhen«. Sein Lehrer in den weltlichen Künsten war Almerich Ursus, ein gelehrter Mönch aus Pavia. Seinem Vater gegenüber nahm Heinrich früh eine selbständige Haltung ein. Bei einem Zerwürfnis des Kaisers mit dem Herzog Adalbero von Kärnten, dem Hochverrat vorgeworfen wurde, stellte sich Heinrich auf die Seite des Beschuldigten. Weder Mahnungen noch Drohungen konnten ihn einschüchtern. Erst als sein Vater sich weinend vor ihm auf die Knie warf, stimmte er der Absetzung Adalberos zu. Ebenso kritisierte er die Maßregelung des Mailänder Erzbischofs Aribert und setzte ihn bald nach dem Tode seines Vaters wieder ein.

Im Juni 1036 wurde Heinrich in Nimwegen mit Gunhild, der Tochter König Knuts von Dänemark und England, getraut. Sie starb zwei Jahre später während des kaiserlichen Italienzuges an Malaria. Dieser Seuche fiel auch sein Stiefbruder Hermann IV. von Schwaben zum Opfer, dessen Herzogtum ebenfalls an Heinrich überging. Im September 1038 wurde er in Solothurn zum König von Burgund gekrönt. Als Kaiser Konrad 1039 starb, gehörte Heinrich fast die Hälfte des auf dem Gipfel seiner Macht stehenden Reiches.

Unangefochten trat Heinrich III. seine Regierung an. Sein Grundsatz hieß *iustitia, pax, pietas, amor divinus* – Gerechtigkeit, Frieden, Barmherzigkeit, Gottesliebe. Auf Bedrohung von außen und im Inneren reagierte er wie sein Vater energisch aber maßvoll. Gegen Bretislaw von Böhmen, der Polen eroberte und die Gebeine des heiligen Adalbert von Gnesen nach Prag überführte, setzte er die Selbständigkeit Polens und die Tributpflicht Böhmens durch. Heidnische Aufstände in Ungarn warf er in mehreren Feldzügen nieder, und Ungarn wurde vorübergehend deutsches Lehen. Erste innere Kämpfe ergaben sich, als Heinrich III. nach dem Tod des Herzogs Gozzelo von Lothringen 1044 das Herzogtum geteilt an dessen Söhne übergab. Herzog Gottfried der Bärtige von Oberlothringen verbündete sich mit den Grafen von Flandern und Brabant. Erst 1049 gelang es Heinrich III., diese mächtige Opposition mit Hilfe dänischer und englischer Seeunterstützung zu bezwingen. Eine Plage, gegen die schon die Vorgänger Heinrichs III. vergeblich angekämpft hatten, waren die Adelsfehden, das Austragen von Ehren- und Besitzstreitigkeiten durch Privatkriege. Von seiner Berufung als Vicarius Christi durchdrungen, meinte Heinrich III., der Gewalt allein durch sein Vorbild Einhalt gebieten zu können. Bei mehreren Gelegenheiten trat er barfuß im Büßergewand vor Kirchen- und Heeresversammlungen, bekannte seine Sünden, vergab seinen Feinden und rief auf, seinem Beispiel zu folgen. Doch die Ausstrahlung des Gesalbten des Herrn konnte eine gesetzliche Friedensordnung nicht ersetzen.

Anders als sein Vater schloß sich Heinrich III. der vom burgundischen Kloster Cluny ausgehenden radikalen geistlichen Reformbewegung aus tiefster religiöser Überzeugung an. Für die Reichskirche schaffte er die Simonie ab, die Vergabe von Bischofssitzen und Abteien gegen hohe Abgaben, unter Konrad II. noch eine wesentliche Einnahmequelle des königlichen Schatzes. In seiner zweiten Frau Agnes von Poitou, Tochter Wilhelms V. von Aquitanien, des mächtigsten Fürsten Südfrankreichs, fand Heinrich auch eine glühende Anhängerin der Kirchenreform. Bei der Hochzeitsfeier im November 1043 in der Pfalz Ingelheim ließ der König die Spielleute und Gaukler vom Festplatz vertreiben.

Schon bald nach seinem Regierungsantritt hatte Heinrich den Titel »König der Römer« angenommen. In Rom war das Papsttum wieder einmal Spielball der Adelsparteien. Benedikt IX. war 1044 verjagt, durch Sylvester III. abgelöst und dann wieder eingesetzt worden. Er verkaufte im Mai 1045 für 1000 Pfund Gold sein Amt ausgerechnet an Gregor VI., ein Mitglied der strengen Reformpartei, der Simonie als Ketzerei galt. Aber auch Benedikt und Sylvester besaßen noch zahlreiche Anhängerschaft. Mit starkem Heer und großem geistlichen Gefolge zog Heinrich durch ein friedliches Italien nach Rom. Unterwegs hielt er am 20. Dezember 1046 eine Synode in Sutri, auf der Gregor und Sylvester abgesetzt wurden. Am 23. Dezember verfuhr eine Synode in Rom ebenso mit Benedikt IX. und wählte nach dem Willen des Königs den Bischof Suidger von Bamberg, der am Weihnachtstag als Clemens II. zum Papst geweiht

wurde. Am selben Tag noch empfingen Heinrich III. und Agnes von ihm die Kaiserkrone. Die römischen Senatoren bekannten, »daß wir unverständig genug gewesen sind, Idioten zu Päpsten zu wählen«. Auf ihr Verlangen nahm der Kaiser die altkaiserliche Würde eines Patricius der Römer wieder an und hatte damit die erste und entscheidende Stimme bei der Papstwahl. Clemens II. starb neun Monate nach der Inthronisierung, der als Damasus II. zum Nachfolger bestimmte Bischof Poppo von Brixen erlag nach drei Wochen dem römischen Klima. Erst unter Leo IX., Heinrichs Vetter Bruno Graf von Egisheim-Dagsburg und Bischof von Toul, begann die Reform am Haupt der Kirche. Er organisierte das internationale Kardinalskollegium und die Kurialregierung, kein Papst vor Johannes Paul II. ist so viel gereist wie Leo IX. Allein dreimal war er in Deutschland und hielt mit Kaiser Heinrich Synoden ab. Ihm folgte 1054 als Viktor II. der Kanzler des Kaisers, Bischof Gebhard von Eichstätt, Graf von Hirschberg.

Im Inneren versuchte Heinrich III. die Macht der Herzöge weiter einzuschränken. Als Bayern und Schwaben frei wurden, setzte er landfremde Dynastien ein. In Sachsen, wo die Billunger Herzöge ihm reserviert-feindlich gegenüberstanden, schaffte er durch Ausweitung des Erzbistums Bremen-Hamburg unter dem ehrgeizigen Adalbert von Bremen ein Gegengewicht. Bewußt vergrößerte er das Königsgut auf sächsischem Gebiet. Bei den reichen Silbergruben um Goslar baute er seine Hauptpfalz, errichtete er das Stift St. Simon und Judas, seine Pflanzschule auch politisch gebildeter Kleriker. Wie schon sein Vater und vordem Kaiser Heinrich II. förderte er gegen den hohen Adel den aus den unfreien Hofbediensteten hervorgegangenen Dienstadel. Durch Verleihung von Privilegien stärkte er die Stellung der Städte, besonders in Italien, gegenüber den Markgrafen.

Die weltlichen Fürsten empfanden die Härte Heinrichs III. als unbillig und unvereinbar mit dem Grundsatz von Gerechtigkeit, Frieden, Barmherzigkeit seiner ersten Regierungszeit. Das zeigte sich auf der Reichsversammlung in Tribur 1053. Als der Kaiser von den Fürsten die Wahl seines dreijährigen Sohnes Heinrich IV. zum Nachfolger forderte, taten sie es unter dem Vorbehalt, »daß der künftige König gerecht wäre«. Während Heinrich III. 1055 zum zweitenmal in Italien war, planten der abgesetzte Herzog Konrad von Bayern, Herzog Welf III. von Kärnten, Gottfried der Bärtige von Lothringen und Heinrichs Onkel Bischof Gebhard von Regensburg seine Ermordung und die Einsetzung Konrads als König. Der Anschlag brach zusammen, weil Konrad und Welf unerwartet starben.

Trotz innerer Spannungen und trotz einer vernichtenden Niederlage, die ein sächsisches Heer an der Havel-Elbe-Mündung durch die Liutizen erlitt, war die Stellung Heinrichs III. unerschüttert, als er im Herbst 1056 mit Papst Viktor II. in der Pfalz Bodfeld im Harz über das künftige Verhältnis zu den Normannen in Unteritalien beriet. Dort starb er nach kurzer Krankheit erst neununddreißig Jahre alt am 5. Oktober 1056, wahrscheinlich in den Armen des Papstes. Sein Leichnam wurde in den Dom von Speyer überführt, sein Herz im Dom zu Goslar beigesetzt, wie es sein letzter Wille war.

Person und Politik Heinrichs III. waren in der Geschichtsschreibung lange umstritten. Man hat ihm vorgeworfen, das Papsttum »in wunderbarer Verblendung« der Reformpartei ausgeliefert und darüber die politischen Interessen des Reiches vernachlässigt zu haben. Sicher hat dieser Kaiser, indem er das Papsttum von der Korruption befreite, das Ansehen Roms und der Kirche gewaltig gesteigert und damit die Voraussetzung dafür geschaffen, daß es sich schon in der nächsten Generation über das Kaisertum erheben und mit ihm um die Herrschaft über die Christenheit ringen konnte. Unter Heinrich III. erlebte die Idee von der Harmonie beider Gewalten unter der irdischen Führung des weltlichen Herrschers ihre höchste Verwirklichung. Heinrichs früher Tod wirkte sich katastrophal aus. Es bewahrheitete sich die Weisheit aus Prediger Salomo 10, 16: »Wehe dir Land, des König ein Kind ist.«

Heinrich IV.
Münzbild von einem Silberdenar aus Duisburg.

HEINRICH IV.
1056–1106

Als erster Sohn nach drei Töchtern Kaiser Heinrichs III. und der Kaiserin Agnes wurde Heinrich am 11. November 1050 wahrscheinlich in der Pfalz Goslar geboren. Sein Taufpate war das Haupt der kirchlichen Reformpartei Abt Hugo von Cluny. Am 17. Juli 1054 wurde er in Aachen von Erzbischof Hermann von Köln zum König gekrönt und 1055 mit der vierjährigen Bertha von Susa, Tochter des Grafen Otto von Savoyen und der Markgräfin Adelheid von Turin, verlobt. Die Verbindung sollte ein Gegengewicht gegen die Macht Gottfrieds des Bärtigen von Oberlothringen schaffen, der die Regentin Beatrix der reichen, dem Kirchenstaat benachbarten Markgrafschaft Tuszien (Toskana) geheiratet hatte. Bertha von Susa wuchs nach ihrer Verlobung am deutschen Königshof heran.

Für den unmündigen Heinrich übernahm nach dem Tod seines Vaters die Kaiserin Agnes zunächst unangefochten die Regentschaft. Mit dem Tod Papst Viktors II. verlor sie ihren wichtigsten Ratgeber und stützte sich fortan auf den Rat des Bischofs Heinrich von Augsburg. Weltliche und geistliche Fürsten spürten sofort das Fehlen der starken Hand Kaiser Heinrichs III. und suchten ihre Macht auf Kosten des Königtums zu verstärken. Eine starke Fürstengruppe unter Führung des Erzbischofs Anno von Köln entschloß sich, die Regentschaft der Kaiserin zu beseitigen.

Im Mai 1062 hielt sich Heinrich IV. mit seiner Mutter in der Pfalz auf der Rheininsel Kaiserswerth auf. Mit einem Prunkschiff, auf dem sich auch Herzog Otto von Northeim und Graf Ekbert von Braunschweig befanden, erschien Erzbischof Anno dort zu Besuch und lud den zwölfjährigen Heinrich zur Besichtigung des Schiffes ein. Sobald er an Bord war, stieß das Schiff plötzlich ab. Böses ahnend, sprang Heinrich in den Rhein, wurde aber vom Grafen Ekbert zurückgeholt. Kaiserin Agnes hatte schon vorher den Schleier genommen und zog sich nach Italien zurück.

Heinrich wuchs zunächst bei Erzbischof Anno von Köln auf, der jedoch Vormundschaft und Regentschaft mit Erzbischof Adalbert von Bremen teilen mußte. Schon ein Jahr nach dem Staatsstreich verdrängte Adalbert von Bremen den Kölner. Von Adalbert heißt es, er habe sich »um des Ruhmes der Welt willen mit verrufenen Personen und Gauklern, Ärzten und Schauspielern« umgeben. In Bremen wurde Heinrich früh verführt und, wenn man seinen meist gehässigen Chronisten glauben darf, in alle Laster eingeweiht. Nach einem erfolgreichen Feldzug gegen Ungarn, an dem Heinrich an Adalberts Seite teilnahm, wurde er am 29. März 1065 für mündig erklärt, doch Adalbert regierte weiter für ihn. Seine energischen Versuche, die königlichen Herrschaftsrechte im alten Umfang wiederherzustellen, traf auf erbitterte Opposition der Fürsten. Auf einem Reichstag in Tribur im Januar 1066 wurde Heinrich gezwungen, Adalbert vom Königshof zu verweisen und den Fürsten die Regierung zu überlassen. Unter dem Druck der Fürsten und des Papstes heiratete Heinrich im Juni des gleichen Jahres seine Kindsbraut Bertha von Susa. 1069 versuchte er, die Auflösung der nicht vollzogenen Ehe zu erreichen, scheiterte aber am Widerspruch des Papstes und der Fürsten. Schließlich überwand er seine Abneigung, und 1071 kam ein erster Sohn auf die Welt.

Daß es Heinrich IV. gelang, sich aus der drückenden Bevormundung durch die Fürsten zu befreien, beweist einen unbändigen Machtwillen und politisches Geschick. Er stützte sich dabei auf den niederen Adel, unter dem er in seiner fröhlichen Jugend viel Freunde gefunden hatte, auf den Beamtenadel und auf die Bürger der aufstrebenden Städte. Seinen mächtigsten Feind, den Bayernherzog Otto von Northeim, schaltete er aus, nachdem dieser eines Mordanschlags auf den König überführt werden konnte. Sein Schwager Herzog Rudolf von Schwaben, der in die Verschwörung verwickelt war, entging nur knapp der Gefangenschaft. 1073 brach in Sachsen ein großer Aufstand gegen das rücksichtslose Vorgehen Heinrichs bei der Abrundung seiner Besitzungen im Umland des Harzes aus. Heinrich konnte aus der belagerten Harzburg fliehen, mußte aber im Frieden von Gerstungen die Zerstörung seiner Burgen hinnehmen. Doch weil die Sachsen bei der Zerstörung der Harzburg die Kirche schändeten, sahen sich die geistlichen Fürsten zum Heerbann für Heinrich gegen Sachsen genötigt. Bei Homburg an der Unstrut besiegte Heinrich am 9. Juli 1075 die Sachsen und mit ihnen verbündeten Fürsten und zwang sie zur Unterwerfung.

In Rom war inzwischen der Archidiakonus Hildebrand als Gregor VII. zum Papst gewählt worden, ein fanatischer, entschlossener Verfechter der Kirchenreform, zutiefst überzeugt vom Vorrang der geistlichen gegenüber der weltlichen Macht. In seiner Bedrängnis während des Sachsenkrieges hatte Heinrich IV. ihm seine Ergebenheit erklärt und eine Regelung der umstrittenen Besetzung des Erzbistums Mailand im Sinne der Reform versprochen. Im Hochgefühl seines Sieges über die Sachsen setzte er sich aber darüber hinweg und belehnte seinen Hofkaplan Thedald mit Ring und Stab. In einem scharfen Schreiben forderte Gregor VII. Heinrich zum Gehorsam auf, andernfalls ihm das Schicksal König Sauls blühe, der auch nach einem Sieg von Gott gestürzt wurde.

Wutentbrannt jagte Heinrich die Überbringer des Schreibens vom Hof. Ein Konzil in Worms am 24. Januar 1076, am dem 26 der 39 deutschen Bischöfe teilnahmen, wies die Anmaßung Gregors zurück. Alle stimmten einem Schreiben zu, das »Heinrich, nicht durch Anmaßung, sondern durch Gottes heiligen Willen König, an Hildebrand, nicht Papst, sondern falschen Mönch« richtete und das mit der Aufforderung schloß: »Ich Heinrich von Gottes Gnaden König rufe dir mit allen unseren Bischöfen zu: Steige herab, steige herab!«. Als das Schreiben auf der Lateransynode am 22. Februar verlesen wurde, brach ein Tumult aus, der Königsbote wäre fast erschlagen worden. Über dem Grabe des Apostels Petrus schleuderte Gregor VII. den Bannfluch gegen Heinrich IV. und entband die Völker vom Gehorsam gegen den König.

Noch nie vorher hatte ein Papst gewagt, einen Gesalbten des Herrn abzusetzen. Und es war auch für Gregor VII. ein kühnes Wagnis, denn außer den deutschen forderten auch die lombardischen Bischöfe seinen Rücktritt. Doch die Reformpartei verbreitete in Windeseile das päpstliche Banndekret im ganzen Abendland. Es war ein geschickter Appell an die breite Masse der Gläubigen: »Wenn der Befehl des apostolischen Stuhls bei dir keinen Gehorsam findet, warum schrecken dich dann nicht die Klagen der Armen, die Tränen der Witwen, das Jammern der Waisen und der Schmerz und das Murren von Priestern und Mönchen?« Die Propaganda wirkte. Die Bischöfe wurden unsicher, die weltlichen Fürsten sahen ihre Stunde gegen die Königsmacht gekommen. In Tribur beschlossen sie einen Reichstag für Februar 1077, auf dem in Gegenwart des Papstes über Heinrichs Schicksal entschieden werden sollte.

Um der Begegnung des Papstes mit den Fürsten zuvorzukommen, die für ihn nur schlecht ausgehen konnte, ging Heinrich mitten im harten Winter über die Alpen. Adel und Geistlichkeit der Lombardei hofften, es werde ein Feldzug gegen den Papst werden, Gregor VII. fürchtete es und zog sich auf die Burg Canossa seiner Freundin, der Markgräfin Mathilde von Tuszien, zurück. Doch Heinrich erschien nicht in Waffen vor Canossa, sondern barfuß im Büßergewand. Zweimal wurde er abgewiesen, erst am dritten Tag, dem 28. Januar 1077, öffneten sich ihm die Burgtore. Gregor VII. nahm ihm die Beichte und das Versprechen künftigen Gehorsams ab und löste ihn vom Bann. Für Heinrich IV. war der Gang nach Canossa ein diplomatischer Erfolg, aber nur für kurze Zeit. Der Gewinner war Gregor VII., der den gesalbten König zur Ablegung der Laienbuße gezwungen und damit das Königtum seiner sakralen Unantastbarkeit entkleidet hatte.

Enttäuscht von der Haltung des Papstes wählten die deutschen Fürsten am 15. März 1077 Heinrichs Schwager Herzog Rudolf von Schwaben zum Gegenkönig. Dabei stellten sie gegen das dynastische Erbrecht die Königswahl wieder her. Rudolf mußte für seine Söhne auf die Thronfolge verzichten. Aus Italien zurückgekehrt, gewann Heinrich IV. rasch die Gunst der Stadtbürger und des Landvolks in Bayern, Böhmen und Kärnten und sammelte ein starkes Heer gegen Rudolf. Papst Gregor VII. verhielt sich zunächst neutral. Doch als Heinrich den Zusammentritt einer Nationalsynode sabotierte, auf der das Verbot der Laieninvestitur beschlossen werden sollte, erkannte er Rudolf von Schwaben an und erneuerte den Bann. Heinrich schlug zurück, erklärte im Juni 1080 auf einer Synode deutscher und lombardischer Bischöfe in Brixen Gregor VII.

erneut für abgesetzt und erhob den Erzbischof Wibert von Ravenna als Clemens III. zum Gegenpapst. Im Herbst darauf starb Rudolf von Schwaben nach einer Schlacht bei Hohenmölsen. Sein im August 1081 gewählter Nachfolger Hermann von Salm konnte sich zunächst nur in Sachsen halten, und Heinrich hatte den Rücken frei für den Entscheidungskampf gegen Gregor VII.

Nach zwei vergeblichen Feldzügen fiel 1083 die leoninische Stadt, doch Rom selbst ergab sich erst im März 1084. Papst Gregor verschanzte sich in der Engelsburg. Am Palmsonntag wurde Papst Clemens III. im Lateran geweiht, und am Ostersonntag, den 31. März, empfingen Heinrich IV. und Bertha von ihrem Papst die Kaiserkrone. Doch schon im Mai 1084 zog der Kaiser sich vor einem anrückenden Normannenheer unter Robert Guiscard nach Norden zurück und überließ Rom der Rache Gregors und der Normannen. Gregor starb ein Jahr später im Exil in Salerno.

Im Glanz der Kaiserkrone hielt Heinrich IV. im Mai 1085 eine Synode, auf der die Mehrheit der deutschen Bischöfe Clemens III. anerkannte. Der Kaiser erließ einen Gottesfrieden, doch der innere Krieg ging weiter. Erst als Gegenkönig Hermann von Salm 1088 freiwillig zurücktrat und Eckbert von Meißen 1089 ermordet wurde, schien der Frieden gesichert. Im Mai 1087 ließ Heinrich seinen dreizehnjährigen Sohn Konrad in Aachen zum König krönen. Doch schon erhob sich im Süden neue Gefahr. Der von der Mehrheit der Kardinäle im März 1088 und unter dem Schutz der Normannen gewählte Papst Urban II. stiftete eine Ehe zwischen der dreiundvierzigjährigen Markgräfin Mathilde von Tuszien und dem fünfzehnjährigen Sohn des Bayernherzogs Welf IV. Heinrich erkannte die Gefahr einer Koalition zwischen seinen süddeutschen und italienischen Hauptfeinden und zog 1090 nach Italien. Bei Canossa erlitt er 1092 eine schwere Niederlage, und in Norditalien erhoben sich die Städte Mailand, Cremona, Lodi und Piacenza gegen ihn. Am schwersten traf ihn jedoch, daß sein Sohn Konrad zur Partei Urbans II. überging und sich 1093 in Mailand zum König von Italien krönen ließ. Da zur gleichen Zeit Welf IV. ihm die Alpenpässe nach Bayern sperrte, saß der Kaiser wie eingesperrt in Nordostitalien fest. In Verona traf ihn der zweite familiäre Schicksalsschlag. Nach dem Tode der Kaiserin Bertha hatte Heinrich 1089 die neunzehnjährige Witwe Adelheid des Grafen von Stade geheiratet, eine Tochter des Großfürsten von Kiew, ursprünglich Praxedis oder Eupraxia getauft. Weil er an ihrer ehelichen Treue zweifelte, hielt er sie wie eine Gefangene. Sie konnte jedoch zur Markgräfin Mathilde fliehen und klagte Heinrich an, er habe sie zum Ehebruch mit seinen Kumpanen und mit dem jungen Konrad verführt. Auf der Fastensynode in Piacenza im März 1095 trat sie als Kronzeugin gegen Heinrich auf. Papst Urban II. erteilte ihr die Absolution, ihre Schilderungen haarsträubender Orgien wurden als Propagandamaterial gegen den Kaiser verbreitet.

Seine Befreiung aus vierjähriger Einsperrung in Nordostitalien verdankte Heinrich einer ehelichen Auseinandersetzung zwischen Mathilde von Tuszien und dem jungen Welf. Die Markgräfin hatte nämlich Herrschaft und Besitz dem heiligen Stuhl vermacht und war nicht bereit, ihr Testament zugunsten Welfs zu ändern. Darauf sagte Welf die ungleiche Ehe auf, und sein Vater versöhnte sich mit dem Kaiser, gab ihm die Alpenpässe frei und wurde wieder Herzog von Bayern. Für den abtrünnigen Konrad wurde im Mai 1098 in Mainz Heinrich, der zwölfjährige zweite Sohn des Kaisers, zum König gewählt. Er mußte schwören, daß er sich zu Lebzeiten des Vaters nicht in die Regierung einmischen würde.

Trotz vierjähriger Untätigkeit schien Heinrichs Macht in Deutschland gefestigter denn je. Doch die Führung der abendländischen Christenheit war dem Kaisertum verloren, seit Papst Urban II. 1095–96 zum Kreuzzug gegen die Mohammedaner in Kleinasien und Palästina aufgerufen und damit eine gewaltige Bewegung im Sinne der gregorianischen Reform entfacht hatte. Zwar verzichtete Urban II. auf die Einsetzung eines Gegenkönigs, doch ebenso hielt Heinrich IV. an seinem Gegenpapst Clemens III. fest, der aus Rom verdrängt nur noch ein Schattendasein fristete und im September 1100 fast unbeachtet starb. Heinrich dachte nicht daran, ihn durch einen neuen Gegenpapst zu ersetzen, und nahm Verhandlungen mit dem auf Urban II. gefolgten Papst Paschalis II. auf. Doch Paschalis ging darauf nicht ein, sondern erneuerte 1102 den Bann gegen den Kaiser. Heinrich bot an, einen Kreuzzug zu unternehmen, wenn der Papst ihn vom Bann lösen würde. Als Vorbereitung dazu erließ er auf dem Reichstag in Mainz am 6. Januar 1103 einen Reichslandfrieden, der für die Dauer von vier Jahren alle Fehden verbot und unter Strafe stellte.

Der Adel beschwor zwar den Frieden, sah sich aber durch die erweiterte königliche Gerichtsbarkeit in seinen Eigeninteressen gegenüber dem Dienstadel, Stadtbürgern und Bauern bedroht. Die allgemeine Unzufriedenheit der Fürsten ließ den jungen Heinrich um seine Nachfolge fürchten, zumal er vom Kirchenbann gegen seinen Vater mitbetroffen war. Als Vater und Sohn im Dezember 1104 mit aufständischen Sachsen im Kampf lagen, verließ der junge Heinrich heimlich das Lager und ging nach Bayern. Anfang des Jahres 1105 wurde er durch den Papst vom Bann gelöst und des seinem Vater geleisteten Eides entbunden. In Bayern, Thüringen und Sachsen gewann er rasch Anhänger. Nach anfänglicher militärischer Überlegenheit sah sich Kaiser Heinrich gezwungen, einem Reichstag in Mainz zuzustimmen, der Weihnachten 1105 den Streit entscheiden sollte. Bei Koblenz ließ er sich vom Sohn, der ihm Unterwerfungsbereitschaft vorspiegelte, in einen Hinterhalt auf der Burg Böckelheim bei Bingen locken. In der Hoffnung, dadurch Absolution zu erlangen, dankte er am 31. Dezember 1195 in Ingelheim förmlich ab, verweigerte aber ein öffentliches Sündenbekenntnis.

An den ihm aufgezwungenen Verzicht führte er sich nicht gebunden, entfloh aus Ingelheim und zog im Februar 1106 unter großem Jubel in Köln ein. Vom Bistum Lüttich aus organisierte er den Widerstand, Herzog Heinrich von Niederlothringen und zahlreiche lothringische Grafen stießen zu ihm, auf Schwaben konnte er zählen. Bevor es jedoch zur Entscheidungsschlacht kam, starb Kaiser Heinrich IV. plötzlich am 7. August 1106 in Lüttich. Die Feindschaft Roms verfolgte ihn über den Tod hinaus. Fünf Jahre lang mußte sein Sarg unbestattet in einer ungeweihten Seitenkapelle des Speyerer Doms stehen, bis Papst Paschalis II. den Toten vom Bann lossprach und die Beisetzung im Dom am 7. August 1111 erlaubte.

RUDOLF VON SCHWABEN
1077–1080

Der erste Gegenkönig zu Heinrich IV. wurde um 1030 geboren, Sohn des Grafen Kuno von Rheinfelden, so genannt nach einer Burg im Rhein oberhalb Basel. Das Geschlecht stammte aus Burgund und war in der heutigen Westschweiz sowie in Schwaben reich begütert. Als Günstling der Kaiserin-Regentin Agnes erhielt Rudolf von Rheinfelden 1057 das Herzogtum Schwaben und die Verwaltung Burgunds. 1059 heiratete er, nachdem er sie vorher entführt hatte, Mathilde, die vierzehnjährige Tochter der Kaiserin und Schwester Heinrichs IV. Schon ein Jahr später war er Witwer und heiratete Adelheid von Turin, Schwester Berthas von Susa, der späteren Frau Heinrichs IV. Schon früh trat er an die Spitze der Fürstenverschwörung gegen seinen Schwager und König und strebte selber die Krone an. Daher rührende Feindseligkeiten zwischen den Schwägern wurden von Kaiserin Agnes offenbar nur oberflächlich geschlichtet. Mit der römischen Kurie stand Rudolf in engem Kontakt, seitdem er in einem Ehescheidungsprozeß gegen Adelheid als schuldiger Teil verloren, aber gegen das Versprechen künftigen Gehorsams Absolution erhalten hatte. Während des Sachsenaufstands 1073–75 verhielt er sich zweideutig, hatte aber nicht den Mut zum offenen Abfall. In der für Heinrich siegreichen Schlacht gegen die Sachsen bei Hohenburg 1075 führte er die Schwaben an.

Nachdem Papst Gregor VII. den Bann über Heinrich IV. verhängt hatte, gehörte Rudolf zu den Fürsten, die in Tribur am 16. Oktober 1076 einen anderen König wählen wollten, daran aber durch Heinrichs Bereitwilligkeit, sich dem Papst zu unterwerfen, gehindert wurden. Rudolf erkannte die Absicht des Königs, sich mit Gregor VII. ohne Mitwirkung der Fürsten zu verständigen, und sperrte ihm die Pässe nach Italien. Doch Heinrich IV. entkam ihm über den Mont Cenis und ging nach Canossa. Mit seiner Lösung vom Bann durch Gregor VII. war den heuchlerischen Anklagen der Fürsten gegen Heinrich praktisch der Boden entzogen. Doch sie wollten sich nicht wieder einem starken König unterwerfen, und dem Papst konnten zwei rivalisierende Könige in Deutschland nur recht sein. So fiel die Wahl der Fürsten am 15. März 1077 in Forchheim auf Rudolf von Schwaben. Vorher mußte er auf das Erbrecht an der Krone verzichten und das Wahlrecht der Fürsten anerkennen. Den anwesenden päpstlichen Legaten erklärte er den Verzicht auf die Investitur der Bischöfe und auf die italienische Königswürde. Um diesen dreifachen Verzicht auf karolingische und ottonische Ansprüche auch symbolisch deutlich zu machen, wurde er nicht in Aachen, sondern in Mainz gekrönt. Dort kam es zu so schweren Tumulten der Heinrich IV. anhängenden Bürgerschaft, daß Rudolf die Stadt fluchtartig verlassen mußte. Auch beim Königsritt durch sein eigenes Herzogtum Schwaben begegnete er offener Ablehnung. Volle Unterstützung fand er nur bei den Sachsen, die aus Haß gegen Heinrich zu ihm hielten. Auch die Unterstützung von Rom blieb aus.

Erst nach seinem Sieg gegen Heinrich IV. bei Flarchheim am 27. Januar 1080 wurde Rudolf von Gregor VII. als rechtmäßiger König anerkannt. Am 15. Oktober brachte er Heinrich bei Hohenmölsen an der Elster eine schwere Niederlage bei, wurde aber so schwer verwundet, daß er am Tag darauf in Merseburg starb. Dort wurde er beigesetzt. Im Schatz des Merseburger Doms wurde lange eine mumifizierte Hand aufbewahrt, die ihm amputiert werden mußte. Es war die Rechte, mit der er Heinrich IV. den Treueid geleistet hatte. Anhänger Heinrichs IV. sahen darin ein Gottesurteil gegen den »Pfaffen-«, den »Fürsten-« oder den »Sachsenkönig«, wie er je nach Standort genannt wurde.

HERMANN VON SALM
1081–1088

Der zweite Gegenkönig zu Heinrich IV. war ein jüngerer Sohn des Grafen Giselbert von Salm (Eifel) und Luxemburg und erbte nach dessen Tode die Grafschaft Salm. Ohne bis dahin besonders hervorgetreten zu sein, wurde er acht Monate nach dem Tode Rudolfs von Schwaben mit den Stimmen schwäbischer, sächsischer und bayerischer Großer Anfang August 1081 in Ochsenfurt am Main zum Gegenkönig ausgerufen. Im Süden konnte er sich gegen den Widerstand Herzog Friedrichs von Schwaben nicht durchsetzen und zog sich nach Sachsen, der Hochburg der Feinde Heinrichs IV., zurück. In Eisleben wurde seine Wahl von der Mehrheit der Fürsten bestätigt. Weil in dieser Gegend der Anbau von Knoblauch florierte, titulierten ihn heinrichtreue Chronisten »König Knoblauch«. Am 26. Dezember 1081 wurde er in Goslar von Erzbischof Siegfried von Mainz gekrönt.

Sein Plan, dem von Heinrich IV. bedrängten Papst in Italien zur Hilfe zu kommen, scheiterte 1083 am Tod seines stärksten sächsischen Vasallen Otto von Northeim. Als der Kaiser, aus Italien zurück, in Sachsen einrückte, mußte Hermann nach Dänemark fliehen. Noch einmal gelang ihm 1086 mit Hilfe Welfs IV. von Bayern und des Markgrafen Ekbert von Meißen ein Ausfall nach Franken und ein Sieg über den Kaiser bei Bleichfeld in der Nähe von Würzburg. Doch damit waren seine Hilfsquellen erschöpft. Sein getreuester Anhänger Bischof Burchard von Halberstadt wurde 1088 von Goslarer Bürgern erschlagen, Erzbischof Hartwig von Magdeburg unterwarf sich wie die meisten gregorianischen Bischöfe dem Kaiser. Hermann zog sich in sein Stammland zurück, wo er bei der Erstürmung einer Burg – einige Quellen sagen, es war Limburg an der Lahn, andere Cochem an der Mosel – durch ein Steingeschoß am 28. September 1088 getötet wurde. Er wurde in Metz begraben.

HEINRICH V.
1106–1125

Als er elf Jahre nach seinem Bruder Konrad auf die Welt kam, wurde der Spätling Kaiser Heinrichs IV. und der Kaiserin Bertha so wenig wichtig genommen, daß wohl sein Geburtstag, der 8. Januar, nicht aber das Geburtsjahr registriert wurde. So kam es, daß in Geschichtsbüchern sein Geburtsjahr mit 1081 angegeben wird, statt wie richtig 1086. Heinrich war also zwölf Jahre alt, als er 1098 für seinen abgefallenen Bruder Konrad zum Nachfolger ernannt wurde, und achtzehn, als auch er sich gegen den Vater erhob. Nach der erzwungenen Abdankung seines Vaters wurde er am 6. Januar 1106 in Mainz zum König erklärt, aber erst nach dem Tode Heinrichs IV. allgemein anerkannt. Die Anhänger seines Vaters ließ er für ihre Treue büßen. Der Stadt Köln wurde eine hohe Geldbuße auferlegt, der Herzog Heinrich von Niederlothringen verlor

Heinrich V. Siegel von 1121.

sein Herzogtum. Den Frieden in Deutschland stellte Heinrich V. bald her, aber sein Versuch, die deutsche Lehnshoheit über Böhmen, Ungarn und Polen zu erneuern, schlug fehl.

Da Heinrich beim Staatsstreich gegen seinen Vater als überzeugter Anhänger der päpstlichen Partei aufgetreten war, hatte man gehofft, er werde den Streit um die Laieninvestitur der Bischöfe beenden. Doch Heinrich investierte auch weiterhin deutsche Bischöfe mit Ring und Stab, obwohl Papst Paschalis II. auf mehreren Synoden das strikte Investiturverbot erneuerte. Um Klarheit zu schaffen, rüstete Heinrich ein Heer von 30 000 Mann zum Italienzug. Dabei kamen ihm 10 000 Mark Silber an Mitgift zustatten, die ihm Ostern 1110 seine Verlobung mit Mathilde, der achtjährigen Tochter König Heinrichs I. von England, einbrachte. Der Engländer brauchte den Schwiegersohn als Festlandsdegen gegen Frankreich. Die Braut wurde im Juli 1110 in Mainz gekrönt, geheiratet wurde erst im Januar 1114.

Auf den Ronkalischen Feldern bei Piacenza hielt Heinrich im September 1110 glänzende Heerschau. Nachdem Novara niedergebrannt wurde, huldigten ihm die oberitalienischen Städte. Von Sutri aus verhandelte er im Januar/Februar 1111 mit dem Papst über die Bedingungen der Kaiserkrönung. Die Position des Papstes war schwach und zwang ihn zum Kompromiß: Heinrich sollte auf die Investitur der Bischöfe verzichten, dafür sollte die Kirche alle Reichslehen und damit verbundenen Fürstenrechte herausgeben und nur den Kirchenzehnten behalten. Mit ein paar Federstrichen wäre so der Reichtum der Krone verdoppelt, die weltliche Macht der Kirche beseitigt, aber auch die theokratische Einheit von Kaisertum, Kirche und Reich zerstört worden.

Vor der Kaiserkrönung am 12. Februar sollte das Konkordat in der Peterskirche von der Versammlung beschworen werden. Bei der Verlesung des päpstlichen Verzichts erhoben die Kirchenfürsten lauten Protest. Es kam zu wilden Tumulten. Heinrich erklärte, ohne Zustimmung seiner Bischöfe sei das Konkordat nichtig, und es bleibe alles beim alten. Er verlangte die Krönung, und als der Papst sich weigerte, ließ er ihn und die meisten Kardinäle gefangennehmen. Der Aufruhr in St. Peter endete mit einem blutigen Gemetzel zwischen Königlichen und Römern. Mit dem Papst als Gefangenem verließ Heinrich die Stadt. Unter Druck gestand Paschalis ihm die Investitur zu und krönte Heinrich am 13. April zum Kaiser. Aber kaum war der Kaiser nach Deutschland zurückgekehrt, erklärte die Lateransynode das Zugeständnis des Papstes für ungültig, und im September 1112 belegte die Synode zu Vienne Heinrich mit dem Bann.

Der päpstliche Bann ermutigte die deutschen Fürsten, sich gegen die rigorose Hausmachtpolitik des Kaisers aufzulehnen. Herzog Lothar von Sachsen, der spätere Kaiser Lothar III., und Erzbischof Adalbert von Mainz waren die Führer der Opposition. Am Rhein und in Sachsen wurde der Kaiser schwer geschlagen, in Köln und in Goslar verkündeten päpstliche Legaten den Bann gegen ihn. Unter dem Vorwand, sich mit dem Papst zu versöhnen, erreichte Heinrich einen Frieden mit den Fürsten und ging nach Italien. Der wahre Anlaß war der Tod der Markgräfin Mathilde von Tuszien, deren reiche Erbschaft er dem Papst entriß. Paschalis II. vertrieb er aus Rom. Als Paschalis bald darauf starb und die Kardinäle Gelasius II. wählten, stellte Heinrich ihm den portugiesischen Erzbischof Mauritius von Braga als Gregor VIII. entgegen. Ihn überließ er im Sommer 1118 seinem Schicksal und kehrte nach Deutschland zurück.

Unter der Bedingung, daß der leidige Investiturstreit von ihm endgültig geregelt würde, schlossen die Fürsten 1119 Frieden mit dem Kaiser. Heinrich war bereit, auf die Investitur der Bischöfe mit Ring und Stab zu verzichten, bestand aber auf dem Recht, sie mit ihren weltlichen Fürstenrechten zu belehnen. Papst Calixtus II. ging darauf nicht ein und erneuerte den Bann. Erst auf der mit einem Reichstag verbundenen Synode in Worms kam am 23. September 1122 ein Konkordat zustande. Die Bischöfe werden von den Domkapiteln gewählt, danach überträgt der Kaiser ihnen mit dem Zepter die fürstliche Gewalt, bevor sie vom Papst durch die Verleihung von Ring und Stab geweiht werden. In Italien und Burgund sollte die Weihe vor der weltlichen Belehnung erfolgen.

Mit dem Wormser Konkordat war der Investiturstreit geregelt, nicht jedoch die Machtfrage zwischen weltlicher und geistlicher Gewalt. Die geistlichen Fürsten waren aus Beamten des Königs seine Vasallen geworden, ebenso eifersüchtig auf Einschränkung der Königsmacht bedacht wie ihre weltlichen Kollegen.

Als Lothar von Sachsen 1124 die Marken Meißen und Lausitz eigenmächtig mit zwei seiner Lehnsmänner besetzte, rief Heinrich den Heerbann gegen ihn auf. Doch dann starb plötzlich sein Schwager Wilhelm, der einzige Sohn König Heinrichs I. von England und der Normandie. Kaiserin Mathilde war damit die nächste Erbin der englischen Krone. Im Kampf um die Normandie eilte Heinrich V. seinem Schwiegervater zu Hilfe, mußte aber bei Reims den Rückzug antreten. Ostern 1125 erließ er in Lüttich neue und strenge Maßregeln zur Erhaltung des Landfriedens. Als Ausgleich für die weggefallenen Simonie-Einnahmen soll er auf den Rat seines Schwiegervaters eine Reichsgrundsteuer geplant haben. Dazu kam es nicht mehr, denn am 23. Mai 1125 erlag er in Utrecht neunundreißig Jahre alt einem Krebsleiden. In Speyer wurde er beigesetzt. Mit Heinrich V. erlosch nach hundertjähriger Regierung die fränkisch-salische Kaiserdynastie. Der Kaiser vererbte seinen Besitz seinem Neffen, dem Schwabenherzog Friedrich II. von Hohenstaufen. Ein Anrecht auf die Krone war damit nicht verbunden. Deutschland stand vor einer neuen Königswahl.

Lothar von Supplinburg. Siegel von 1134.

LOTHAR III. VON SUPPLINBURG
1125–1137

Wenn das Geburtsjahr 1060 stimmt, dann stand Herzog Lothar von Sachsen, Graf von Supplinburg bereits im heutigen Rentenalter, als er am 30. August 1125 in Mainz zum König gewählt wurde. Von 68 deutschen Kaisern und Königen haben nur sechs dieses Alter im Amt erreicht. Die Wahlversammlung in Mainz dauerte sechs Tage und verlief stürmisch. Erzbischof Adalbert von Mainz hatte der Kaiserinwitwe Mathilde die Reichsinsignien abgelistet und zog die Fäden. Ein Ausschuß von je zehn Großen der Stämme Sachsen, Franken, Schwaben und Bayern stellten die Kandidaten auf: den Hohenstaufer Friedrich von Schwaben, Lothar von Sachsen und Markgraf Leopold von Österreich. Die Frage Adalberts von Mainz, ob jeder Kandidat bereit sei, jeden anderen, der statt seiner gewählt werden sollte, anzuerkennen, beantworteten Lothar und Leopold mit Ja, der Schwabe Friedrich bat sich Bedenkzeit aus. Am nächsten Tag bekam Lothar die Mehrheit, aber jetzt protestierte Herzog Heinrich der Schwarze von Bayern. Der Welfe wurde erst umgestimmt, als Lothar ihm für seinen Sohn Heinrich, später der Stolze genannt, die Hand seiner Tochter und einzigen Erbin Gertrud versprach. Die Verbindung wurde drei Jahre später auch vollzogen und damit die Macht der Welfen in Sachsen, aber auch die Feindschaft zwischen Welfen und Staufern begründet. Am 13. September 1125 wurde Lothar III. in Aachen gekrönt. In der Reihenfolge der deutschen Kaiser und Könige wird er auch bisweilen als Lothar II. bezeichnet, weil König Lothar II. (855–869), Sohn Kaiser Lothars I., nur über Lothringen geherrscht hat.

Der Burggraf Lothar von Supplinburg (heute Süpplingenburg, westlich von Braunschweig) hatte sich seinen Aufstieg erkämpft und erheiratet. Um 1100 heiratete er Richenza, die Tochter Heinrichs des Fetten, Grafen von Northeim, und Gertruds von Meißen, dadurch Erbin riesiger Besitztümer um Göttingen und Braunschweig. Als die sächsische Herzogslinie der Billunger 1106 im Mannesstamm erlosch, erhielt Lothar von Supplinburg mit Zustimmung König Heinrichs V., den er beim Staatstreich gegen seinen Vater unterstützt hatte, das Herzogtum Sachsen. Doch da Heinrich V. die Hausmachtpolitik der Salier fortsetzte, wurde Lothar zu seinem unerbittlichsten Feind. Im Januar 1114, während der Hochzeitsfeierlichkeiten Heinrichs V. in Mainz, mußte er sich dem Kaiser im Büßergewand unterwerfen, doch ein Jahr später schlug er das kaiserliche Heer am Welfenholz bei Mansfeld und schloß Heinrich V. damit für den Rest seiner Regierung vom Einfluß auf Sachsen und die östlichen Grenzmarken aus.

Mit der Wahl Lothars III. zum König hatte das Wahlrecht über das Geblütsrecht der Dynastien gesiegt. Jetzt forderte Lothar von den Erben Heinrichs V. diejenigen Reichsgüter zurück, die das salische Haus seinen Hausgütern einverleibt hatte. Der Staufer Friedrich von Schwaben weigerte sich und wurde deswegen in die Reichsacht getan. Durch die Heirat seiner Tochter Gertrud verpflichtete Lothar sich die bayerischen Welfen, durch Verleihung von Hochburgund die Zähringer. Ihnen überließ er die Auseinandersetzung mit den Staufern, als er 1132 nach Rom zog, um sich die Kaiserkrone zu holen. Es gab wieder einmal zwei Päpste. In Rom herrschte Anaklet, mit knapper Mehrheit von den Kardinälen gewählt, mit Hilfe der Normannen, denen er Süditalien und Sizilien als Königreich überließ. Er hatte den von der Mehrheit der Synoden gewählten Innozenz II. nach Frankreich vertrieben. Lothar führte Innozenz nach Rom zurück, konnte aber gegen den Widerstand der Römer nicht bis nach St. Peter vordringen und empfing deshalb am 4. Juni 1133 die Kaiserkrone im Lateranpalast.

Die staufischen Brüder Friedrich und Konrad von Schwaben unterwarfen sich dem gekrönten Kaiser. Herzog Boleslaw von Polen und König Erik von Dänemark erkannten auf einem Hoftag in Merseburg die Lehenshoheit des Reiches an. Dringende Hilferufe des Papstes, des griechischen Kaisers Johann Komnenos und des Dogen von Venedig veranlaßten Lothar im Sommer 1136 zu einem zweiten Zug nach Italien. Sie alle fühlten sich durch die Expansion des normannischen Königreiches unter Roger II. bedroht. In zwei Heeressäulen, zur See unterstützt durch die Flotten von Venedig, Pisa und Ravenna, drang Lothar bis Salerno vor und vertrieb die Normannen aus Unteritalien. Lothar wollte nach Sizilien nachsetzen, aber da machte sein erschöpftes Heer nicht mehr mit. Über die Belehnung des Grafen Rainulf von Alise mit Apulien kam es dann zum Streit mit Innozenz II., der Süditalien als päpstliches Hoheitsgebiet ansah. Man einigte sich, indem bei der Belehnung der Papst das obere und Lothar das untere Ende der Fahne ergriff.

Völlig erschöpft hatte Kaiser Lothar nur noch den Wunsch, nach Deutschland zurückzukehren. Nach mühsamer Überquerung des Brenner starb er, siebenundsiebzig Jahre alt, am 4. Dezember 1137 auf einem Bauernhof in Breitenwang bei Reutte in Tirol. Das Herzogtum Sachsen und die Reichsinsignien übergab er kurz vor seinem Tod seinem Schwiegersohn Herzog Heinrich dem Stolzen von Bayern. Sein Leichnam wurde von Kaiserin Richenza nach dem von ihm gestifteten und benannten Kloster Königslutter bei Helmstedt überführt und dort beigesetzt.

KONRAD III. VON HOHENSTAUFEN
1138–1152

Die glanzvolle Epoche der Staufer-Kaiser begann mit einem Wahlbetrug. Nach dem Tode Kaiser Lothars III. war die Königswahl auf Pfingsten 1138 anberaumt worden. Eine Vollversammlung der Fürsten hätte mit Sicherheit den mächtigsten und reichsten unter ihnen, Herzog Heinrich den Stolzen von Bayern und Sachsen gewählt, dem Lothar III. auch die Reichsinsignien übergeben hatte. Doch von ihm fürchtete Papst Innozenz II. mit Recht einen energischen Kurs gegenüber der Kurie. Der Papst schlug deshalb Konrad von Hohenstaufen vor, den jüngeren Bruder Herzog Friedrichs II. von Schwaben, und der Wahlleiter Erzbischof Albero von Trier berief Konrad und einige mit ihm einverstandene Fürsten auf den 7. März nach Koblenz. Von dieser Minderheit wurde Konrad gewählt und in aller Eile am 13. März vom päpstlichen Legaten Dietwin in Aachen gekrönt.

Konrad III., geboren 1093, war der zweite Sohn Herzog Friedrichs I. von Schwaben und Agnes, der Tochter Kaiser Heinrichs IV. Heinrich V. setzte ihn während des Italienzuges 1116–18 als Stellvertreter in Deutschland ein. Als Enkel Heinrichs IV. fühlten sich Konrad und sein Bruder Friedrich durch die Wahl Lothars III. übergangen, und als er ihnen auch das salische Hausgut nahm, griffen sie zu den Waffen. Konrad ließ sich am 18. Dezember 1127 in Nürnberg zum Gegenkönig ausrufen und wurde im Juni 1128 in Monza vom Erzbischof von Mailand zum König von Italien gekrönt. Vom Papst gebannt, konnte er sich in Italien nicht halten und unterwarf sich 1135 mit seinem Bruder Kaiser Lothar III., der ihnen die konfiszierten Güter zurückgab. Von da an blieb er Lothar III. treu ergeben und begleitete ihn als sein Bannerträger auf dem Italienzug 1136–37. Bei dieser Gelegenheit knüpfte er lebhafte Beziehungen zum Papst an, die dann zu seiner Wahl in Koblenz führten.

Vorhergehende Seite: Otto IV.
(links) und die Heiligen Könige
Balthasar und Melchior an dem
um 1200 entstandenen Drei-
königsschrein im Kölner Dom.

Links: Otto IV. thronend, mit
Krone, Reichsapfel und Zepter
an dem um 1215 vollendeten
Karlsschrein im Aachener
Dom.

Rechts: Friedrich II., Münzbild
von einem Goldaugustalis aus
Sizilien.

Puileguī dn̄ı fredericı secūdı romanoꝝ Impatorıs & ꝯfirmatōne pꝝıulegıȷ precedentıs · et & lıbertate ciuitatıs Asten̄ ·

In nomıne sancte ⁊ Indıuidue tīuıtatıs Amen · frederıcus sedus dıuına fauete clementıa Romanoꝝ Impator semꝑ augustus ⁊ rex sıcılıe ꝯsueuıt ımꝑıalıs arconspectıo fidelium suoꝝ

Kunig Conrat iherusalem
vnd sicilien kayser fridrichs
des andern sun ist worden
römischer kunig

Konrad IV., Buchmalerei aus
der Welfenchronik des Klosters
Weingarten in der Württembergischen Landesbibliothek
Stuttgart.

Der Mainzer Erzbischof Siegfried III. von Eppstein krönt Heinrich Raspe (links) und Wilhelm von Holland (rechts), Deckplatte des um 1250 entstandenen Grabmals im Mainzer Dom.

Rudolf von Habsburg, Grabmal des Kaisers im Dom zu Speyer, um 1280 bis 1290.

Trotz seiner regelwidrigen Wahl wurde Konrad von fast allen Fürsten anerkannt, wahrscheinlich waren sie froh, so um die Wahl des mächtigen Welfen Heinrich herumgekommen zu sein. Heinrich der Stolze lieferte zwar die Reichsinsignien aus, verweigerte Konrad aber die Huldigung, als dieser von ihm die Auslieferung eines seiner beiden Herzogtümer forderte. Konrad ließ über ihn die Reichsacht verhängen und verlieh Sachsen dem Markgrafen der Nordmark, Albrecht dem Bären. So entbrannte der lange innere Kampf um die Herrschaft zwischen Welfen und Staufern mit dem Schlachtruf »Hie Welf – hie Waibling« (nach einer Stammburg der Staufer). Bayern erhielt Konrads Stiefbruder Markgraf Leopold IV. von Österreich, ein Sohn aus zweiter Ehe seiner Mutter Agnes mit dem Babenberger Leopold III. Heinrich der Stolze vertrieb Albrecht aus Sachsen, und als er im Oktober 1139 starb, führte sein Bruder Welf in Bayern den Kampf für seinen zehnjährigen Neffen Heinrich, später der Löwe genannt. Am 21. Dezember 1140 siegte Konrad bei Weinsberg über Welf. Es ist keine Sage, daß Konrad den »Weibern von Weinsberg« erlaubte, ihr wertvollstes Gut aus der belagerten Stadt zu bringen, worauf die wackeren Frauen ihre Männer auf dem Rücken hinaustrugen und sie so vor der Hinrichtung als Hochverräter retteten. Heinrich der Löwe erhielt 1142 im Frieden zu Frankfurt Sachsen zurück, verzichtete aber auf Bayern.

Von Anfang seiner Regierung an führte Konrad III. den Titel eines römischen Königs und betonte damit seinen Anspruch auf die Kaiserkrone. Seine wesentliche Aufgabe sah er in der Vertreibung der Normannen aus Italien und Sizilien. Dazu knüpfte er enge Beziehungen zu Byzanz an und verheiratete 1146 seine Schwägerin Bertha von Sulzbach, die er adoptierte, mit dem Thronfolger Manuel I. Komnenos. Als Kaiserin von Byzanz führte sie den Namen Irene. Der von dem Kirchenreformer Abt Bernhard von Clairvaux entfachten zweiten Kreuzzugbewegung stand Konrad anfangs ablehnend gegenüber. Erst nach einer gewaltigen Predigt Bernhards am 27. Dezember 1146 im Speyerer Dom nahm er das Kreuz. Im Mai 1147 brach Konrad mit einem Heer von angeblich 30 000 Reitern, denen sich mehr als doppelt soviele Pilger und Abenteurer anschlossen, über Konstantinopel nach Kleinasien auf. In Anatolien verlor er durch Hungersnot, Krankheit und in Kämpfen mit den Türken vier Fünftel seines Heeres. Krank kehrte er nach Konstantinopel zurück und gelangte im April 1148 zu Schiff nach Palästina, wo er sich mit König Ludwig VII. von Frankreich vereinigte. Nach erfolglosem Marsch auf Damaskus brach er das sinnlose Unternehmen ab und kehrte im Frühjahr 1149, körperlich und seelisch gebrochen, nach Deutschland zurück.

Während des Kreuzzuges hatte sich Graf Welf mit König Roger II. von Sizilien gegen Konrad verbündet. Der König überließ den Kampf gegen Welf seinem ältesten Sohn Heinrich, den er schon 1147 zu seinem Nachfolger hatte wählen lassen. Heinrich schlug Welf bei Flochberg entscheidend, starb aber bald darauf. Unterdessen hatte der junge Heinrich der Löwe von Sachsen seinen Anspruch auf Bayern wieder geltend gemacht und war dort im Winter 1150/51 eingerückt. Der Versuch Konrads, ihn durch einen raschen Feldzug nach Sachsen zu entmachten, mißlang. Aber auch Heinrich konnte sich nicht durchsetzen.

Für den Herbst 1152 plante Konrad, nunmehr über sechzig Jahre alt, einen großen Feldzug nach Italien. In Rom wollte er sich zum Kaiser krönen lassen und dann im Bündnis mit Manuel I. von Byzanz Roger II. aus Unteritalien und Sizilien vertreiben, der sich mit den Königen von Frankreich und Ungarn gegen Konrad verbündet

hatte. Doch am 15. Februar 1152 starb Konrad III. in Bamberg, wohin er einen Reichstag einberufen hatte. Da sein spätgeborener Sohn Friedrich noch ein Kind war, designierte er zum Nachfolger seinen dreißigjährigen Neffen Herzog Friedrich III. von Schwaben. Es war, wie viele Historiker meinen, die einzige positive Entscheidung seiner Regierung, deren Ergebnis sonst von den Zeitgenossen »traurig« genannt wird. Durch seine erfolgreiche Hausmachtpolitik hatte er jedoch die wichtigste Voraussetzung für den Aufstieg der staufischen Dynastie unter seinem Nachfolger geschaffen.

Friedrich I. Münzbild von einem Silberbrakteat aus der Wetterau.

FRIEDRICH I. BARBAROSSA
1152–1190

Um 1122 als Sohn des Staufers Friedrich II. von Schwaben und der Welfin Judith geboren, vereinigte er in sich das Blut der beiden Geschlechter, an deren Feindschaft die Einheit des Reiches zu zerbrechen drohte. Als Friedrich am 4. März 1152 in Frankfurt am Main zum König gewählt wurde, nannte sein Onkel Bischof Otto von Freising ihn berufen, als »Verwandter beider Geschlechter gleichwie ein Eckstein den klaffenden Riß der beiden Wände wieder zu verbinden«. Nach der Königskrönung am 9. März in Aachen durch Erzbischof Arnold von Köln gelobte Friedrich am Grabe Karls des Großen, die »alte Kaiserherrlichkeit« und Ruhe und Ordnung im Reich wiederherzustellen. In seiner Wahlanzeige an Papst Eugen III. betonte er selbstbewußt, daß »es zwei sind, von denen vornehmlich die Welt regiert wird, nämlich die heilige Autorität der Päpste und die königliche Gewalt« und daß »mit Gottes Hilfe die Erhabenheit des Römischen Reiches zur alten Kraft seiner Hoheit reformiert werden solle«.

Für die Errichtung einer starken Kaisermacht brauchte er, darüber war sich Friedrich I. klar, festen Rückhalt bei den deutschen Fürsten. Er brauchte aber auch die reichen Mittel, die ihm allein das wirtschaftlich hochentwickelte Italien liefern konnte. Zum inneren Ausgleich gehörte vor allem die Regelung der Ansprüche Heinrichs des Löwen auf Bayern. Dagegen wehrte sich Friedrichs Onkel Herzog Heinrich II. Jasomirgott von Bayern. Erst nach Friedrichs Rückkehr vom ersten Italienzug erhielt 1156 Heinrich der Löwe Bayern, verkleinert um die Markgrafschaft Österreich, die Jasomirgott als Herzogtum übertragen wurde. Welf VI. erhielt in Italien das Herzogtum Spoleto, die Markgrafschaft Tuszien und die mathildischen Güter. Zur Vorbereitung seines Italienzuges schloß Friedrich in Konstanz einen förmlichen Vertrag auf Gegenseitigkeit mit dem Papst. Gegen die Zusicherung der Kaiserkrönung verpflichtete sich Friedrich, die Römer zu unterwerfen, keinen Frieden mit den Normannen ohne Zustimmung des Papstes zu schließen, die weltlichen Rechte der Kirche gegen jedermann zu verteidigen und dem »König der Griechen« – so stuften König und Papst den Kaiser von Byzanz ein – keinen Besitz in Italien zuzugestehen. Der Papst versprach, alle diejenigen mit dem Bann zu belegen, die »Ehre und Recht des Reiches« verletzen sollten. Bei dieser Gelegenheit erreichte Friedrich auch die Scheidung seiner kinderlosen Ehe mit Adela Gräfin von Vohburg, angeblich hatte sie die Ehe gebrochen.

Mit 1800 Reitern zog Friedrich I. im Herbst 1154 über die Alpen. Auf den Ronkalischen Feldern huldigten ihm die Städte Pavia, Cremona und Lodi. Mailand und die mit ihm verbündeten Städte blieben fern. Friedrichs Rache traf Tortona, das im April 1155 dem Erdboden gleichgemacht wurde. In Rom war inzwischen der Engländer Nikolaus Breakspear als Hadrian IV. Papst geworden. Bei der ersten Begegnung zwischen Friedrich und ihm kam es zum Protokollstreit um Symbolisches. Der Papst erwartete, daß der König sein Pferd am Zügel führte und ihm beim Absteigen den Steigbügel hielt. Friedrich weigerte sich. Erst als man ihm klar gemacht hatte, daß dies keine Unterwerfungsgeste, sondern ein reiner Höflichkeitsakt war, ließ er sich herab. Die Stadt Rom verschloß ihm daraufhin die Tore, die Deutschen besetzten die Leostadt und den Petersdom. Dort wurde Friedrich am 18. Juni 1155 von Hadrian IV. zum Kaiser gekrönt. Anschließend kam es an der Engelsbrücke zu einem furchtbaren Gemetzel, in dem über tausend Römer von den deutschen Rittern unter Führung Heinrichs des Löwen niedergemacht wurden. Friedrich konnte Rom nicht erobern, und ein Feldzug gegen die Normannen, den er dem Papst versprochen hatte, scheiterte am Widerspruch der Fürsten. Unter Bruch seines Versprechens kehrte Friedrich nach Deutschland zurück und überließ den Papst der Willkür des Normannenkönigs Wilhelm I. Und ebenfalls unter Bruch des Vertrags von Konstanz verlieh der Papst ganz Unteritalien und Sizilien gegen Zinszahlung dem Normannenkönig.

Im Juni 1156 heiratete Friedrich in Würzburg die dreizehnjährige Beatrix, Tochter und alleinige Erbin des Pfalzgrafen Rudolf von Hochburgund, und stärkte dadurch den Einfluß der Reichsgewalt im Königreich Burgund, dem Pufferstaat zwischen Frankreich und Italien. Im gleichen Jahr machte er den Hildesheimer Domprobst Rainald von Dassel, einen hochgebildeten militanten Verfechter der Reichskirche, zum Erzkanzler. Auf dem Reichstag in Besançon im Oktober 1157 kam es zu einem scharfen Zusammenstoß zwischen dem Kanzler und dem päpstlichen Legaten Bandinelli, weil der Papst das Kaisertum als päpstliches Lehen bezeichnet hatte. Rainald bekräftigte dagegen die Auffassung vom König- und Kaisertum als einer von Gott durch die Fürstenwahl unmittelbar verliehenen Gnade.

Im Zeichen dieser Spannungen trat Friedrich im Juni 1158 seinen zweiten Italienzug an, diesmal mit großem Heer. Im November verkündete er auf einem Reichstag auf den Ronkalischen Feldern ein neues Lehensgesetz, in dem die Rückgabe der von den unabhängigen Stadtstaaten Italiens an sich gezogenen Reichsgüter und Reichsrechte und die Einsetzung kaiserlicher Statthalter in den Städten verordnet wurde. Crema, das sich zuerst dagegen wehrte, wurde nach siebenmonatiger Belagerung im Januar 1160 zerstört. Nachdem Hadrian IV. gestorben war, wählte die seiner Politik anhängende Mehrheit der Kardinäle den streitbaren Bandinelli als Alexander III., nur zwei Stimmen erhielt der kaiserlich-aristokratisch gesinnte Viktor IV. Auf einem Konzil in Pavia am 13. Januar 1160 erkannte Friedrich den Minderheitspapst an, und das Konzil belegte Alexander III. mit dem Bann. Alexander bannte seinerseits Viktor IV., den Kaiser und seine Räte und entband die Untertanen vom Treueid gegen den Kaiser. Er floh nach Frankreich und fand auf einem Konzil in Toulouse die Anerkennung der Könige Frankreichs und Englands und ihrer Bischöfe. »Wer hat die Deutschen zu Richtern über die Völker bestellt?« schrieb der Bischof von Chartres, Johann von Salisbury. »Wer hat diesen plumpen Barbaren das Recht gegeben, einen Herrn über die Häupter der Menschheit zu setzen?« Zwei Jahre lang hielt die Stadt Mailand der Belagerung durch Friedrich stand, bis sie, durch Hungersnot gezwungen, kapitulierte. Die Rache Friedrichs war maßlos. Nicht nur, weil diese Stadt ihm die lukrativen Königsrechte vorenthalten hatte, nicht nur weil sie zu Papst Alexander III. hielt, sondern vor allem, weil in Mailand eine dem gottgesalbten Autokraten völlig unbegreifliche Demokratie verwirklicht worden war. Friedrichs Biograph Bischof Otto von Freising hat das Entsetzen über die Ungeheuerlichkeit formuliert, »junge Leute niederer Herkunft und einfache Handwerker, denen doch bei allen Völkern der Aufstieg verschlossen ist, zu Rittern zu schlagen und zu den höchsten Ämtern zuzulassen«. Mailand wurde als Stadtgemeinde ausgelöscht, die Stadt völlig zerstört. Um dem Schicksal Mailands zu entgehen, unterwarfen sich die anderen lombardischen Städte dem kaiserlichen Diktat. Nicht viel gnädiger verfuhr Friedrich nach seiner Rückkehr im Frühjahr 1163 mit Mainz, dessen Bürger sich gegen ihren Erzbischof Arnold erhoben und ihn ermordet hatten.

Auf seinem dritten Italienzug 1163/64 wollte Friedrich die Entscheidung gegen die Normannen in Unteritalien und Sizilien herbeiführen. Er scheiterte daran, daß ihm Venedig nicht nur die dafür benötigte Flotte verweigerte, sondern sich auch mit Padua, Verona und Vicenza gegen ihn verbündete. Die durch den Tod Papst Viktors IV. am 20. April 1164 gebotene Möglichkeit, die Kirchenspaltung zu beenden, verhinderte Rainald von Dassel, indem er blitzschnell einen neuen Gegenpapst Paschalis III. mit einer Kardinalsminderheit installierte. Selbst die politisch kaisertreuen deutschen Bischöfe waren über diese Lösung nicht glücklich. Dem Kanzler gelang es jedoch, den durch die alexanderfreundliche Kirchenpolitik des Erzbischofs von Canterbury Thomas Beckett irritierten Heinrich II. von England zugunsten von Paschalis III. umzustimmen. Heinrich der Löwe verlobte sich mit der neunjährigen Tochter Mathilde des Königs von England.

Unter dem Eindruck dieses außenpolitischen Erfolges schworen die deutschen Bischöfe auf dem Reichstag in Würzburg im Mai 1165, keinen anderen Papst als Paschalis III. anzuerkennen. Innerhalb von sechs Wochen sollten alle Untertanen unter Androhung des Verlustes von Amt, Lehen und Eigentum auf den Würzburger Beschluß vereidigt werden. Die Erzbischöfe von Mainz und Salzburg weigerten sich und verloren ihre Diözesen.

Schon in Besançon 1157 hatte Rainald von Dassel, seit 1159 Erzbischof von Köln, für das römisch-deutsche Reich die Formel *sacrum imperium* geprägt. Durch seinen »Erzpoeten«, einen in ganz Europa bekannten fahrenden Sänger, ließ er einen Kaiserhymnus dichten, in dem Friedrich als Weltherrscher verherrlicht wurde. Ein weit verbreitetes Mysterienspiel vom Antichrist feierte ihn als den einzigen rechtmäßigen Vertreter des Himmelskaisers. Am 29. Dezember 1165 ließ Friedrich in Aachen die sterblichen Überreste Karls des Großen in einen Prunksarg umbetten, unter einer von ihm gestifteten Lichterkrone neu beisetzen und ihn mit Zustimmung des Gegenpapstes Paschalis III. heiligsprechen. Es war eine Demonstration gegen das französische Königshaus der Kapetinger, das unter Berufung auf seine karolingische Abstammung und im Einverständnis mit Papst Alexander III. sein Herrschaftsrecht im Abendland geltend machte.

Auf seinem vierten Italienzug 1166–68 belagerte der Kaiser vergeblich das von den Normannen verteidigte Ancona. Rainald von Dassel schlug bei Tusculum die Römer vernichtend und ermöglichte dadurch die Inthronisation des Paschalis. Am 1. August 1167 ließ Friedrich sich zusammen mit Beatrix zum zweitenmal krönen. Doch eine verheerende Malaria-Epidemie vernichtete den größten Teil des Heeres, auch der Erzkanzler Rainald fiel ihr zum Opfer. In der Lombardei loderte der Aufstand der Städte auf. In Verkleidung mußte sich Friedrich über den Mont Cenis nach Burgund in Sicherheit bringen.

Sechseinhalb Jahre, länger als jemals vorher und nachher, blieb der Kaiser in Deutschland. Hier baute er die staufische Hausmacht und das Reichsgut mächtig aus. Eine kriegsähnliche Fehde Heinrichs des Löwen mit den sächsischen Großen schlichtete er zugunsten des Welfen, der im Norden und in Bayern wie ein König regierte. 1169 ließ Friedrich seinen dreijährigen Sohn Heinrich zum König wählen und krönen. Nach erfolglosen Verhandlungen mit Alexander III. und Frankreich zur Beilegung der Kirchenspaltung erkannte Friedrich 1170 einen dritten Gegenpapst an – Calixtus III.

In Oberitalien hatten sich indessen der lombardische und der veronesische Städtebund verbündet. Mailand wurde wieder aufgebaut, in Alessandria eine neue Stadt als Zeichen der Verbundenheit mit Alexander III. gegründet. Eine zu Anfang des vierten Italienzugs 1174 sich abzeichnende Verständigung mit den Städten scheiterte an der Weigerung Friedrichs, Alessandria das Stadtrecht zu geben. Kniefällig soll Friedrich im März 1176 in Chiavenna Heinrich den Löwen um Waffenhilfe gebeten, doch die Gegenforderung des Welfen, ihm die Pfalz Goslar zu überlassen, abgelehnt haben. Bei Legnano nahe Mailand wurde das kaiserliche Ritterheer am 29. Mai 1176 von den zu Fuß kämpfenden Lombarden geschlagen, Friedrich wurde verwundet. Es war militärisch keine entscheidende Niederlage, doch unter dem Druck der geistlichen Fürsten beugte sich Friedrich den italienischen Realitäten und begann zu verhandeln. Ein Versuch, Papst und Städte gegeneinander auszuspielen, mißlang. Im Frieden von Venedig am 1. August 1177 erkannte Friedrich Alexander III. an und schloß einen sechsjährigen Waffenstillstand mit den lombardischen Städten, denen die Königsrechte gelassen wurden, allerdings gegen Zahlung hoher Abgaben an das Reich. Auf dieser Grundlage wurde sechs Jahre später in Konstanz der endgültige Friede geschlossen.

Frei von der Zurückhaltung, die ihm der achtzehnjährige Kirchenkonflikt im Inneren auferlegt hatte, wandte Friedrich sich gegen Heinrich den Löwen. Wegen vielfacher Landfriedensbrüche verfiel der Welfe 1179 der Acht und 1180 der nicht mehr lösbaren Ober-

acht. Sachsen fiel an den Grafen Bernhard von Anhalt, Bayern an Otto von Wittelsbach, der Erzbischof von Köln erhielt Westfalen als Herzogtum. Nach einem Reichskrieg unterwarf sich Heinrich, erhielt seine Erbgüter Braunschweig und Lüneburg zurück und wurde nach England verbannt. Mecklenburg und Pommern wurden Reichslehen, Lübeck Reichsstadt.

Schon Friedrichs Bündnis mit den Lombarden hatte die politische Stellung des Papsttums in Italien geschwächt. Als weitere Bedrohung wurde in Rom die Hochzeit des neunzehnjährigen Kaisersohns Heinrich mit der dreißigjährigen Konstanze von Sizilien empfunden, die am 26. Januar 1186 im wiederaufgebauten Mailand mit großem Pomp gefeiert wurde. Zwar konnte damals noch niemand ahnen, daß Konstanze bald das normannische Königreich erben würde, doch schon das familiäre Bündnis zwischen Kaiserhaus und Sizilien kam einer Einkreisung des Kirchenstaats gleich. Letzte Versuche Roms, sich in Verhältnisse der Reichskirche einzumischen, wies Friedrich zurück.

Auf dem Höhepunkt seiner Macht, den er mehr seiner späten Einsicht in die neuen Bewegungen der abendländischen Welt als seinen zahlreichen Kriegen verdankte, wollte Friedrich im Alter von sechsundsechzig Jahren auch seinem Anspruch als Verteidiger der Christenheit gerecht werden. Im Mai 1189 brach er von Regensburg mit einem Kreuzheer auf, um Jerusalem aus den Händen des Sultans Saladin zu befreien. Als er nach einem Mittagsmahl baden wollte, ertrank er am 10. Juni 1190 im Flusse Saleph nahe der Südküste Kleinasiens. Sein Herz und seine Eingeweide wurden in Tarsos, das von den Gebeinen gelöste Fleisch im Dom von Antiochia beigesetzt. Sein Skelett ging auf dem Weg nach Jerusalem verloren.

Von Zeitgenossen wurde Friedrich I. als mittelgroß, kräftig und als unerschrockener, kampfesfreudiger Ritter geschildert. Sein frisches Gesicht war von blondem, ins Rötliche gehende, lockigem Haar und Bart umrahmt. Auch in der Erregung soll stets etwas wie ein Lächeln seinen Gesichtsausdruck beherrscht haben. Bis ins hohe Alter waren seine Bewegungen kräftig, schnell und geschmeidig. Verglichen mit seiner literarisch gebildeten Frau war er ungebildet. Einem englischen Zeitgenossen zufolge war er der Kaiserin Beatrix ergeben bis zum Pantoffelheldentum. Sein Beiname Rotbart in der populär gewordenen italienischen Form Barbarossa taucht erst im 13. Jahrhundert auf. In Italien dürfte es ein Schreckensname gewesen sein. Um so mehr ist Barbarossa in Zeiten der deutschen Ohnmacht zum Inbegriff des mächtigen und gerechten Herrschers geworden. Auf ihn wurde im 16. Jahrhundert die ursprünglich seinem Enkel Friedrich II. geltende Sage übertragen, er sei nicht gestorben, sondern warte schlafend im Kyffhäuser in Thüringen oder im Untersberg bei Salzburg auf seine Auferstehung als Retter des Reiches.

HEINRICH VI.
1191–1197

K aiser Heinrich war ein kluger, beredter Mann mit einem schönen, aber ziemlich hageren Antlitz, mittelgroß, mager und schwächlich, aber von feurigem Geist und darum seinen Feinden furchtbar und schrecklich«, schreibt der Chronist Burchard von Ursberg über den Sohn Friedrich Barbarossas und der Kaiserin Beatrix. Heinrich wurde im Spätherbst 1165 in Nimwegen geboren, anstelle seines ein Jahr älteren, lebensschwachen Bruders Friedrich

Heinrich VI. Münzbild von einem Silberbrakteat aus der Wetterau.

1169 zum Thronfoger bestimmt und am 15. August in Aachen von Erzbischof Philipp von Köln gekrönt. Seine sorgfältige Erziehung lag in den Händen der von der staufischen Sendung überzeugten Kapellane Konrad von Querfurt und Gottfried von Viterbo sowie des Diplomaten Heinrich von Kalden. Zur Feier seiner Großjährigkeit Pfingsten 1184 veranstaltete sein Vater bei Mainz ein Turnierfest, an dem Tausende von Rittern aus ganz Europa teilnahmen. In ähnlich internationalem Rahmen fand am 27. Januar 1186 in Mailand seine Hochzeit mit der Normannin Konstanze von Sizilien statt. Die politische Zweckehe mit der wenig anziehenden, elf Jahre älteren Tante des kinderlosen Königs Wilhelm II. bereicherte die kaiserliche Schatzkammer um vierzigtausend Pfund in Gold, die übrige Mitgift wurde von einhundertfünfzig Tragtieren transportiert. Von seinem Vater gegen den Widerspruch Papst Urbans III. zum Mitkaiser erhoben, besetzte Heinrich den Kirchenstaat.

Während des Kreuzzuges Friedrich Barbarossas 1189 kehrte Heinrich der Löwe aus der Verbannung zurück und riß Sachsen wieder an sich. Zur gleichen Zeit starb am 18. November 1189 in Palermo Wilhelm II. von Sizilien ohne Nachkommen. Vertragsgemäß war Königin Konstanze die Nachfolgerin. Eine sizilianische Nationalpartei wählte jedoch Wilhelms Vetter Tankred von Lecce zum König, der mit Billigung des Papstes im Januar 1190 gekrönt wurde. Heinrich war sofort entschlossen, den Kampf um Süditalien aufzunehmen und schloß mit Heinrich dem Löwen im Juli 1190 in Fulda vorläufig Frieden. Der Welfe bekam die Hälfte der Einkünfte der Reichsstadt Lübeck geschenkt, mußte dafür die Burgen von Braunschweig und Lüneburg schleifen und zwei seiner Söhne als Geiseln stellen.

Heinrichs Aufbruch nach Süden verzögerte sich durch die Nachricht vom Tode Kaiser Barbarossas in Kleinasien. Indessen konnte Tankred durch ein Bündnis mit König Richard Löwenherz von England seine Stellung auf Sizilien festigen und in Apulien Boden gewinnen. Während Heinrich VI. über den Apennin auf Rom zog, starb dort Papst Clemens III., der ihm die Kaiserkrönung zugesagt hatte. Der neugewählte Papst Coelestin III. war dagegen. Um eine langwierige Belagerung Roms zu vermeiden, lieferte Heinrich den

Römern skrupellos die kaisertreue Nachbarstadt Tusculum aus, erwirkte so die Weihe des neuen Papstes am 14. April 1191 und am nächsten Tag seine Kaiserkrönung. Von Mai bis August belagerte er, unterstützt durch eine pisanische Blockadeflotte, Neapel. Eine furchtbare Malaria- und Dysenterieseuche vernichtete einen großen Teil des deutschen Heeres, auch Heinrich erkrankte schwer. Seine Geisel, der junge Welfe Heinrich, floh aus dem Lager und verbreitete in Deutschland die Nachricht vom Tode des Kaisers. Der marschierte mit dem Rest des Heeres in die Lombardei, mußte jedoch Kaiserin Konstanze in Salerno als Gefangene Tankreds zurücklassen.

In Deutschland hatte Heinrich der Löwe die Abwesenheit des Kaisers genutzt, um die kaiserliche Position in Sachsen zu schwächen. Durch rücksichtsloses Vorgehen bei der Besetzung von Bistümern schuf sich Heinrich VI. Feinde im Klerus, und bald stand er einer von England und dem Papst geförderten Fürstenopposition gegenüber. Nur die Herzöge von Schwaben und Österreich waren noch kaiserlich. Einem Glücksfall verdankte Heinrich die Rettung aus dieser fast verzweifelten Lage. König Richard Löwenherz von England wurde auf der inkognito unternommenen Rückreise vom dritten Kreuzzug im Dezember 1192 bei Wien gefangengenommen und von Herzog Leopold V. an Kaiser Heinrich ausgeliefert. Die welfische Partei war gelähmt. Mit der Drohung, seinen Gefangenen an dessen schärfsten Gegner, den König von Frankreich, zu überstellen, erpreßte Heinrich ein Lösegeld von 150 000 Mark Silber, jährliche Tributzahlungen von 5000 Pfund Gold und die Anerkennung der kaiserlichen Lehnshoheit über England. Nach zweijähriger Gefangenschaft wurde Richard Löwenherz freigelassen. Eine Liebesheirat zwischen dem ältesten Sohn des Löwen und einer Cousine des Kaisers führte schließlich zur Versöhnung zwischen Welfen und Staufern.

Im Vollbesitz der Macht kehrte Heinrich VI. im Sommer 1194 nach Süditalien zurück. Tankred und sein Sohn waren im Februar gestorben. Mit überlegenem Heer wurde der Widerstand in Apulien und Sizilien gebrochen. Zahlreiche Normannen wurden grausam hingerichtet, geblendet oder in den Kerker geworfen, die Bewohner Siziliens zum Teil nach Apulien in die Sklaverei deportiert. Am Weihnachtstag 1194 ließ sich Heinrich im Dom von Palermo zum König von Sizilien krönen, eines Reichs, das außer der Insel ganz Süditalien bis zur Grenze des Kirchenstaats umfaßte. Am 26. Dezember brachte Kaiserin Konstanze nach achtjähriger Ehe in Iesi, wo sie zurückgeblieben war, einen Erben zur Welt.

Auf einem Reichstag in Bari im März 1195 ordnete Heinrich die Verhältnisse in Mittel- und Süditalien im Sinne staufischer Hausmachtpolitik. Konstanze wurde Regentin für Süditalien und Sizilien, sein jüngster Bruder Philipp Herzog von Tuszien und Verwalter der mathildischen Güter. Schon vorher war Philipp mit der byzantinischen Kaisertocher Irene verlobt worden, um damit Erbansprüche im oströmischen Reich anmelden zu können. Den Reichstruchseß Markward von Annweiler machte Heinrich zum Herzog der Romagna und Markgrafen von Ancona. Güter normannischer Adliger wurden an kaiserliche Ministeriale verliehen. Mit ihrem Reich übernahm Heinrich auch die Expansionstendenzen der Normannen. Tunis und Tripolis wurden ihm tributpflichtig. Der byzantinische Vasall Leo von Kleinarmenien erhielt von ihm die Königskrone und die Belehnung mit Syrien, Amalrich von Lusignan wurde mit dem Königtum Zypern belehnt. In Bari nahm Heinrich am 31. März 1195 das Kreuz. Nicht wie sein Vater aus religiöser Verpflichtung, sondern um mit dem Heiligen Land zugleich das Reich von Byzanz zu erobern.

Mit seinen Plänen, die Einheit des alten römischen Reiches wiederherzustellen, verband Heinrich die Absicht, die Einheit von Deutschland und ganz Italien sowie die Erblichkeit des staufischen Königtums für alle Zeiten sicherzustellen. Den deutschen Fürsten bot er dafür die Erblichkeit ihrer Reichslehen auch in weiblicher und Nebenlinie an. Gegenüber den geistlichen Fürsten sollte auf das Spolienrecht verzichtet werden, nach dem die bewegliche Habe der Kirchenfürsten nach dem Tod an das Reich fiel. Doch dieser Erbreichsplan scheiterte auf zwei Reichstagen. Alles was Heinrich erreichte, war die Wahl seines kaum zweijährigen Sohns Friedrich zum König.

Während sich in Deutschland ein mächtiges Kreuzfahrerheer unter Bischof Konrad von Hildesheim in Bewegung setzte, organisierte Heinrich in Messina die pisanischen und Genueser Transportflotten. Anfang Mai brach auf Sizilien – zumindest mit Wissen des Papstes und der Kaiserin Konstanze – ein Aufstand der unterdrückten Normannen aus. Die Aufständischen wurden von Markward von Annweiler und dem Reichsmarschall Heinrich von Kalden bei Catania geschlagen, die Anführer auf sadistische Weise hingerichtet, wobei die Kaiserin zusehen mußte. Im September segelte das Kreuzfahrerheer von Messina ab. Heinrich war nicht an Bord. Auf einer Jagd brach er am 6. August unter einem Malariaanfall zusammen und starb am 28. September 1197 zweiunddreißig Jahre alt in Messina. Sein Porphyrsarkophag steht in der Kathedrale von Palermo. »Mit der Wut des Nordsturms ist er über die Erde gerast«, sagte der spätere Papst Innozenz III. über Heinrich VI. Schlecht will es zum Bild dieses vom Dämon der Macht getriebenen Despoten passen, daß er als Verfasser zarter Minnelieder genannt und durch die neuere Forschung bestätigt wird.

PHILIPP VON SCHWABEN
1198–1208

Der jüngste Sohn Kaiser Friedrichs I. Barbarossa und der Kaiserin Beatrix wurde um 1178 geboren und von einem Kölner Domherrn für den geistlichen Stand erzogen. Schon mit elf Jahren wird er als Propst von Aachen genannt. Ein Jahr später verhalf sein Bruder Heinrich VI. ihm zur Wahl als Bischof von Würzburg, die jedoch wegen seiner Jugend angefochten wurde. 1193 trat Philipp in den weltlichen Stand zurück. Auf dem Reichstag zu Bari 1195 belehnte Kaiser Heinrich ihn mit dem Herzogtum Tuszien und den Ländern der Markgräfin Mathilde, die von der Kurie beansprucht wurden. Nach dem Tode seines Bruders Konrad wurde er 1196 auch Herzog von Schwaben. Pfingsten 1197 heiratete er bei Augsburg die Tochter Irene-Maria des zwei Jahre vorher ermordeten Kaisers Isaak Angelos von Byzanz und erhob Erbansprüche auf das Oströmische Reich.

Sein Bruder Heinrich beauftragte Philipp 1197, seinen Sohn Friedrich zur Königskrönung nach Aachen zu begleiten. In Montefiascone erhielt er die Nachricht von Heinrichs Tod und kehrte um nach Deutschland, wo er sich vergeblich um die Anerkennung seines Neffen Friedrich bemühte. Erst als er erkannte, daß die geistliche Opposition unter Führung des Kölner Erzbischofs von Berg die Ausschließung der Staufer von der Krone anstrebte, ließ er sich am

Philipp von Schwaben. Siegel von 1203.

6. März 1198 von sächsischen und süddeutschen Anhängern in Ichtershausen zum König wählen. Am 8. September wurde er von dem burgundischen Erzbischof Aimo von Tarentaise mit den echten Insignien aber am unrechten Ort, nämlich in Mainz anstatt in Aachen, gekrönt.

Die welfische Partei stellte als Gegenkönig Otto von Braunschweig auf, der als Otto IV. das Wohlwollen des Papstes Innozenz III. besaß und Philipp bald viele Anhänger abspenstig machte. 1203 wurde Philipp von den vereinigten Heeren Sachsens, Thüringens und Böhmens in Erfurt eingeschlossen. Er entkam zusammen mit dem Markgrafen von Meißen, vertrieb die Böhmen aus Thüringen und gewann den Landgrafen Hermann von Thüringen und die meisten Fürsten wieder für sich. Am 6. Januar 1205 krönte ihn sein einstiger Gegner Erzbischof Adolf von Köln neu. Philipp eroberte ihm dafür die von ihrem Oberhirten abgefallene Stadt Köln. Bei Wassenberg westlich von Köln besiegte Philipp am 27. Juli 1206 seinen Rivalen Otto IV. und knüpfte Verhandlungen mit der Kurie an, um die Lösung des vor zehn Jahren wegen Übergriffen auf den Kirchenstaat über ihn verhängten Bannes zu erreichen. Mit Otto IV. vereinbarte er einen Waffenstillstand und versprach ihm seine älteste Tochter Beatrix zur Frau.

Der zehnjährige Thronstreit schien gütlich zuende zu gehen. Der Papst hob den Bann gegen Philipp auf, und er hatte alle Aussicht, unangefochtener Kaiser zu werden. Doch Pfalzgraf Otto von Wittelsbach, der mit Beatrix verlobt gewesen war, fühlte sich in seiner Ehre gekränkt. Als Philipp auch noch den Herzog von Schlesien, mit dessen Tochter der Wittelsbacher sich nun verheiraten wollte, vor der Verbindung warnte, erschlug der Pfalzgraf den König am 21. August 1208 auf einer Hochzeit in Bamberg hinterrücks mit dem Schwert. Mit Philipp starb der letzte auf deutschem Boden geborene Staufer. Walther von der Vogelweide beklagte den Tod des »jungen suezen Mannes«.

Otto IV. Silberbrakteat aus Augsburg.

OTTO IV. VON BRAUNSCHWEIG
1198–1209

Der zweite Sohn Herzog Heinrichs des Löwen und der Mathilde von England wurde um 1178 in Südfrankreich geboren. Nach der Ächtung seines Vaters durch Kaiser Friedrich Barbarossa 1180 führte er nach den welfischen Stammgütern den Titel Herzog von Braunschweig. Otto wuchs am Hofe seines Onkels König Richard Löwenherz in Aquitanien auf, wurde vorwiegend zum Kriegsmann erzogen, wurde aber von der ritterlichen Kultur der aquitanischen Schlösser nur oberflächlich beeinflußt. Er wird als stattlich und kühn, aber auch als unbeherrscht und roh geschildert. 1194 verbrachte er als Geisel für Richard Löwenherz einige Monate in kaiserlicher Gefangenschaft in Deutschland. Für seine Teilnahme an den Kämpfen Englands um seine französischen Besitzungen verlieh ihm Richard Löwenherz 1198 die Grafschaft Poitou und das Herzogtum Aquitanien.

Im gleichen Jahr wählte ihn die welfische Partei unter Führung des Kölner Erzbischofs Adolf von Berg zum Gegenkönig gegen Philipp von Schwaben. Im Juli eroberte er Aachen und wurde dort gekrönt, allerdings mit nachgemachten Insignien. Nach dem Tod König Richards und der englischen Niederlage in Frankreich (1199) versiegten die englischen Hilfsquellen Ottos, und er sah nun im Papst seine einzige Rettung. Im Konkordat von Neuß leistete er Innozenz III. den Eid, verzichtete für das Reich auf die von der Kurie annektierten mittelitalienischen Gebiete und auf jede selbständige Politik in Italien. Doch trotz der Unterstützung des Papstes unterlag Otto in dem fast zehnjährigen, für das Land verheerenden Thronkrieg seinem Rivalen Philipp von Schwaben und floh im Frühjahr 1207 nach England. Zwar kehrte er bald wieder auf die Harlingsburg bei Goslar zurück, doch inzwischen waren sich Philipp und der Papst nähergekommen, und wenn Otto trotzdem von neuem rüstete, so kann er nur an eine Verzweiflungstat gedacht haben. Da wurde Philipp von Schwaben im Juli 1208 ermordet.

Otto hatte nichts mit dem Mord von Bamberg zu tun, und gerade deshalb wurde er für ihn zur Wende. Sofort ging er zum Angriff über, zunächst gegen den mächtigsten Anhänger der Staufer im Norden, den Erzbischof Albrecht von Magdeburg. Eine Fortsetzung des Thronkrieges schien unvermeidlich. Doch Erzbischof Albrecht gelang es, Otto für den Reichsfrieden und die staufisch gesinnten Fürsten für die Anerkennung Ottos zu gewinnen, weil ihr einziger möglicher Kronprätendent, der junge Friedrich, sich in Sizilien in der Hand des Papstes befand. Im November 1208 wurde er in Frankfurt, und diesmal einstimmig, zum König gewählt. Kurz darauf verlobte er sich mit der Tochter Beatrix seines ermordeten Erbfeindes Philipp. Um den Papst ob dieser Wende zu beruhigen, erneuerte Otto IV. die vor acht Jahren in Neuß gemachten Zugeständnisse. Am 4. Oktober 1209 wurde er in Rom zum Kaiser gekrönt.

Mehrere Kardinäle hatten Innozenz gewarnt, dem Welfen nicht zu trauen. Sie bekamen Recht. Der Welfe machte staufische Italienpolitik, die aber zugleich welfische Hauspolitik war – gegen Papst und Staufer. Im Spätsommer 1210 brach er in die umstrittenen mittelitalienischen Gebiete ein, im November in das Königreich Sizilien. Jetzt erst erkannte Innozenz III. seinen Irrtum und bannte den Kaiser. »Das Schwert, das wir selbst geschmiedet, schlägt uns schwere Wunden«, schrieb er an die deutschen Bischöfe. »Es reut uns, den Menschen geschaffen zu haben.« Schon im Begriff, nach Sizilien überzusetzen, erreichte Otto die Nachricht von der Wahl des jungen Staufers Friedrich durch die Fürsten. Er eilte nach Deutschland in der Hoffnung, die Lage rasch zu seinen Gunsten ändern zu können. Im Sommer 1212 warf er sich zunächst auf Thüringen. Während des Feldzugs heiratete er in Nordhausen die Stauferin Beatrix, doch sie starb zwanzig Tage nach der Hochzeit. Aus Thüringen mußte er unverrichteter Dinge abziehen, um sich nach Süden gegen Friedrich zu wenden. Doch in Konstanz kam ihm der Staufer zuvor – nur um drei Stunden heißt es. Otto zog sich auf Köln und auf Sachsen zurück, da wo er 1198 schon einmal angefangen hatte. An Geld fehlte es ihm nicht, denn König Johann von England brauchte ihn wieder als Mitstreiter gegen Frankreich. Kaiser Otto suchte die Entscheidung des Thronstreits nicht mehr auf deutschem Boden, sondern in einem Sieg der englisch-welfisch-niederländischen über die französisch-staufische Koalition. In diesem Sinne heiratete er 1214 die Erbin Maria von Brabant.

Am 27. Juli 1214 wurde Otto bei Bouvines in der Nähe von Lille vom französischen König geschlagen. Otto zog sich nach Köln zurück. Vom Zusammenbruch seiner Hoffnung wie betäubt, blieb er völlig inaktiv, während seine vom Spielteufel besessene Maria die englischen Gelder vergeudete. Als Friedrich II. nach seiner Krönung in Aachen auf Köln vorrückte, erließen die Bürger der Stadt ihrem exkommunizierten Gast seine Schulden und zahlten ihm sogar noch Geld, damit er sich nach Braunschweig entferne. 1217 raffte er sich zu einem Feldzug gegen den Erzbischof von Magdeburg auf, scheiterte aber, weil ihn seine letzten Freunde verließen. Aus Rache dafür verwüstete er im Frühjahr 1218 das anhaltische Aschersleben. Bald darauf starb er auf der Harzburg. Noch auf dem Sterbebett beharrte er auf seinem Kaiserrecht, legte aber dem Papst den Eid des Gehorsams ab und wurde vom Bann losgesprochen. Im Testament verpflichtete er seinen Bruder, die Reichsinsignien an den rechtmäßig gewählten König Friedrich II. auszuliefern. Otto IV. ist wie auch seine erste Frau Beatrix von Schwaben im Dom St. Blasien in Braunschweig beigesetzt. Er starb kinderlos.

FRIEDRICH II.
VON HOHENSTAUFEN
1215–1250

Schon seine Geburt in Jesi, Mark Ancona, am 26. Dezember 1194 war von Prophezeiungen und Gerüchten umwittert. Daß die vierzigjährige Kaiserin Konstanze nach neun Jahren liebeleerer Ehe mit dem »Hammer der Welt« Heinrich VI. noch einen Erben zur Welt brachte, schien den einen wunderbar, den anderen verdächtig. Unter den Anhängern des Stauferkaisers wurde der Neugeborene als künftiger Friedensbringer gefeiert, als Weltenkönig über Orient und Okzident. Die Feinde der Staufer hielten ihn für den von einem Drachen gezeugten Antichrist, dessen Ankunft der Prophet Joachim da Fiore für die Zeit geweissagt hatte. Klatsch machte ihn zum Sohn eines normannischen Geliebten der Normannin Konstanze oder sah im Metzger von Jesi seinen Vater. Um die Behauptung zu zerstreuen, er sei ihr untergeschoben worden, soll Konstanze den Sohn auf öffentlichem Markt in Jesi gestillt haben. Der Säugling wurde der Mutter weggenommen und nach Foligno in die Obhut des Herzogs von Spoleto, Konrad von Urslingen, gegeben. Er wurde auch nicht wie Konstanze wollte, Konstantin getauft, sondern nach seinen Großvätern Friedrich und Roger. Im Dezember 1196 setzte sein Vater durch, daß die deutschen Fürsten den zweijährigen Friedrich zum König wählten. Ihn zu krönen, lehnte Papst Coelestin III. ab, weil Heinrich VI. der Kurie die Lehnshoheit über Sizilien bestritt. Nachdem sein Vater im September 1197 gestorben war, holte Konstanze ihren Sohn nach Palermo. Um Friedrich die Herrschaft über Sizilien zu sichern, verzichtete sie für ihn auf die römisch-deutsche Krone, erkannte die päpstliche Lehnshoheit über Sizilien an und bestellte Papst Innozenz III. zu Friedrichs Vormund. Am 17. Mai 1198 wurde er in Palermo gekrönt, am 27. November starb seine Mutter.

Unter Konstanzes Regentschaft war im Königreich die Anarchie ausgebrochen. Deutsche Truppenführer und Ministeriale, normannischer Adel, Sarazenen und Pisaner kämpften um Vorherrschaft und Besitz. Friedrich wurde einem Kollegium von Geistlichen anvertraut. Am 1. Dezember eroberte der Reichstruchseß Markward von Annweiler Palermo. Der siebenjährige Friedrich wehrte sich mit Beißen und Kratzen und zerriß seinen Königsmantel, als der Zechkumpan seines Vaters ihn aus seinem Versteck in der Königsburg zerrte. Nach Markwards Tod folgte Wilhelm Capparone, Großkapitän von Sizilien. In einer Atmosphäre von Intrigen, Verrat und Mord wuchs Friedrich auf »wie ein Lamm unter Wölfen«. Meist sich selbst überlassen, strich er wie ein Betteljunge durch die Gassen von Palermo. Gruppen von Bürgern taten sich zusammen, um den Erben des Weltthrons zu beköstigen und zu kleiden. Das waren in diesem Schmelztiegel der Mittelmeerwelt hauptsächlich Griechen, Araber und Juden. Friedrich lernte ihre Sprachen, und bevor er mit zwölf Jahren in die Hand geistlicher, wissenschaftlicher und und höfischer Erzieher kam, hatte er eine Schule durchgemacht wie kein König oder Kaiser vor oder nach ihm.

Nach normannischem Königsrecht wurde Friedrich mit vierzehn Jahren mündig. Mit fünfzehn Jahren heiratete er auf Drängen seines Vormunds Innozenz III. die zehn Jahre ältere Spanierin Konstanze, Schwester König Peters II. von Aragon und Witwe des Königs Emmerich von Ungarn. Was Friedrich an dieser Ehe lockte, war die Mitgift – fünfhundert spanische Ritter unter dem Befehl von Konstanzes Bruder Alfons von Provence. Der Schwager und seine Ritter gingen bald nach der Hochzeit an einer Seuche zugrunde, Konstanze wurde für Friedrich eine mütterliche Geliebte.

Eine jähe Wende in Friedrichs Schicksal trat ein, als 1211 der Welfenkaiser Otto IV. unter Bruch der dem Papst geleisteten Versprechen in Süditalien eindrang und Anstalten machte, Sizilien zu erobern. Entgegen seinem Grundsatz, die Kronen Siziliens und des Reiches nie wieder in einer Person – und schon gar nicht der eines Staufers – zu vereinigen, empfahl Innozenz III. den deutschen Fürsten dringend die Wahl Friedrichs von Sizilien zum Kaiser und König. Im September 1211 kamen die Herzöge von Bayern, Österreich, der Landgraf von Thüringen und der König von Böhmen und viele kleinere Fürsten in Nürnberg diesem Wunsch nach. Otto IV. kehrte auf die Nachricht hin eiligst nach Deutschland zurück. Gegen die Warnung Konstanzes und der sizilianischen Großen nahm Friedrich die Einladung nach Deutschland an. Bevor er aufbrach, ließ er seinen zweijährigen Sohn Heinrich zum König von Sizilien krönen.

In Rom leistete Friedrich dem Papst erneut den Lehnseid und verbriefte die Unvereinbarkeit von Reich und Sizilien. Auf Schleichwegen gelangte er durch das von Mailand gegen den »Zaunkönig« aufgewiegelte Oberitalien und an gesperrten Alpenpässen vorbei im September 1212 nach Konstanz. Der Stauferanhang jubelte dem »Kind von Pülle« (Apulien) zu, Schwaben und die süddeutschen Fürsten und Städte huldigten ihm. Bei Vaucouleurs erneuerte er mit König Philipp August von Frankreich das staufisch-kapetingische Bündnis gegen Welfen und England. Das brachte ihm 20 000 Mark Silber ein, mit denen er im Vordringen rheinaufwärts weitere Vasallen kaufen konnte. Otto IV. zog sich nach Norden zurück. Im Dezember 1212 ließ sich Friedrich in Frankfurt am Main zum zweitenmal nach sechzehn Jahren zum König wählen und – Aachen war noch von Otto besetzt – in Mainz krönen. Nach der Niederlage Ottos in Frankreich am 27. August 1214 übersandte der französische König ihm den goldenen Adler der Kaiserstandarte, die bei Ottos Flucht in seine Hände gefallen war. Am 25. Juli 1215 wurde er in Aachen »am rechten Ort« vom Erzbischof von Mainz nochmals feierlich gekrönt.

Völlig unerwartet legte Friedrich II. nach der Aachener Krönung ein Kreuzzugsgelöbnis ab. Es war eine Verbeugung vor dem Papst, aber auch Ausdruck staufischen Sendungs- und Machtbewußtseins – der Kaiser an der Spitze der Völker des Abend- und Morgenlandes. Zentrum seines Reichsdenkens war seine Heimat Sizilien. Er sagte, wenn die alttestamentarischen Propheten Apulien gekannt hätten, würden sie nicht Palästina zum gelobten Land erklärt haben. Dabei sah er durchaus, daß die Quelle seiner Macht in Deutschland lag, in seinen Fürsten und Rittern. In den acht Jahren seines ersten Deutschlandaufenthalts 1212 bis 1220 lernte er nicht nur die ihm vorher nicht geläufige deutsche Sprache perfekt, sondern tat auch alles, um sich beim Papsttum wie bei den deutschen Fürsten einen festen Rückhalt zu schaffen. In der auch von den Fürsten beschworenen Goldenen Bulle von Eger verzichtete er 1213 auf alle dem Kirchenstaat entrissenen Gebiete zwischen thyrrenischem und adriatischem Meer, auf die Mitsprache bei der Besetzung von Bistümern und Abteien und verpflichtete die weltliche Gewalt zur Mithilfe bei der Bekämpfung von Ketzern. Es war das Ende der Reichskirche, die Unterstellung der geistlichen Fürsten auch in ihrer weltlichen Eigenschaft unter Rom.

Innozenz III. mißtraute dem Frieden und ließ sich 1216 von Friedrich noch einmal die Unvereinbarkeit von römisch-deutscher und sizilianischer Krone bestätigen. Doch kaum war der Papst am 16. Juli 1216 gestorben, da holte Friedrich die Königin und den jungen Heinrich nach Deutschland, machte Heinrich zum Herzog von Schwaben und betrieb seine Wahl zum König. Die Zustimmung der geistlichen Fürsten zu diesem Vertragsbruch erkaufte er mit der Preisgabe der wichtigsten Königs- und Stadtrechte. Im April 1220 wurde der achtjährige Heinrich in Frankfurt zum König gewählt. Er blieb unter der Reichsverweserschaft des Erzbischofs Engelbert von Köln in Deutschland zurück, als seine Eltern nach Italien aufbrachen.

Auf heftige Vorwürfe des neuen Papstes Honorius III. wegen der Königswahl Heinrichs erklärte Friedrich, die Wahl wäre von den Fürsten eigenmächtig ohne sein Zutun zustande gekommen. Um den Kreuzzugsplan nicht zu gefährden, gab Honorius nach und krönte Friedrich und Konstanze am 22. November 1220. Für das Jahr 1221 versprach Friedrich den Kreuzzug. Zunächst aber mußte er in Süditalien und Sizilien Ordnung schaffen. Mit rücksichtsloser Gewalt holte er die seit dem Ende der Normannendynastie an Adel, Städte und Kirche verlorenen Königsrechte zurück und nahm den Aufbau einer bis ins letzte zentralisierten Verwaltung in Angriff. Der Mittelmeerhandel wurde verstaatlicht, das Land durch den Bau einer eigenen Handelsflotte von Pisa und Genua unabhängig gemacht. Den härtesten Widerstand leisteten die Sarazenen Siziliens. Sie wurden in blutigen Kämpfen unterworfen und schließlich nach Apulien deportiert.

Am 23. Juni 1222 starb in Catania Kaiserin Konstanze. Auf Vorschlag des Papstes heiratete Friedrich im November 1223 Isabella von Brienne, deren Vater in Akkon als Titularkönig von Jerusalem residierte. Sie starb 1228 nach der Geburt des Sohnes Konrad. Den Versuch Friedrichs, in Oberitalien die Reichsordnung wiederherzustellen, beantworteten die lombardischen Städte mit der Erneuerung ihres Bündnisses gegen das Kaisertum. Indem es den Brenner sperrte, verhinderte Verona Ostern 1226 das Zusammentreten eines Reichstages in Cremona. Durch Vermittlung des Papstes wurde eine Einigung erzielt, die Friedrich mit schwerwiegenden Zugeständnissen an die Kurie bezahlen mußte.

Nach mehrfachem Aufschub waren 1227 die Vorbereitungen für den Kreuzzug abgeschlossen. Auf den Ruf der Kirche strömten sechzigtausend Ritter, Knechte und Pilger in Brindisi zusammen. Dafür reichten weder die Schiffe, noch die Vorräte. Tausende blieben zurück, als die Flotte am 9. September 1227 in See ging. Doch bald brachen an Land und auf den Schiffen Seuchen aus. Friedrich selber erkrankte und ließ umkehren. Papst Gregor IX., der im März auf Honorius gefolgt war, erkannte keine höhere Gewalt an, verhängte wegen Bruchs des Kreuzzugsgelübdes am 29. September den Bann über Friedrich und betrieb von da an in Deutschland den Sturz der Staufer. Auch als Friedrich im Juni 1228 zum zweitenmal nach Palästina aufbrach, blieb der Papst unversöhnlich. Während Friedrich durch geschicktes Verhandeln mit dem Sultan Al-Kamil kampflos die Abtretung von Jerusalem, Bethlehem, Nazareth, Jaffa und Saida erreichte, fielen päpstliche Truppen in Unteritalien ein und eroberten Neapel. Am 18. März 1229 setzte sich Friedrich in der Grabeskirche die Königskrone von Jerusalem auf.

Nach Rückkehr vom unblutigen Kreuzzug eroberte Friedrich Unteritalien rasch zurück und drang bis an die Grenze des Kirchenstaats vor. Durch Vermittlung des Ordenshochmeisters Hermann von Salza kam es im August 1230 zum Frieden von San Germano. Friedrich verzichtete auf alle Ansprüche im Kirchenstaat und garantierte freie Bischofswahl und Steuerfreiheit des Klerus im Königreich beider Sizilien. Um die Verbindung der Kurie mit den widerspenstigen oberitalienischen Städten zu hintertreiben, erließ der Kaiser eine Verordnung zur Bekämpfung des dort regen »Ketzertums« mit Feuer und Schwert. Um die deutschen Fürsten für den Kampf um die Einigung Italiens zu gewinnen, bestätigte er ihnen die weitgehenden Rechte, die sie seinem Sohn Heinrich (VII.) abgepreßt hatten.

»In großer Glorie zog er daher, und es folgten ihm viele Quadrigen mit Gold und Silber beladen, mit Byssus und Purpur, mit Gemmen und köstlichem Gerät. Er führte mit sich Kamele, Maultiere und Dromedare, Affen und Leoparden, auch viele Sarazenen und dunkle Äthiopier, die sich auf allerlei Künste verstanden und als Wache dienten für Gelder und Schätze.« So beschreibt ein Chronist Kaiser Friedrichs Zug nach Deutschland im Mai 1225. Er war gekommen, um seinen rebellischen Sohn Heinrich zu unterwerfen. Auf dem Reichstag in Worms wurde Heinrich am 5. Juli zu lebenslanger Haft verurteilt. Elf Tage später verheiratete Friedrich sich mit Isabella von England, zugleich eine Wende in der bisherigen Frankreichpolitik der Staufer. Auf dem Reichstag zu Mainz beendete er den Streit mit den Welfen und übergab Otto, dem einzigen noch lebenden Enkel Heinrichs des Löwen, das Herzogtum Braunschweig. 1236 entriß er Friedrich dem Streitbaren Österreich und die Steiermark und nahm sie in eigene Verwaltung. In Wien ließ er im Februar 1237 seinen Sohn Konrad zum König wählen. Danach verließ er Deutschland für immer.

In Oberitalien besiegte Friedrich am 27. November 1237 den Lombardenbund bei Cortenuova, mußte aber die Belagerung von Brescia im Oktober 1238 abbrechen. Papst Gregor IX. nahm offen Partei für die Städte. Im Oktober 1238 verheiratete Friedrich seinen unehelichen Sohn Enzio mit Adelasia, der Erbin von Sardinien, und ernannte ihn zum König der Insel, die von der Kurie als päpstliches Lehen beansprucht wurde. Das war für Gregor IX. der Anlaß zum endgültigen Bruch. Am 20. März 1239 schleuderte er den Bannfluch gegen den Kaiser. In der Enzyklika heißt es: »Es steigt aus dem Meer die Bestie voller Namen der Lästerung, die mit der Tatze des Bären und dem Maul des Löwen, an den übrigen Gliedern wie ein Leopard gestaltet, ihren Mund zu Lästerungen des göttlichen Namens öffnet und nicht aufhört, auf Gottes Zelt und die Heiligen im Himmel die gleichen Wurfgeschosse zu schleudern ...«. Friedrich antwortet: »Er selbst (der Papst) ist der große Drache, der das ganze Erdenrund verführt hat, der Antichrist, dessen Vorläufer Wir sein sollen.«

In Deutschland betreibt Gregor vergeblich die Erhebung eines Gegenkönigs, die sizilianischen Großen ruft er zur Empörung auf. Friedrich bricht indessen in den Kirchenstaat ein, den er bis auf Rom 1240 erobert. Eine kaiserliche Flotte unter Enzio zersprengt die genuesische Flotte auf der die kaiserfeindlichen Prälaten Frankreichs und Spaniens zu einem von Gregor berufenen Konzil anreisen. Am 21. August 1241 stirbt Gregor IX. im eingeschlossenen Rom. Friedrich nutzt die achtzehn Monate, die bis zur Wahl eines handlungsfähigen Papstes vergehen, nicht aus. Der neue Papst Innozenz IV. war ihm als Kardinal befreundet gewesen, doch Friedrich sah richtig voraus: »Ein Papst kann kein Ghibelline sein«. Die Verhandlungen über die Lösung des Bannes scheiterten, da Friedrich sich weigerte, den Kirchenstaat zu räumen. Innozenz floh nach

Adolf von Nassau während
eines Turniers. Elfenbein-
schnitzerei vom Ende des
13. Jahrhunderts im Musée
Cluny in Paris.

Bronzestandbild Albrechts I. von Habsburg vom Maxiliansgrab in der Hofkirche zu Innsbruck.

Rechts: Heinrich VII. schlägt 1311 den Aufstand der Mailänder unter Guido della Torre nieder (oben). Heinrich VII. sitzt zu Gericht über die Mailänder, die ihm die Schlüssel der Stadt überreichen (unten). Buchmalerei aus dem Kodex Baldineus vom Anfang des 14. Jahrhunderts.

· Bellum ibi Gwido de turri euasit·

Rer sedz in iudicio turres destruit in Melant·

Grabmal des Mainzer Erz-
bischofs Peter von Aichspelt
mit dem König Johann von
Böhmen und den Kaisern
Heinrich VII. (Mitte) und
Ludwig der Bayer (rechts) im
Mainzer Dom.

Rechts: Ludwig der Bayer,
Skulptur aus der Münchner
Lorenzkapelle im Bayerischen
Nationalmuseum in München.

Folgende Seite: Ludwig der
Bayer, Skulptur von Erasmus
Grasser von der Grabplatte des
Kaisers in der Münchner
Frauenkirche.

Vorhergehende Seite:
Karl IV., Wandmalerei
in der Kapelle der
Festung Karlstein bei
Prag.
Karl IV., Skulptur im
Prager Veitsdom.

Lyon und berief dorthin ein großes Konzil, vor dem sich der Kaiser persönlich wegen Meineids, Friedensbruchs, Kirchenraubs, Heiligenschändung und Ketzerei verantworten sollte. Friedrich schickte einen Verteidiger. Am 17. Juli 1245 verkündete der Papst die Absetzung des Kaisers und befahl den Deutschen die Wahl eines neues Königs.

In einem Schreiben an alle Monarchen Europas rechtfertigte Friedrich seinen Kampf um Befreiung der weltlichen Macht von der Bevormundung durch die Hierarchie. Indessen predigten in Deutschland und Italien Scharen von Bettelmönchen erfolgreich den Abfall vom Kaiser. In der engsten Umgebung Friedrichs stiftete die Kurie einen Giftmordanschlag gegen ihn an, dem er knapp entging. Seine Rache an allen Feinden, die ihm in die Hände fallen, ist grausam. Im Mai 1246 wählte die deutsche Papstpartei den Landgrafen von Thüringen Heinrich Raspe und nach dessen Tod den Grafen Wilhelm von Holland zum Gegenkönig. Der Nachschub von Truppen aus Deutschland bleibt aus, die Reserven des Südens sind erschöpft. Bei der Belagerung von Parma büßt Friedrich seine letzte schwere Ausrüstung ein. Ein Giftmordanschlag seines Leibarztes im Februar 1249 wird im letzten Moment vereitelt, wieder weisen die Spuren auf das päpstliche Exil in Lyon. Im Mai 1250 fällt Enzio in die Hände der Bologneser und bleibt bis zu seinem Tode 1272 gefangen. Noch nicht vernichtet, aber am Ende seiner Mittel und innerlich gebrochen, zieht sich Friedrich nach Apulien zurück. Ein Hoffnungsschimmer flammt auf, als Ludwig IX. von Frankreich den Papst mit Ausweisung droht, wenn er nicht Frieden mit dem Kaiser schließen werde. Friedrich rüstet zum Zug nach Lyon. Aber am 13. Dezember 1250 stirbt er in seinem Schloß Fiorentino bei Lucera an einer fiebrigen Darmkrankheit.

Der Minoritenmönch Salimbene von Parma hat Friedrich II. persönlich gekannt und in seiner Chronik alle Scheußlichkeiten gesammelt, die päpstliche Propaganda ihm vorgeworfen hat. Aber auch er konnte sich nicht ganz der Bewunderung enthalten, die Friedrich von seinen Anhängern entgegengebracht wurde: »Friedrich II. war ein durchtriebener Mann, arglistig, ausschweifend, boshaft und jähzornig. Gelegentlich zeigte er aber auch tüchtige Eigenschaften, wenn er willens war, seine Güte und Freigiebigkeit zu beweisen; dann war er freundlich, fröhlich, voll Anmut und edlen Strebens. Er konnte lesen, schreiben, singen und Kantilenen und Gesänge erfinden. Er war ein schöner, wohlgebauter Mann, wenn auch nur von mittlerem Wuchs. In vielen Zungen mancher Art wußte er zu reden. Und, wäre er ein guter Katholik gewesen und hätte er Gott, die Kirche und seine eigene Seele geliebt, so hätte er wenige seinesgleichen unter den Herrschern der Welt gehabt.«

Voller Widersprüche wie die Prophezeiungen bei Friedrichs Geburt waren auch Leben und Taten. Während er Juden und Mohammedaner nicht nur duldete, sondern als Gelehrte und Künstler in seinen Kreis zog, ließ er die geringsten Abweichungen von der Kirchenlehre als Ketzerei unbarmherzig verfolgen. Er zweifelte alle Dogmen an und versuchte, die Wahrheit durch Logik und wissenschaftliche Methoden zu ergründen – wenn man den Quellen glauben darf, bis zum tödlichen Experiment an lebenden Menschen. Das von ihm selbst verfaßte Werk »Über die Kunst, mit Vögeln zu jagen« ist ein Meisterstück an zoologischem Wissen und tierpsychologischer Einsicht. Während er die deutsche Königsmacht verfallen ließ, schuf er im Süden den totalen Staat, der nach Jacob Burckhardt »auf die Verwandlung des Volkes in eine willenlose, unbewaffnete, im höchsten Grade steuerfähige Masse« hinauslief.

Friedrichs Sarkophag wurde im Dom von Palermo aufgestellt. Das Volk wollte nicht an seinen Tod glauben. Noch dreißig Jahre danach traten Männer auf, die sich für Friedrich ausgaben und viel Anhang fanden. Auf ihn bezieht sich die Sage vom Zauberschlaf in einer Berghöhle, die später auf seinen Großvater Barbarossa übertragen wurde.

HEINRICH (VII.) VON HOHENSTAUFEN
1220–1235

Wie sein Vater wurde auch der 1211 in Sizilien geborene Sohn Friedrichs II. und Konstanzes von Aragon schon in frühester Kindheit zur Schachfigur im Machtkampf der Großen. Bevor Friedrich im März 1212 nach Deutschland aufbrach, um dem Welfen Otto IV. die Krone abzujagen, ließ er den Säugling Heinrich zum König von Sizilien krönen. Papst Innozenz III. bestand darauf, daß die Kronen Siziliens und Deutschlands nie mehr vereint wurden. Doch schon vier Jahre später – Innozenz III. war kaum tot – holte Friedrich den Knaben nach Deutschland, machte ihn 1217 zum Herzog von Schwaben und Statthalter von Burgund und betrieb heimlich seine Wahl zum König. Um die Fürsten dafür zu gewinnen, trat er ihnen wesentliche Königsrechte in ihren Territorien ab. Im April 1220 wurde Heinrich zum König gewählt und am 8. Mai 1221 in Aachen gekrönt. Als Friedrich II. und Konstanze zur Kaiserkrönung nach Rom gingen, blieb der Zehnjährige als Statthalter zurück. Sein Vormund und Reichsverweser wurde der Kölner Erzbischof Engelbert von Berg, Pflege und Erziehung Heinrichs lag in den Händen schwäbischer und pfälzischer Reichsgrafen, einem kriegerisch-abenteuerlichen Kreis, in dem Minnesänger und fahrende Ritter den Ton angaben.

Gegen seinen Geschmack wurde Heinrich mit vierzehn Jahren der sechs Jahre älteren Margareta von Babenberg, Tochter des Herzogs Leopold III. von Österreich und Steiermark, angetraut. Heinrich hatte sich in Agnes von Böhmen verliebt, Erzbischof Engelbert favorisierte die Verbindung mit der drei Jahre jüngeren Isabella von England, die dann zehn Jahre später Heinrichs Vater heiratete. In die Hochzeit Heinrichs auf der Nürnberger Burg am 18. November 1225 platzte die Nachricht, daß Erzbischof Engelbert in Westfalen von Verwandten in einer Privatfehde ermordet worden war. Heinrichs erste selbständige Amtshandlung war das Gericht über die abwesenden Mörder. Als er über sie die Reichsacht verhängte, empörten sich weltliche Lehnsritter, es kam zum Tumult, eine Empore brach zusammen, und mehr als fünfzig Adlige kamen ums Leben. Die Szene war typisch für den Zustand des Reichs.

Als neuen Reichsverweser setzte der Kaiser den Herzog Ludwig von Bayern ein. Als es aber 1227 zum Konflikt zwischen Kaiser und Papst Gregor IX. kam, stellte sich der Reichsverweser auf die Seite des Papstes. Heinrich wies ihn Weihnachten 1228 vom Hof, zog im Sommer 1229 gegen ihn und den Bischof von Straßburg zu Felde und zwang sie zur Unterwerfung. Nun achtzehn Jahre alt, wollte er selbständig regieren und stützte sich dabei ausschließlich auf Reichsministeriale und Städte, die er durch Gewährung von Rechten in ihren Emanzipationsbestrebungen unterstützte. Doch die Fürsten zwangen Heinrich, diese Rechte wieder rückgängig zu ma-

chen und dafür ihnen wichtige königliche Hoheitsrechte wie Münz-
recht und Zollhoheit, Rechtsprechung, Bau von Städten und Burgen für immer abzutreten. Da Kaiser Friedrich II. die Fürsten in seinem Kampf gegen die oberitalienischen Städte brauchte, bestätigte
er dieses *statutum in favorem principum* auf dem Reichstag in Ravenna Ende 1231, dem Heinrich ostentativ fernblieb.

Ein weiterer Grund für das Zerwürfnis zwischen Vater und Sohn
war Heinrichs Absicht, sich von Königin Margareta zu trennen. Der
Kaiser bestand nicht zuletzt deshalb auf der Ehe, weil das Haus Babenberg mit Margaretas Bruder Friedrich dem Streitbaren von
Österreich und Steiermark vor dem Aussterben war. Erst Ostern
1232 stellte sich Heinrich in Aquileja dem Vater. Unter Eid versprach er, sich künftig seinen Befehlen zu fügen. Er mußte selber
den Papst bitten, ihn zu exkommunizieren, falls er den Eid bräche.
Gedemütigt, aber kaum überzeugt, nahm Heinrich den Versuch einer städtefreundlichen Politik wieder auf und führte auf eigene
Faust eine Fehde gegen den Herzog von Bayern und Rheinpfalzgra-
fen Otto.

In dieser Zeit erreichte die vom Papst verkündete und vom Kaiser
befohlene Ketzerverfolgung in Deutschland einen schaurigen
Höhepunkt. Angeblich soll Heinrich die Ausschreitungen anfangs
gebilligt und sich daran bereichert haben. Als aber der Großinquisi-
tor für Deutschland Konrad von Marburg sich auch an Adlige aus
Heinrichs Umgebung wagte, wurde er von hessischen Rittern erschlagen. Papst Gregor IX. sprach ihn als Märtyrer heilig. Heinrich
aber erließ auf Hoftagen in Mainz 1233 und Frankfurt Februar 1234
Bestimmungen gegen »unrechte Ketzerverfolgungen« und verkündete einen Reichslandfrieden. Trotzdem wurden die letzten selb-
ständigen Bauern, die Stedinger, in der Schlacht bei Altenesch
am 27. Mai 1234 unter dem Vorwand der Ketzerei von einem
»Kreuzzugsheer« vernichtet.

Am 5. Juli 1234 verhängte der Papst auf ausdrückliches Verlangen
des Kaisers den Kirchenbann gegen Heinrich. Friedrich II. kündete
für das nächste Jahr seinen Zug nach Deutschland an. Auf diese
Nachricht hin ging Heinrich zur offenen Empörung über. Im September rief er in Boppard seinen Anhang zusammen. Es kamen die
Bischöfe von Augsburg, Würzburg und Worms, der Abt von Fulda,
kleinere Herren und vor allem Reichsministeriale. Um dem Kaiser
die Alpenpässe zu sperren, verband er sich mit dem lombardischen
Städtebund. Das war Hochverrat. Kaiser Friedrich II. umging die
Lombardei und zog im Triumph bis nach Worms. Heinrich wollte
sich zunächst auf Burg Trifels verteidigen, warf sich aber auf Vermittlung des Deutschordensmeisters Hermann von Salza am 4. Juli
1234 in Worms seinem Vater zu Füßen. Als er sich weigerte, die
Reichsinsignien herauszugeben, wurde er gefangengesetzt, zunächst in die Obhut seines Todfeindes Otto von Bayern gegeben
und Anfang 1236 nach Apulien gebracht. Im Winter 1241/42 sollte
er aus seinem vorübergehenden Gefängnis in Nicastro, Kalabrien,
nach San Marco Argentano überführt werden. Er stürzte sich mit
seinem Pferd in eine Gebirgsschlucht und starb am 12. Februar
1242 in Martirano. Im Dom von Cosenza wurde er in einem Mar-
morsarkophag beigesetzt.

»Heinrich VII. lebte und endete wie ein Verbrecher«, urteilte der
Biograph Friedrichs II., Eduard Winkelmann. Die zeitgenössischen Chronisten nannten ihn ausschweifend, wahnwitzig, entartet.
Doch die Charakterschilderungen klösterlicher Chronisten sind
auch in diesem Fall mit Vorsicht zu genießen.

Konrad IV. Siegel von 1239.

KONRAD IV.
VON HOHENSTAUFEN
1250–1254

Seine Mutter Jolanthe von Jerusalem, zweite Frau Kaiser Friedrichs II., starb bei seiner Geburt am 25. April 1228 in Andria,
Apulien. Mit sieben Jahren wurde er Herzog von Schwaben und mit
der Tochter Elisabeth des Herzogs Otto von Bayern verlobt. Anstelle seines abgesetzten Bruders Heinrich (VII.) wurde er 1237 in
Wien zum König gewählt, aber nicht gekrönt. Während der ständigen Abwesenheit seines Vaters übte der Erzbischof von Mainz Siegfried III. von Eppstein als Reichsprokurator die Regierungsgewalt
aus. Konrads Erziehung lag in den Händen eines geheimen Rates
von Rittern und adligen Ministerialen, von denen Walter Schenk
von Limburg auf der Seite des aufsässigen Heinrich VII. gestanden
und dafür gebüßt hatte. Der Kaiser griff mit Briefen in die Erziehung ein. So rügte er, daß Konrad mit Leuten niederen Standes ver-
kehrte, und befahl, ihn mit Ministerialen zu umgeben, die ihn auf
den Weg der Ehrbarkeit und Selbstzucht zu leiten verstünden. Gesehen hat Konrad seinen Vater nur noch zweimal – 1238 in Verona
und im Juni 1245, nachdem Innozenz IV. von Lyon aus den dritten
Bannfluch gegen den Kaiser geschleudert hatte.

Der Vater zum leibhaftigen Antichrist erklärt, das Reich an den Ost-
grenzen vom Mongolensturm bedroht, gegen den Friedrich II.
nichts unternahm, und überall im Land päpstliche Agitatoren, die
für die Wahl eines Gegenkönigs warben – keine Chronik berichtet
darüber, was sich in Kopf und Seele des Heranwachsenden in dieser
Situation abgespielt hat. Solange die Mongolengefahr dauerte, hielten die Fürsten zu Kaiser und König. Doch sobald die Mongolen
sich zurückzogen, brach der Kampf hie Kaiser, hie Papst auch in
Deutschland aus. Konrads Vormund und Reichsprokurator Erzbischof Siegfried von Mainz und der Kölner Erzbischof Konrad eröff-
neten die Feindseligkeiten mit einem Angriff auf das kaiserlich gesinnte Worms. Der zum neuen Reichsprokurator ernannte Land-

graf Heinrich Raspe von Thüringen und die meisten weltlichen Fürsten verhielten sich abwartend.

Erst nach dem Bannfluch von 1245 und als die Papstpartei den Reichsprokurator Heinrich Raspe zum Gegenkönig gewählt hatte, nahm Konrad die Regierung und Verteidigung der staufischen Herrschaft selbst in die Hand. Bei Nidda ließen ihn die Grafen von Württemberg und von Grüningen im Stich und er wurde von Heinrich Raspe am 5. August 1246 besiegt. Trotzdem konnte er sich in Schwaben halten. Im September heiratete er seine Wittelsbacher Verlobte Elisabeth und gewann die Unterstützung ihres Vaters Herzog Ottos II. von Bayern. Heinrich Raspe wurde mit seinem Heer nach Thüringen vertrieben und starb im Februar 1247. Den neuen Gegenkönig Wilhelm von Holland konnte Konrad im Juni 1250 bei Oppenheim schlagen. Die oppositionellen rheinischen Bischöfe zwang er durch Brandschatzung ihrer Länder zum Waffenstillstand. Im Kloster St. Emmeram bei Regensburg entging er am 28. Dezember 1250 nur knapp einem Mordanschlag, zu dem Bischof Albrecht von Regensburg den Ministerialen Konrad von Hohenfels angestiftet hatte.

Erst im Februar 1251 erfuhr Konrad, daß sein Vater gestorben war. Um sein italienisches Erbe zu retten, verpfändete er seine schwäbischen Güter und zog im Oktober nach Italien. In Siponto, Apulien, übergab sein Halbbruder Manfred ihm im Januar 1252 das Königreich beider Sizilien. Verhandlungen über seine Belehnung mit Sizilien lehnte Papst Innozenz IV. ab, der dafür bereits eine englische oder französische Dynastie ins Auge gefaßt hatte. Mit Manfreds Hilfe unterwarf Konrad die zum Papst übergegangenen Städte Apuliens, eroberte Capua und am 12. Oktober 1253 nach viermonatiger Belagerung auch Neapel. Auf einem Hoftag in Foggia brachte er die Reichsordnung seines Vaters ausdrücklich zur Geltung und erhob die medizinische Schule von Salerno zur Universität. Nachdem auch ein letzter Versuch zur Verständigung mit dem Papst scheiterte, rüstete Konrad zum Zug nach Rom. Doch am 21. Mai 1254 starb er in Lavello bei Melfi an Malaria. Sein Sarg wurde auf dem Transport nach Palermo im Dom von Messina abgestellt und dort durch eine Feuersbrunst vernichtet.

In seinem Testament übertrug Konrad dem Papst die Vormundschaft über seinen am 25. März 1252 in Wolfenstein bei Landshut geborenen Sohn Konradin in Sizilien. Für ihn übernahm Manfred die Regentschaft. Auf die Falschmeldung vom Tode Konradins hin, ließ er sich 1258 zum König beider Sizilien krönen. Papst Clemens IV. verlieh Sizilien 1265 an Karl von Anjou, den Bruder König Ludwigs IX. von Frankreich, der mit einem »Kreuzheer« gegen den Staufer zog. Manfred fiel am 26. Februar 1266 bei Benevent. Aber es gab noch eine starke staufische Partei. Sie forderte Konradin auf, sein Erbreich zurückzuerobern. Der Sechzehnjährige verkaufte seine Stammgüter, rüstete ein kleines Heer und zog über die Alpen. Papst Clemens IV. bannte ihn, doch Konradin wurde in Rom wie ein Kaiser empfangen. Am 23. August 1268 schlug ihn Karl von Anjou bei Tagliacozzo. Konradin konnte mit Friedrich von Baden nach Astura fliehen. Sie hatten schon ein Schiff bestiegen, das sie nach Sizilien bringen sollte, als sie von dem Römer Giovanni Frangipane verraten und an Karl von Anjou ausgeliefert wurden. In Neapel wurden sie »als Frevler gegen die Kirche, Empörer und Hochverräter an dem rechtmäßigen König« angeklagt. Die Richter sprachen sie frei, doch Karl von Anjou bestand auf einem Todesurteil. Auf dem Markt von Neapel fiel am 29. Oktober 1268 der Kopf des letzten Hohenstaufen unter dem Schwert des Henkers.

Heinrich Raspe. Siegel von 1246.

HEINRICH RASPE VON THÜRINGEN
1246–1247

Um 1204 als zweiter Sohn des Landgrafen Hermann I. von Thüringen und der Prinzessin Sophie von Bayern geboren, trat er 1227 die Regentschaft für seinen auf dem vierten Kreuzzug gestorbenen Bruder Ludwig IV. an. Er vertrieb seine Schwägerin, die später heilig gesprochene Elisabeth, und ihre Kinder von der Wartburg und übernahm nach dem Tode seines Neffen Hermann II. die Landgrafschaft in eigenem Namen. Auf Grund der Verdienste, die er sich 1241 bei der Abwehr des Mongolensturms erworben hatte, ernannte Kaiser Friedrich II. ihn 1242 nach dem Abfall des Erzbischofs Siegfried von Mainz zum Reichsprokurator für den minderjährigen König Konrad IV. Durch eine Zuwendung von 25 000 Mark Silber ließ er sich für die päpstliche Partei gewinnen und wurde nach der durch Papst Innozenz IV. über Kaiser Friedrich II. verhängten Kirchen- und Reichsacht am 22. Mai 1246 in Veitshöchheim von den Bischöfen von Mainz, Köln, Würzburg, Speyer, Straßburg und Metz sowie von hessischen und thüringischen Grafen zum Gegenkönig gewählt. Im Reich als Pfaffenkönig verspottet, sammelte er mit den päpstlichen Geldern ein Heer und schlug Konrad IV. bei Nidda am 5. August 1246. Während der Belagerung von Ulm erkrankte er und zog sich auf die Wartburg zurück, wo er am 17. Februar 1247 starb.

Wilhelm von Holland.
Münzbild von einem Silberdenar aus Aachen.

WILHELM VON HOLLAND
1247–1256

Nach dem Tod des Gegenkönigs Heinrich Raspe suchte der Königsmacher der Papstpartei, der Kölner Erzbischof Konrad von Hochstaden, vergeblich nach einem Nachfolger aus dem Fürstenstand. Schließlich griff er auf den neunzehnjährigen Grafen Wilhelm von Holland zurück, 1227 in Leiden geboren, ein Neffe des Herzogs Heinrich von Brabant. In dem jungen, nicht sehr reichen Ritter hoffte er, ein williges Werkzeug für seine Vorherrschaftspläne zu gewinnen. Auf einer nur von Brabant und niederrheinisch-westfälischen Fürsten besetzten Versammlung in Worringen bei Köln – die reichstreue Stadt verschloß ihrem Metropoliten die Tore – wurde Wilhelm in Gegenwart des päpstlichen Legaten am 3. Oktober 1247 zum König ausgerufen. Erst nach viermonatiger Belagerung von Aachen konnte er am rechten Ort gekrönt werden. Die Anerkennung durch die Stadt Köln erkaufte der »Pfaffenkönig« sich durch weitgehende Zugeständnisse an die Bürgerschaft, jeden Pfalz- und Burggrafen mußte er mit knapp gewordenen Königsgütern und Kronrechten für sich gewinnen. Bei Oppenheim siegte er im Frühjahr 1251 über den Stauferkönig Konrad IV., doch erst als Konrad zur Sicherung seines italienischen Erbes nach Italien ging, trat ein Umschwung zugunsten Wilhelms ein. Seine Heirat mit Elisabeth, der Tochter des Welfenherzogs Otto von Braunschweig, brachte die norddeutschen Fürsten auf seine Seite. Auf dem Fürstentag in Braunschweig am Palmsonntag 1252 wurde Wilhelm auf Vorschlag des Markgrafen Johann I. von Brandenburg einstimmig gewählt. Es war das erstemal, daß das Stimmrecht auf die in der Gesetzessammlung »Sachsenspiegel« genannten Kurfürsten beschränkt war – die Erzbischöfe von Köln, Trier und Mainz, den Pfalzgrafen bei Rhein, den Herzog von Sachsen und den Markgrafen von Brandenburg. Die Reichsstadt Lübeck hatte wissen lassen, daß sie nur einen einstimmig gewählten als Kaiser anerkennen würde.

Wilhelm war nun kein Pfaffenkönig mehr. Auf dem Reichstag zu Worms im März 1255 trat er als Herrscher auf. Er erkannte den Rheinischen Bund an, in dem sich siebzig Städte zur militärischen Abwehr der Fürstenwillkür zusammengeschlossen hatten. Damit setzte er sich an die Spitze einer bürgerlichen Reformbewegung von unten nach oben. Ein rheinischer Bundestag im Oktober übertrug die richterliche und Exekutivgewalt des Bundes auf den König und seine Ministerialen. Da Wilhelm diese Regelung mit einem allgemeinen Landfrieden verband, mußten auch die vor allem davon betroffenen geistlichen Fürsten zustimmen. Sein einstiger Förderer Erzbischof Konrad von Köln hatte Wilhelm jedoch bereits fallengelassen und versuchte, beim Papst seine Absetzung zugunsten des Böhmenkönigs Ottokar zu erreichen. Doch Innozenz IV. lehnte auf Rat seines Legaten Capoccio diesen Plan ab.

Ein Zug zur Kaiserkrönung nach Rom war bereits geplant, als Wilhelm im Winter 1255/56 in seinem Erbland gegen die aufständischen Westfriesen zu Felde zog. Im Sommer war ihnen in dem Sumpf- und Seenland nicht beizukommen. Doch auch auf dem Eis waren die Friesen den schweren holländischen Reitern überlegen. In der Nähe von Alkmaar brach am 28. Januar 1256 Wilhelms Pferd ein, und er wurde, offenbar unerkannt, erschlagen. Sein Leichnam wurde erst 1282 von seinem Sohn gefunden und in die Abtei Middelburg überführt. Frühes und klägliches Ende eines Fürsten, der vielleicht imstande gewesen wäre, die Zersplitterung des Reiches in lauter unabhängige Fürstentümer, Städte, Graf- und Herrschaften aufzuhalten. Nach seinem Tod wurde das Reich an den Meistbietenden verkauft. Es kam zur Doppelwahl.

RICHARD VON CORNWALL
1257–1272

Kaum war die Kunde vom Tod Wilhelms von Holland nach England gedrungen, als sich König Heinrich III. bei der römischen Kurie und den deutschen Wahlfürsten um die Wahl seines Bruders Richard Graf von Cornwall zum deutschen König bewarb. Durch ihre Schwester Isabella waren sie mit den Staufern verwandt. Im Besitz der Blei- und Zinnminen von Cornwall, galt Richard (geboren am 5. Januar 1209 in Winchester) als reichster Fürst der Christenheit. 1226 hatte er die französische Grafschaft Poitou erworben und 1240–42 aus eigenen Mitteln einen Kreuzzug nach Palästina unternommen. Um die deutsche Krone zu erlangen, schüttete Richard »Geld wie Wasser vor die Füße der Fürsten«. Als ersten gewann er Konrad von Hochstaden, Erzbischof von Köln, der wiederum überzeugte Erzbischof Gerhard I. von Mainz und den Pfalzgrafen Ludwig, Herzog von Oberbayern. Auch die rheinischen und norddeutschen Städte neigten wegen ihrer Handelsinteressen zu dem Engländer.

Als die beiden Erzbischöfe und der Pfalzgraf im Januar 1257 zur Wahl Richards nach Frankfurt zogen, fanden sie die Stadt bereits von Erzbischof Arnold von Trier besetzt. Der hatte sich ebenso wie der Herzog von Sachsen und der Markgraf von Brandenburg für die Kandidatur des Königs Alfons von Kastilien und Léon kaufen lassen. Kurzentschlossen wählten der Kölner und sein Anhang ihren Richard außerhalb der Mauern von Frankfurt. König Ottokar II. von Böhmen, der inzwischen zum siebenten Kurfürsten bestimmt

Richard von Cornwall. Siegel von 1257.

ALFONS DER WEISE VON KASTILIEN
1257–1275

Der zweite Gegenkönig der kaiserlosen Zeit hat Deutschland niemals gesehen. König Alfons X. von Kastilien und Léon wurde am 23. November 1221 in Toledo geboren. Sein Vater Ferdinand III. hatte Andalusien von den Mauren zurückerobert und hinterließ Alfons groß angelegte Pläne für Kreuzzüge nach Nordafrika. Durch seine Mutter Beatrix, eine Tochter König Philipps von Schwaben, war er ein Urenkel Friedrich Barbarossas und beanspruchte nach dem Tode Konrads IV. Schwaben als sein Erbteil. Die unter den Staufern zu Macht und Reichtum gelangte Republik Pisa wählte ihn 1255 »im Namen des römischen Reiches und seines Volkes« zum Kaiser. Nach dem Tode Wilhelms von Holland begünstigte Papst Alexander IV. die Wahl des Spaniers zum deutschen König, weil er die Verwirklichung der Kreuzzugspläne erwartete. Mit französischer Diplomatie und spanischem Geld wurden Erzbischof Arnold II. von Trier, der Herzog Albrecht von Sachsen und der Markgraf Otto III. von Brandenburg für seine Wahl gewonnen, die am 1. April 1257 vollzogen wurde.

Für Alfons sollte die deutsche Königswürde nur ein Sprungbrett zur Kaiserkrone sein. Doch sowohl bei Alexander IV. als auch bei dreien seiner Nachfolger hat er sich vergebens darum bemüht. Als Richard von Cornwall 1272 starb, versuchte Alfons vergeblich, eine Neuwahl zu verhindern. Zwei Jahre nach der Wahl Rudolfs von Habsburg gelang es 1275 Papst Gregor X., ihn zum Verzicht auf die deutsche Krone zu bewegen. Auch in Spanien war seine Regierung unglücklich und durch innere Wirren gekennzeichnet. Doch mit vollem Recht wurde er *el sabio,* der Gelehrte, genannt. Er gilt als Schöpfer der modernen kastilischen Schriftsprache, förderte historische, juristische und astronomische Sammelwerke, die Übersetzung arabischer Texte und der Bibel ins Spanische. Berühmte Marienlieder in portugiesisch-galicischer Sprache stammen von ihm.

worden war, lieferte seine Stimme nach. Trotz Protests der übrigen Kurfürsten, die am 1. April in Frankfurt Alfons von Kastilien gewählt hatten – auch hierzu gab Ottokar von Böhmen seine Stimme –, wurde Richard von Cornwall am Himmelfahrtstag 1257 zusammen mit seiner Frau Sanchia von der Provence auf dem Thron Karls des Großen gekrönt und mit den Reichsinsignien versehen. Bei seinem Zug rheinaufwärts gewann er durch verschwenderische Gaben großen Anhang. Papst Alexander IV., der durch den Staufer Manfred von Sizilien arg bedrängt wurde, schien nicht abgeneigt, Richard die Kaiserkrone aufzusetzen. In Italien konnte er mit Florenz und den anderen guelfisch regierten Städten rechnen, doch nach einer schweren Niederlage der Florentiner bei Montaperti im September 1260 gab er seine Rompläne auf. So reich war er doch nicht, um auch noch die ghibellinische Hälfte der ober- und mittelitalienischen Städte kaufen zu können.

Richards folgenschwerste Regierungshandlung war die Belehnung Ottokars II. von Böhmen mit Österreich und der Steiermark. Die traurigste Folge der Doppelwahl war das Auseinanderbrechen des so hoffnungsvoll begonnenen rheinischen Städtebundes. Mit dem auf Alexander IV. auf den Heiligen Stuhl gefolgten Franzosen Urban IV. schwand für Richard die letzte Aussicht auf die Kaiserkrone. Ein Aufstand der englischen Barone gegen seinen Bruder rief ihn nach England zurück. Am 14. Mai 1264 wurde er in der Schlacht bei Lewes vom Grafen Simon von Leicester gefangengenommen und mußte sechzehn Monate im Tower sitzen. 1268 kehrte er noch einmal nach Deutschland zurück, erneuerte auf dem Reichstag in Worms den rheinischen Landfrieden und heiratete in dritter Ehe Beatrix von Falkenstein. Er starb in England am 2. April 1272.

RUDOLF I. VON HABSBURG
1273–1291

Der erste in der langen Reihe der Herrscher aus dem Hause Habsburgs wurde am 1. Mai 1218 auf Schloß Limburg im Breisgau als ältester Sohn des Grafen Albrecht IV. von Habsburg und der Heilwig von Kyburg geboren. Das Geschlecht nannte sich nach der Habis- oder Habichtsburg im heutigen Schweizer Kanton Aargau und war im Gebiet zwischen Vogesen, Vierwaldstätter und Bodensee begütert. Rudolf wurde von Kaiser Friedrich II. aus der Taufe gehoben und 1241 von ihm in Italien zum Ritter geschlagen. Für seine Treue zu dem Staufer wurde er 1249 von Papst Innozenz IV. gebannt. Durch seine Ehe (1245) mit Gertrud Gräfin Hohenberg aus einer Seitenlinie des Hauses Zollern vergrößerte er seine elsässischen Besitzungen. In ständigen Fehden erwarb er immer neue Güter. Mit dem Bischof von Basel, dessen Pfründe sich wie ein Riegel zwischen die Schweizer und elsässischen Liegenschaften der Habsburger schoben, lag er in Dauerfehde. Weil er 1253 mit seinen

Genossen eine Vorstadt von Basel mit dem Kloster der Reuerinnen bei Nacht überfiel und niederbrannte, verfiel er zum zweitenmal dem päpstlichen Bann.

Nach dem Pech, das die römische Kurie mit Richard von Cornwall und Alfons von Kastilien erlebt hatte, drängte Papst Gregor X. auf rasche Wahl eines handlungsfähigen Königs, der die Kräfte des Reichs für einen neuen Kreuzzug mobilisieren konnte. Unter den Reichsfürsten war Ottokar II. Přemysl, dessen slawisch-deutsches Reich von der Ostsee bis zur Adria reichte, der Mächtigste. Aber die deutschen Fürsten wollten keinen mächtigen König, sondern einen, der ihre Rechte unangetastet ließ und die aufstrebenden Städte im Zaum hielt. Die Idee, Rudolf von Habsburg zu wählen, stammte von dem mit ihm befreundeten Erzbischof von Mainz, Werner von Eppstein und seinem Kampfgenossen, Burggraf Friedrich III. von Nürnberg, einem Vetter der Gräfin Gertrud von Habsburg. In Rudolfs Namen sicherten sie dem Pfalzgrafen Ludwig die Hinter-

Rudolf I. Zeitgenössisches Siegel.

lassenschaft des letzten Staufers Konradin und die Hand von Rudolfs Tochter Mechthild zu. Wahrscheinlich wurden auch die Stimmen von Sachsen und Brandenburg durch Eheversprechen gewonnen, denn noch im selben Jahr heiratete Herzog Albrecht II. von Sachsen die Habsburgerin Gertrud und verlobte Otto V. von Brandenburg seinen Sohn Otto den Langen mit Rudolfs zweiter Tochter Hedwig.

Damit war die Wahl Rudolfs gesichert. Er brach eine Fehde gegen den Bischof von Basel ab und marschierte nach Frankfurt. Da Ottokar von Böhmen zur Wahlversammlung am 29. September 1273 nicht erschien, wurde die siebente Kurstimme Bayern zugesprochen, und am 1. Oktober wurde Rudolf von Habsburg einstimmig zum König gewählt. Am Tage darauf zog er in Frankfurt ein und wurde am 24. Oktober in Aachen gekrönt. Den Kurfürsten sagte er die Erstattung ihrer Wahl- und Krönungskosten zu und garantierte ihren Besitz. Sie erhielten Mitspracherecht und Aufsicht bei der Verfügung über Güter und Lehen des Reiches. Ottokar von Böhmen protestierte beim Papst dagegen, daß »ein wenig tauglicher Graf, den der Bettelsack drückt«, den Thron Karls des Großen einnehmen sollte. Doch nachdem Rudolf durch seinen Gesandten der

Kurie Nichteinmischung in die Bischofswahl und Anerkennung des Kirchenstaats versprach, erkannte Papst Gregor X. ihn als römischen König an. Bei einem Zusammentreffen mit dem Papst im Oktober 1275 legte Rudolf ein Kreuzzugsgelübde ab, und die Kaiserkrönung wurde auf Pfingsten des nächsten Jahres festgesetzt. Doch weder zur Kaiserkrönung noch zum Kreuzzug ist es jemals gekommen.

Aus den Erfahrungen der Stauferzeit wußte Rudolf, daß eine starke Königsmacht nur auf einer starken Hausmacht des Herrschers aufgebaut werden konnte. Schon auf seinen ersten Hoftagen forderte er die Rückerstattung aller Reichsgüter, die seit dem Tod Friedrichs II. dem Reich widerrechtlich entfremdet worden waren. Der Beschluß richtete sich in erster Linie gegen die Belehnung Ottokars mit Österreich, Steiermark, Kärnten und Krain durch Richard von Cornwall. Nachdem Ottokar sich weigerte, darüber zu verhandeln, erklärte Rudolf ihm am 24. Juni 1276 den Reichskrieg. Von den Kurfürsten unterstützten ihn dabei nur der Erzbischof von Mainz und Pfalzgraf Ludwig. Den Herzog Heinrich von Niederbayern gewann Rudolf, indem er ihm für dessen Sohn die Hand seiner Tocher Katharina versprach und als Brautschatz Österreich oberhalb der Enns verpfändete.

Vor Wien kam es zur Einigung. Ottokar verzichtete auf Österreich, Steiermark und Krain, behielt aber Böhmen als Lehen. Wegen einiger ungelöster Fragen brach Ottokar den Frieden und zog Heinrich von Niederbayern und Otto von Brandenburg auf seine Seite. Rudolf verbündete sich gegen ihn mit Ungarn, bemühte sich aber nicht um Reichshilfe, um bei der Verteilung des Siegespreises freie Hand zu behalten. Am 26. August 1278 verlor Ottokar II. die Schlacht bei Dürnkrut auf dem Marchfeld nordöstlich von Wien und wurde auf der Flucht von österreichischen Gegnern umgebracht. Eine bewaffnete Auseinandersetzung mit Otto V. von Brandenburg wurde durch Vermittlung des Klerus verhindert. Im Friedensschluß behielt der achtjährige Sohn Ottokars Wenzel II. Böhmen, der Markgraf von Brandenburg wurde sein Vormund. Der Frieden wurde durch die Hochzeit des jungen Wenzel mit Guta von Habsburg und des jüngeren Rudolf von Habsburg mit Wenzels Schwester Agnes besiegelt. Heinrich von Niederbayern mußte das verpfändete Oberösterreich herausgeben, und die habsburgische Mitgift für die Braut seines Sohnes wurde auf 3000 Mark Silber gekürzt.

Drei Jahre lang verwaltete König Rudolf von Wien aus die dem Reich wiedergewonnenen Herzogtümer. Erst nach langen Verhandlungen stimmten die Kurfürsten im Dezember 1282 der Belehnung seiner Söhne Albrecht und Rudolf mit Österreich und Steiermark zu. Albrechts Schwiegervater Meinhard von Tirol erhielt 1286 Kärnten. Mit dieser Hausmacht und mit drei Reichsfürsten in der Familie war Rudolf allen Reichsfürsten ebenbürtig. Er bezahlte diese Macht allerdings mit dem Verzicht auf jeden Einfluß im Norden des Reiches, wo er dem Herzog von Sachsen und dem Markgrafen von Brandenburg die Wiedereinziehung der verlorenen Reichsgüter überließ. Über Wetzlar und Erfurt hinaus ist Rudolf niemals im Norden gewesen. Seine neugewonnene Hausmacht setzte Rudolf vor allem für den inneren Frieden ein. Durch Verkündung von Landfriedensordnungen für das Rheingebiet, Franken, Bayern und Schwaben versuchte er, das Fehde- und Raubritterwesen einzuschränken, unter dem Städte und Handel schwer zu leiden hatten. Dafür wurden die Städte aber auch höher und energischer besteuert als unter den Staufern. Soweit sein Arm reichte, setzte er den Städten Burgen und Amtleute in ihre Mauern, die den Bürgern und

Stadtkämmerern genau auf den Geldbeutel schauten. Als Rudolf nach einigen Mißernten 1284 die Steuerschraube anzog, leisteten hessische und elsässische Städte Widerstand. Eine allgemeine Unzufriedenheit weckte eine romantische Sehnsucht nach der Stauferzeit und begünstigte Schwindler, die sich für Kaiser Friedrich II. ausgaben. Am erfolgreichsten war Tile Kolup (hochdeutsch Dieter Holzschuh). Er gelangte in Wetzlar zur förmlichen Regierung, die auch von Frankfurt und Friedberg anerkannt wurde. Erst als Rudolf in Waffen vor Wetzlar erschien, wurde er ausgeliefert und als Ketzer und Zauberer hingerichtet.

Auf dem Reichstag zu Würzburg 1287 erneuerte Rudolf das Mainzer Reichslandfriedensgesetz Kaiser Friedrichs II. von 1235. Die Hoheit des Reichs über Rechtsprechung, Münz-, Zoll- und Wegerecht wurde festgestellt und ein Reichshofjustitiar eingesetzt. Doch solange die Großen nicht selbst zum Frieden gezwungen werden konnten, blieb das Gesetz wirkungslos. Um die Erbfolge in Limburg entbrannte 1288 ein regelrechter Krieg, in den der ganze Nordwesten bis Flandern verwickelt wurde. In Thüringen lag der Landgraf Albrecht im Kampf mit seinen Söhnen. Rudolf berief im Dezember 1289 einen Reichstag nach Erfurt ein, auf dem er die Fürsten zur Exekution des Reichslandfriedens verpflichtete. Er selber blieb ein Jahr in Thüringen, zerstörte 66 Raubburgen und ließ einmal an einem Tag 29 Ritter hinrichten.

Um seiner Hausmacht- und Friedenspolitik willen gab Rudolf wesentliche Positionen in den außerdeutschen Reichsteilen preis. In Italien verzichtete er zugunsten der Kurie auf die Romagna, behauptete aber die Reichshoheit über die Toskana und Oberitalien. Um den Verzicht auf Süditalien zu bekräftigen, verheiratete er 1281 seine sechste Tochter Clementia mit Karl Martell, dem Enkel des Königs von Neapel und Sizilien Karl von Anjou. Königin Gertrud grämte sich darüber zu Tode. Rudolf heiratete 1284 sechsundsechzigjährig die vierzehnjährige Isabella, Tochter des Herzogs Robert von Burgund, einem Schwager und Vasallen König Philipps III. von Frankreich. In der vergeblichen Hoffnung, dadurch Burgund beim Reich zu halten, gestand Rudolf seinem Schwiegervater den Anspruch auf die Grafschaft Dauphiné zu. Die Pfalzgrafschaft Burgund (Franche Comté) allerdings verteidigte er in einem Feldzug nach Besançon 1289 energisch gegen die Separationsversuche des französisch gesinnten Pfalzgrafen Otto.

Bis zu seinem Tod hielt Rudolf den Anspruch auf die Kaiserkrone aufrecht. Er verband damit keine abendländischen oder weltweiten Herrschaftspläne wie Karolinger und Staufer, sondern sah in der Kaiserwürde ein Mittel, um seinem Haus die Erbherrschaft über das Reich zu sichern. Bei alldem haftet seinen Bemühungen etwas Tragikomisches an. Dreimal gab er die geplante Romfahrt wieder auf, obwohl er dafür bereits Reichsumlagen erhoben und vom Papst einen Vorschuß erhalten hatte. Zweimal scheiterte die Kaiserkrönung daran, daß die dazu bereiten Päpste vorzeitig starben. Ob er im Besitz der Kaiserkrone die Wahl seines Sohnes Albrecht durchgesetzt hätte, ist fraglich. Zu groß war der Widerstand vor allem der geistlichen Kurfürsten gegen die habsburgische Hausmachtpolitik. Einer Aufforderung Rudolfs, im Mai 1291 in Frankfurt seinen Sohn Albrecht zum Nachfolger zu wählen, kamen die Fürsten nicht nach. Als er in Germersheim noch vergeblich auf eine Entscheidung wartete, sagten ihm seine Ärzte den baldigen Tod voraus. Mit letzter Kraft ritt er nach Speyer. Dort starb er am 15. Juli 1291 dreiundsiebzig Jahre alt nach achtzehn Jahren Regierungszeit. Im Speyerer Dom wurde er neben König Philipp von Schwaben beigesetzt.

In der Kolmarer Dominikaner-Chronik heißt es über Rudolf I. von Habsburg: »Er war von großer Gestalt, sieben Fuß lang, schlank, mit kleinem Kopf, bleichem Gesicht und langer Nase. Er hatte wenig Haare, lange und schmale Hände und Füße. In Speise und Trank und in anderen Dingen war er mäßig, ein weiser, gerechter und umsichtiger Mann, doch selbst bei den reichsten Mitteln in steter Geldverlegenheit.« Statt seine Mittel für den Erwerb der Kaiserkrone einzusetzen, verbrauchte er sie als Mitgift für seine Töchter und für ständige Erwerbungen und Spekulationen auf dem Immobilienmarkt. Statt der Kaiserkrone hinterließ er seinen Nachkommen einen Besitz, mit dem seine Urururenkel einmal ein Reich errichten konnten, »in dem die Sonne nicht untergeht«. Und auch Rudolfs Heiratspolitik, durch die er Habsburg mit sechs Fürstenhäusern verschwisterte und verschwägerte, trug Früchte und vererbte sich fort. »Laßt andere Kriege führen, du glückliches Österreich heirate! Mehrer des Reichs ist Mars den anderen, Venus nur dir!« So dichtete zweihundert Jahre nach Rudolfs Tod frei nach Ovid der König von Ungarn Mathias Corvinus.

Adolf von Nassau. Siegel von 1294.

ADOLF VON NASSAU
1292–1298

Fast zehn Monate brauchten die Kurfürsten, um sich nach dem Tode Rudolfs von Habsburg auf einen Nachfolger zu einigen. Erzbischof Siegfried von Köln gelang es schließlich, sie für seinen Schwager Adolf von Nassau zu gewinnen. Der Herr über die halben Grafschaften Nassau und Einrich sowie von Idstein, Weilburg, Wiesbaden und der Vogtei Bleidenstadt war um 1250 geboren und mit Imagina von Limburg-Isenburg verheiratet, von der er zehn Kinder hatte. Um seine Einkünfte zu verbessern, war er gezwungen, fremde Dienste anzunehmen. Im Limburger Erbfolgestreit lieh er sich und seine Mannen dem Erzbischof von Köln und geriet mit ihm in der Schlacht bei Worringen in Gefangenschaft. Für einen Mann seines Standes war Adolf ungewöhnlich gebildet, er sprach Latein und Französisch.

Die Kurfürsten ließen sich ihre Stimmen durch demütigende Zugeständnisse bezahlen. Außer unverhältnismäßig hohen Wahlkosten verlangten Böhmen, Sachsen und Brandenburg die Herbeiführung eines Vergleichs mit dem Habsburger Albrecht I. über Österreich, Steiermark und Kärnten. Adolfs Schwager Siegfried von Westernburg ließ sich für die Kölner Kirche die Abtretung der Reichsstädte Dortmund und Duisburg, mehrerer Reichsburgen und der Vogtei Essen verbriefen. Bei Nichterfüllung sollte die Wahl hinfällig werden und Adolf sich in Schuldhaft nach Bonn gegeben. Am 5. Mai 1292 rief der Erzbischof von Mainz Gerhard von Eppstein Adolf in Frankfurt zum König aus, am 24. Juni wurde er in Aachen gekrönt. Herzog Albrecht von Österreich huldigte ihm erst nach mühsamen Verhandlungen und lieferte ihm die Reichsinsignien aus, blieb aber wegen Adolfs Zusagen an Böhmen sein unversöhnlicher Gegner. Die Städte mißtrauten dem »Pfaffenkönig«.

Durch geschickte Politik und Verpfändung von Reichsgütern verschaffte sich Adolf bald Anhänger unter den kleineren Fürsten. Mit der Verheiratung seiner Tochter Mechthild an den jungen Pfalzgrafen Rudolf, Herzog von Oberbayern, brachte er den ersten weltlichen Kurfürsten auf seine Seite, ihm schloß sich Otto III. von Niederbayern an, ein erbitterter Feind Albrechts von Österreich. Seinen Sohn Ruprecht verlobte Adolf mit der Tochter des Kurfürsten und Königs von Böhmen Wenzel II. Jetzt glaubte er, an die Bildung einer eigenen Hausmacht gehen zu können. Im Frühjahr 1294 kaufte er dem Landgrafen Albrecht (dem Entarteten) von Thüringen die Nachfolge in der Landgrafschaft ab und zog die durch Aussterben der direkten Wettinerlinie ledig gewordene Markgrafschaft Meißen als Reichslehen ein. Seinen Vetter Heinrich von Nassau bestellte er zum Statthalter.

Im August 1294 schloß Adolf nach Vermittlung durch den Erzbischof von Köln ein Bündnis mit König Eduard I. von England. Gegen Zahlung von jährlich 25 000 Pfund Gold verpflichtete er sich zum Kriege gegen Frankreich. Dieser Krieg hätte auch im Interesse des Reiches gelegen, das im Westen durch Frankreich bedroht wurde. Doch die Kriegsvorbereitungen auf englischer Seite verzögerten sich, und statt nach Frankreich rückte Adolf nach Thüringen und Meißen, wo die Söhne Albrechts des Entarteten die Herrschaft behaupteten. In zwei Feldzügen 1294/95 vertrieb er die Wettiner, gewann Städte wie Eisenach und Freiberg, indem er ihnen Reichsfreiheit versprach, und ließ die widerspenstige Besatzung der Burg Freiberg über die Klinge springen.

Trotz der mehr als fragwürdigen Rechtsgrundlage billigten die Kurfürsten zunächst Adolfs Vorgehen. Wenzel II. von Böhmen erwartete aufgrund der Wahlzusage die Belehnung mit Meißen. Als der König keine Anstalten dazu machte, verbündete er sich mit seinem bis dahin feindlichen Schwager Albrecht von Österreich gegen den König. Die Kurfürsten von Sachsen und Brandenburg und der Erzbischof von Kurmainz, der um seine territorialen Interessen in Thüringen fürchtete, schlossen sich an. Im August landete König Eduard von England in Flandern, aber die hochbezahlte Waffenhilfe des Reichs blieb aus. Adolf sah sich dem Vorwurf ausgesetzt, die Reichsinteressen gegenüber Frankreich vernachlässigt zu haben. Wahrscheinlich trifft es zu, daß er vom französischen König Philipp dem Schönen dazu bestochen wurde.

Unter Berufung auf den Reichsnotstand forderte Erzbischof Gerhard von Mainz den König auf, sich am 15. Juni 1298 in Mainz gegen die Vorwürfe Kirchenfrevel, Rechtsverweigerung, Eidbruch, Unfriedenstiftung und Bedrückung von Fürsten zu verantworten. Adolf gab sich keinen Illusionen über den Ausgang der Veranstaltung hin, blieb ihr fern und sammelte seinen Anhang zum Widerstand gegen Albrecht von Österreich. Nach einer Prozeßfarce im Mainzer Dom wurde ihm am 23. Juni die Krone aberkannt. Zum erstenmal wurde ein gesalbter König von seinen Wählern abgesetzt, ohne vom Papst gebannt und damit des Königsheils verlustig zu sein. Schon am Tag darauf wählten die Kurfürsten den Habsburger Albrecht von Österreich, den sie sechs Jahre vorher um keinen Preis zur Herrschaft kommen lassen wollten. Im Kampf gegen Albrecht fiel Adolf von Nassau am 2. Juli 1298 auf dem Hasenbühl bei Göllheim in der Pfalz. Er wurde im Kloster Rosenthal beigesetzt. Elf Jahre später wurde sein Sarg von König Heinrich VII. in den Dom von Speyer überführt.

Albrecht I. Siegel von 1302.

ALBRECHT VON HABSBURG
1298–1308

Geboren wurde Albrecht 1255, achtzehn Jahre vor der Erhebung seines Vaters Graf Rudolf von Habsburg zum König. Am 27. Dezember 1282 belehnte sein Vater ihn und seinen elf Jahre jüngeren Bruder Rudolf mit den Herzogtümern Österreich, Steiermark und Kärnten. Dabei wurde Kärnten an den Grafen Meinhard von Tirol verpfändet, mit dessen Tochter Elisabeth Albrecht seit 1274 verheiratet war. Da sich Adel und Geistlichkeit der Herzogtümer gegen die Doppelbelehnung auflehnten, wurde Albrecht 1283 zum Alleinregenten bestimmt. Sein Bruder Rudolf wurde mit der Anwartschaft auf ein Herzogtum Schwaben oder Burgund vertröstet, starb aber 1290, ohne eine Herrschaft erlangt zu haben.

Die Wahl des unscheinbaren Adolf von Nassau zum Nachfolger seines Vaters erbitterte Albrecht zutiefst. Um ihn zu stürzen, überwand er die Abneigung gegen seinen Schwager und neben ihm mächtigsten Reichsfürsten Wenzel II. von Böhmen. Seine Tochter

Wenzel im Gebet.
Ausschnitt von
einer Votivtafel des
Prager Erzbischofs
Ocko von Vlasim
aus dem 15. Jahr-
hundert.

Grabmahl Ruprechts von der Pfalz und seiner Gemahlin Elisabeth von Hohenzollern in der Heiliggeistkirche in Heidelberg.

Rechts: Siegmund von Luxemburg, Gemälde von Pisanello im Kunsthistorischen Museum Wien.

Links: Albrecht II. mit dem Adlerorden. Kopie des 16. Jahrhunderts nach einem um 1435 bis 1438 in Wien entstandenen Gemälde. Kunsthistorisches Museum Wien.

Friedrich III. im kaiserlichen Ornat mit der nicht mehr erhaltenen mitraförmigen Kaiserkrone, die 1452 bei seiner Krönung durch den Papst in Rom verwendet wurde. Gemälde des 16. Jahrhunderts im Kunsthistorischen Museum Wien.

Friedrich III. und Papst Pius II.,
kolorierter Holzschnitt aus der
1493 in Nürnberg erschienenen
Weltchronik von Hartmut
Schedel.

Maximilian I. mit Krone, Zepter und Schwert. Im Fensterausschnitt ist die Gemsenjagd des Kaisers in der Martinswand bei Innsbruck dargestellt. Gemälde von Bernhard Strigel in der Gemäldegalerie Augsburg.

Nächste Seite: Maximilian I. mit seinen Gemahlinnen Maria von Burgund und Maria Sforza. Bemalte Skulptur vom Goldenen Dachl in Innsbruck.

Übernächste Seite: Maximilian I., Gemälde von Albrecht Dürer aus dem Jahre 1518 im Kunsthistorischen Museum in Wien.

POTENTISSIMVS · MAXIMVS · ET · INVICTISSIMVS · CÆSAR · MAXIMILIANVS
QVI · CVNCTOS · SVI · TEMPORIS · REGES · ET · PRINCIPES · IVSTICIA · PRVDENCIA
MAGNANIMITATE · LIBERALITATE · PRÆCIPVE · VERO · BELLICA · LAVDE · ET
ANIMI · FORTIDVDINE · SVPERAVIT · NATVS · EST · ANNO · SALVTIS · HVMANÆ
M · CCCC · LIX · DIE · MARCII · IX · VIXIT · ANNOS · LIX · MENSES · IX · DIES · XXV
DECESSIT · VERO · ANNO · M · D · XIX · MENSIS · IANVARII · DIE · XII · QVEM · DEVS
OPT · MAX · IN · NVMERVM · VIVENCIVM · REFERRE · VELIT · ~

1519

CLEOPHAS·FRATER·CARNALIS·IO=
SEPHI·MARITI·DIVAE·VIRG·MARIÆ·

I
JACOBVS·MINOR·EP̄VS·   MARIA·CLEOPHÆ·SOROR
HIEROSOLIMITANVS·   VIRG·MAR·PVTATIVA·MA:
TERTERA·D·N·

III   II
IOSEPH·IVSTVS·   SIMON·ZELOTES·CONSO=
BRINVS·DNI·NRI·&

Die Familie Maximilians I., links der Kaiser, rechts sein Sohn Philipp der Schöne und seine erste Gemahlin Maria von Burgund, sitzend (von links nach rechts) die Enkel Ferdinand I., Karl V. und Ludwig (II.) von Ungarn. Das Bild erinnert an die Doppelhochzeit von 1515, deshalb haben die beiden kindlichen Bräutigame Kränze im Haar.

Rechts: Jugendbildnis Karls V. mit dem Orden vom Goldenen Vlies, gemalt um 1516 von Bernart von Orley, Musée du Louvre, Paris.

Bronzebüste Karls V. von Leo Leone im Kunsthistorischen Museum in Wien.

Rechts: Karl V. (links mit Armbrust) mit Kurfürst Friedrich dem Weisen von Sachsen (Mitte) auf der Hirschjagd bei Torgau. Ausschnitt aus einem Gemälde von Lucas Cranach d.J. im Kunsthistorischen Museum in Wien.

CAROLUS.V.
Rom.Imp. Plilippi I.Hisp=
Reg. ex Ioanna Aragonia Filiu:
natus 24. Febr. A: 1500. obiit
21 Sept.1558. fep.in Escuriali.

Links: Karl V. in der Schlacht
bei Mühlberg. Gemälde von
Tizian im Prado, Madrid.

Karl V. Altersbild von Francesco
Terzio im Kunsthistorischen
Museum in Wien.

Nächste Seite: Ferdinand I.,
um 1522 gemalt für den
Pfalzgrafen Ottheinrich,
Bayerisches Nationalmuseum
München.

Agnes verheiratete er 1296 mit König Andreas III. von Ungarn. In dem Heer, mit dem er am 2. Juli 1298 Adolf von Nassau besiegte, kämpften auch böhmische und ungarische Ritter. Seine widerrechtliche Wahl durch die Kurfürsten am 24. Juni nahm er nicht an, sondern bestand nach dem Tode Adolfs von Nassau auf einer ordentlichen Wahl, die am 27. Juli 1298 in Frankfurt erfolgte. Am 24. August wurde er in Aachen vom Kölner Erzbischof gekrönt.

Den geistlichen Kurfürsten am Rhein bestätigte Albrecht, was sie besaßen, Wenzel von Böhmen erhielt das Reichsvikariat für Meißen, das thüringische Osterland, das Pleißener Land und das Egerland als Pfand, seine Ansprüche auf Polen wurden anerkannt. Schon als er noch in Opposition zu Adolf von Nassau stand, hatte Albrecht Beziehungen zu König Philipp IV. dem Schönen von Frankreich angeknüpft. Nun vereinbarten die beiden Könige bei einem Treffen auf dem Hof Quatrevaux zwischen Toul und Vaucouleurs die Heirat von Albrechts I. ältestem Sohn Rudolf und Philipps Tochter Blanca. Philipp der Schöne versprach, die Nachfolge des jungen Paares in Deutschland und damit eine habsburgische Erbmonarchie zu unterstützen. In einem geheimen Abkommen bot Albrecht dem Franzosen freie Hand in der Freigrafschaft Burgund und gab ein bereits von Frankreich okkupiertes Gebiet auf dem linken Ufer der Maas preis.

Durch das Bündnis mit Frankreich sahen die rheinischen Kurfürsten ihre linksrheinischen Gebiete gefährdet und versagten ihre Zustimmung. Als Albrecht die ledig gewordenen Grafschaften Holland, Seeland und Friesland als Reichslehen einzog und einem seiner Söhne übergeben wollte, schlossen die vier Kurfürsten am 14. Oktober 1300 ein Schutzbündnis und planten die Absetzung Albrechts. Der Mainzer Erzbischof Gerhard von Eppstein prahlte, er habe noch viele Könige in seinem Köcher. Albrecht brachte die rheinischen Städte auf seine Seite, indem er von den Erzbischöfen von Köln, Mainz und Trier die Aufhebung der handelsfeindlichen Rheinzölle forderte. Mit Hilfe der Städte unterwarf er sich die vier rheinischen Kurfürsten, erzwang die Niederlegung der Zollstätten und die Auslieferung von Reichsgut.

Sein Vorgehen gegen die Kirchenfürsten zog Albrecht den Zorn des Papstes Bonifatius VIII. zu, der ihm schon die Anerkennung als römischer König verweigert hatte. In seiner berühmten Bulle »Unam sanctam« behauptete dieser machtbewußte Papst die Gewalt der Kirche über alle Herrscher der Welt. Unter Androhung des Bannes forderte er Albrecht auf, sich wegen Thronraubs, Majestätsverbrechen und Kirchenraubes zu verantworten. Albrecht wies die »unwahren, teuflischen Gerüchte« in einem sachlichen Schreiben zurück. Und als es bald darauf zum offenen Konflikt zwischen Bonifatius VIII. und Philipp dem Schönen von Frankreich kam, suchte der Papst die Verständigung mit Albrecht. Gegen das Versprechen der Kaiserkrönung erkannte Albrecht die Allgewalt des Papstes an, verzichtete auf die Toskana und kündigte 1303 das Bündnis mit Frankreich. Der Grund für diese jähe und von Zeitgenossen als unwürdig empfundene Wendung Albrechts war die Entwicklung im Osten des Reiches. In Ungarn war 1301 Albrechts Schwiegersohn Andreas III. gestorben, ohne Erben zu hinterlassen. In einer Art Staatsstreich hatte Wenzel II. von Böhmen, seit 1300 auch König von Polen, seinen gleichnamigen Sohn auf den Stephansthron gesetzt. Die Macht der Przemysliden wurde für Habsburg gefährlich. Einen Feldzug gegen Böhmen mußte Albrecht 1304 ergebnislos abbrechen. Doch im folgenden Jahr starb Wenzel II., und sein Nachfolger Wenzel III. verzichtete auf Ungarn und Meißen. Er wurde

1306 in Olmütz ermordet. Mit ihm erlosch die großartige Dynastie der Przemysliden. Albrechts Sohn Rudolf, Herzog von Österreich und Steiermark, dessen französische Frau Blanca gestorben war, heiratete die Witwe Wenzels II., die Jagiellonin Elisabeth. Mit Drohungen und Bestechungen erreichte Albrecht Rudolfs Erhebung zum König vom Böhmen. Es schien eine Sternstunde Albrechts zu sein – eine Kurstimme in der Hand Habsburgs, die geistlichen Kurfürsten entmachtet, das reiche Böhmen mit den Silbergruben von Kutna Hora und Teile von Schlesien und Polen habsburgisch, nicht gerechnet die alte Hausmacht in Österreich und Steiermark, in der Schweiz und am Oberrhein. Selbst eine Niederlage seiner Truppen gegen die hartnäckigen Wettiner bei Lucka im Pleißener Land im Mai 1307 konnte die Macht Albrechts nicht erschüttern. Da starb plötzlich am 4. Juli 1307 sein Sohn Rudolf III. von Böhmen. Die böhmischen Stände riefen den habsburgfeindlichen Herzog Heinrich von Kärnten auf den Thron. Albrecht marschierte nach Böhmen, mußte aber vor Kutna Hora umkehren.

Auch mit den böhmischen Verhältnissen hätte Albrecht I. dank seiner verbliebenen Hausmacht fertig werden können. Nicht an den politischen Verhältnissen sollte sein Plan des habsburgischen Erbreichs scheitern, sondern an einem ungelösten familiären Problem. Albrechts Mündel Johann, der Sohn seines 1290 gestorbenen Bruders Rudolf, verlangte vergeblich die Auslieferung des ihm zustehenden Besitzes in Schwaben und wurde von Albrecht gedemütigt. Bei einer Begegnung mit dem König an der Reuß am 1. Mai 1308 trennte Johann mit Hilfe unzufriedener schwäbischer Adliger den König von seinem Gefolge. Angesichts der Habsburg wurde Albrecht erstochen. Johann entkam in ein italienisches Kloster und erhielt die päpstliche Absolution. Mit dem Beinamen *parricida* (Verwandtenmörder) lebt er in der Dichtung fort. Albrecht I. wurde in Speyer neben Adolf von Nassau beigesetzt. Die Kurfürsten hatten wieder das Wort.

HEINRICH VII. VON LUXEMBURG
1308–1313

Er wurde 1278 oder 1279 als Sohn des Grafen Heinrich III. von Luxemburg und der Beatrix von Beaumont und Avesnes in Valenciennes, der Heimat seiner Mutter, geboren. Die Grafen von Luxemburg entstammten dem Herzogshaus Limburg. Im Erbstreit um Limburg gegen den Herzog von Brabant fiel Heinrichs Vater 1288 in der Schlacht bei Worringen. Limburg kam an Brabant. Heinrichs Mutter verzichtete auf Limburg, und am 9. Juli 1292 heiratete er auf Schloß Tervueren bei Brüssel die einige Jahre ältere Tochter Margaretha des Herzogs Johann von Brabant. Heinrichs Muttersprache war Französisch, und wie viele Adlige im westlichen Grenzgebiet wurde er im Geiste des durch Bildung und Eleganz bestechenden französischen Rittertums erzogen. Er wird als mittelgroß und kräftig geschildert, trug nach französischer Sitte das Haupthaar lang, hatte aber keinen Bart, auf dem linken Auge war er kurzsichtig. Mit dem französischen Königshaus der Kapetinger entfernt verwandt, schloß Heinrich 1294 mit Philipp IV. dem Schönen einen Soldvertrag, der ihn jedoch nicht zum Kampf gegen den deutschen König, die rheinischen Erzbischöfe und seine niederrheinischen Lehnsherren verpflichtete. Als Kronvasall Philipps des Schönen war er am 14. November 1305 Zeuge der Papstkrönung Cle-

Heinrich VII. Skulptur im Campo Santo von Pisa

mens' V. in Lyon, mit der die sogenannte »babylonische Gefangenschaft« des Papsttums im Exil Avignon begann.

Ohne zu ahnen, daß er damit einen entscheidenden Schritt zur Erlangung der Kaiserkrone tat, verschaffte Heinrich Ende 1307 dank seiner Beziehungen zu Philipp dem Schönen und zum Papst seinem erst 22 Jahre alten Bruder Balduin das Erzbistum Trier. Nach Mainz und Köln ging damit innerhalb von zwei Jahren das dritte rheinische Erzbistum mit Kurstimme an einen Kandidaten Frankreichs. In Gegenwart Heinrichs empfing Balduin am 11. März 1308 in Poitiers von Papst Clemens V. die Bischofsweihe. Auch er gelobte Philipp dem Schönen, ihm zu helfen und nie zu schaden. Sieben Wochen später wurde König Albrecht I. ermordet.

Die deutschen Kurfürsten waren sich nur darüber einig, keinen Habsburger zum Nachfolger zu wählen. Im Vertrauen auf seine »Freunde und Getreuen« im Reich schlug Philipp der Schöne die Wahl seines Bruders Karl von Valois zum deutschen König vor – ein kühner Versuch, das karolingische Kaisertum unter kapetingischer Herrschaft wiederherzustellen. Papst Clemens V., der unter dem Druck des Kapetingers stöhnte, unterstützte die französische Kandidatur nur halbherzig. Die Kurfürsten von Sachsen und Brandenburg favorisierten den Grafen von Anhalt, Kurfürst Pfalzgraf bei Rhein Rudolf von Wittelsbach wollte selber König werden.

Wahrscheinlich nicht ohne geheimes Einvernehmen mit dem Papst betrieben Balduin und sein Mainzer Kollege gegen den Kandidaten Philipps des Schönen die Wahl seines Kronvasallen Heinrich von Luxemburg. Den Pfalzgrafen Rudolf und den zögernden Erzbischof von Köln überzeugten sie unter anderem durch das Versprechen, daß der Luxemburger die lukrativen Rheinzölle wieder einführen werde; Sachsen und Brandenburg wurden durch weitgehende Zugeständnisse ihrer Souveränität gegenüber den Städten gewonnen. In Abwesenheit des Königs von Böhmen und Herzogs von Kärnten wurde Heinrich von Luxemburg am 27. November in Frankfurt am Main von sechs Kurfürsten gewählt und am 6. Januar 1309 in Aachen gekrönt.

Heinrichs Hausmacht Luxemburg war damals zwar mehr als doppelt so groß wie das heutige Großherzogtum, aber ein Nichts im Vergleich zum Besitz der Habsburger, Wittelsbacher und Welfen. Doch ebenso unverhofft wie zum Königtum gelangte er auch zu

Reichtum. Herzog Heinrich von Kärnten, seit 1307 auch König von Böhmen, hatte sich bei der böhmischen Geistlichkeit unbeliebt gemacht. Bischöfe, Zisterzienseräbte und Adlige wandten sich an den König. Auf dem Reichstag zu Speyer im August 1310 wurde Heinrich von Kärnten geächtet und Heinrichs vierzehnjähriger Sohn Johannes mit Böhmen belehnt und mit der Przemyslidin Elisabeth, einer Tochter Wenzels II. verheiratet. Als Johannes am 7. Februar auf dem Hradschin vom Erzbischof Peter von Mainz mit der Wenzelskrone gekrönt wurde, war König Heinrich VII. bereits in Italien.

»Freue dich nun Italia, die du bald dem ganzen Erdkreis beneidenswert sein wirst; denn der Trost der Welt und Ruhm deines Volkes, der gnadenreiche Heinrich, der göttliche Augustus und Cäsar, eilt zur Hochzeit.« Mit so überschwenglicher Hoffnung begrüßte Dante, der Dichter der »Göttlichen Komödie«, den Einzug Heinrichs in Turin am 10. Oktober 1310. Am 6. Januar 1311 wurde er in Mailand mit einer Nachbildung der eisernen Langobardenkrone zum König von Italien gekrönt. Seine ehrliche Absicht, den erbitterten Streit zwischen kaiserfreundlich-aristokratisch gesonnenen Ghibellinen und kaiserfeindlich-demokratischen Guelfen unparteiisch zu schlichten, scheiterte rasch. Ein Aufstand in Mailand erfaßte die ganze Lombardei.

Die Kaiserkrönung war mit Papst Clemens für den 2. Februar 1312 geplant. Doch der direkte Weg nach Rom war Heinrich durch die gegen ihn verbündeten Stadtstaaten der Toskana versperrt. Von Genua ging er zu Schiff nach Pisa und erreichte mit seinem durch genuesische und pisanische Ghibellinen aufgefrischten Heer Rom am 6. Mai 1312. In der Stadt tobte der Bürgerkrieg zwischen den ghibellinischen Colonna und den guelfischen Orsini. Unterstützt von Truppen König Roberts von Neapel, hielten die Orsini die leoninische Stadt mit der Engelsburg und dem Petersdom besetzt. Über Barrikaden und Leichen bewegte sich am 29. Juni der Krönungszug zur Lateranbasilika, wo drei vom Papst entsandte Kardinäle die Kaiserkrönung vollzogen.

»Wie dem einen Gott alle himmlischen Heerscharen dienen, so will Gott, daß alle Menschen, wenn auch in Königreiche und Länder geschieden, unter einem Kaiser stehen.« Mit dieser hochtönenden Botschaft zeigte Heinrich dem Papst, den Reichsfürsten, allen Königen der Christenheit und ihren Untertanen seine Krönung zum Kaiser an. Kraft kaiserlichen Rechts setzte er Robert von Neapel ab und ließ ihn in Pisa am 26. April 1313 als Hochverräter zum Tode verurteilen. Mit König Friedrich III. von Sizilien, das seit 1282 vom spanischen Hause Aragon beherrscht wurde, verbündete er sich gegen die Anjou-Herrschaft in Süditalien. Gegen ausdrückliches Verbot des Papstes, der immer noch die Lehnshoheit über Neapel und Sizilien besaß, brach Heinrich im Hochsommer 1313 zum Feldzug gegen Robert von Neapel auf. Er kam nicht weit. In Buonconvento südlich von Siena starb er am 24. August 1313 an Malaria. Im Dom von Pisa wurde er beigesetzt.

So unrealistisch der Machtanspruch Heinrichs VII. war und so dilettantisch sein Versuch, ihn gegen die veränderten politischen und sozialen Verhältnisse durchzusetzen – unzeitgemäß war er nicht. Weite Teile der von ihren Königen, Fürsten, Grafen und Bischöfen unterdrückten und ausgebeuteten Bevölkerungen erhofften sich von einem Weltkaisertum die Herstellung des verheißenen Gottesreiches in Frieden, Freiheit und Gerechtigkeit. Heinrichs Scheitern in Italien bewirkte das Gegenteil – die Stärkung der landesfürstlichen Macht.

Friedrich der Schöne. Kupferstich von E. Nunzer.

FRIEDRICH III. VON HABSBURG (DER SCHÖNE)
1314–1330

Nach dem plötzlichen Tod Kaiser Heinrichs VII. hätten die Erzbischöfe von Trier und Mainz am liebsten dessen Sohn, den achtzehnjährigen Johann von Böhmen, als Nachfolger gesehen. Köln und Kurpfalz waren jedoch gegen eine luxemburgische Erbfolge und favorisierten den Habsburger Herzog Friedrich von Österreich, den Sohn des 1308 ermordeten Königs Albrecht I. Als Balduin von Trier und Peter von Mainz einsahen, daß sie Johann von Böhmen auf keinen Fall durchbringen würden, stellten sie Herzog Ludwig von Oberbayern-Ingolstadt als Kandidaten auf. Für ihn gewannen sie die Stimmen Brandenburgs und Böhmens. Die Stimme Sachsens war gespalten. Der Herzog von Sachsen-Lauenburg entschied sich für Ludwig, der Herzog von Sachsen-Wittenberg für Friedrich.

Die beiden Kandidaten waren Vettern und Freunde. Friedrich, der 1289 geboren wurde, besaß mit Österreich und dem Habsburger Besitz im Westen die weit größere Hausmacht, Ludwig die meisten Stimmen und die stärkeren Bundesgenossen. Am 19. Oktober 1314 wählten Köln, Kurpfalz, Sachsen-Wittenberg und Heinrich von Kärnten, der sich die Stimme Böhmens anmaßte, in Sachsenhausen am Main den Habsburger. Einen Tag später rief auf dem gegenüberliegenden Ufer vor den Toren Frankfurts die stärkere Fraktion Ludwig zum König aus. Da die Reichsverfassung keine Mehrheitswahl vorsah, mußten die Waffen entscheiden.

Acht Jahre lang wichen Friedrich III. und Ludwig der Bayer einer entscheidenden Begegnung aus. Eine schwere Niederlage erlitt Habsburg am 15. November 1315 bei Morgarten durch die von Ludwig dem Bayern unterstützten Schweizer Eidgenossen. Vergeblich bemühte sich König Jakob von Aragon, mit dessen Tochter Isabella Friedrich seit 1313 verheiratet war, bei Papst Johannes XXII.

in Avignon um die Anerkennung seines Schwiegersohns. Der Papst enthielt beiden Gewählten seine Approbation vor und nutzte die Spaltung Deutschlands aus, um seinen Vasallen Robert von Neapel als Reichsstatthalter für Italien einzusetzen. Im Frühherbst 1322 suchten beide Gegenkönige endlich die Entscheidung. Bei Mühldorf am Inn entbrannte am 28. September die letzte und größte Ritterschlacht auf deutschem Boden. Friedrich wurde völlig geschlagen und geriet mit 1400 Rittern in Gefangenschaft.

Drei Jahre saß Friedrich der Schöne – der Beiname wurde ihm erst später zugelegt – als Gefangener Ludwigs auf der Feste Trausnitz in der Oberpfalz. Unterdessen kämpfte sein jüngerer Bruder Leopold im Elsaß weiter und verhandelte mit der Kurie und dem französischen König Karl IV., dem er gegen Zusage großer Summen Unterstützung bei der Wahl zum deutschen König versprach. Doch Friedrich versöhnte sich am 13. März 1325 mit Ludwig dem Bayern. Er war bereit abzudanken und seinen Brüdern ein durch Ehen der beiderseitigen Kinder zu besiegelndes Bündnis mit Wittelsbach vorzuschlagen. Als seine Brüder das schroff ablehnten, gab Friedrich sich in München erneut in die Hand Ludwigs. Gerührt bot der Bayer ihm die Mitregentschaft an, die am 5. September 1325 feierlich beschworen und beurkundet wurde. Nach dem Tode seines energischen Bruders Leopold im Februar 1326 zog sich Friedrich bald resignierend auf sein Schloß Gutenstein im Wiener Wald zurück. Dort starb er erst vierzig Jahre alt am 13. Januar 1330 und wurde im Kloster Mauerbach beigesetzt. 1783 wurde sein Sarg nach Wien in den Stephansdom überführt.

LUDWIG IV. DER BAYER
1314–1347

Als Sohn eines Wittelsbachers und der Tochter Rudolfs I. von Habsburg wurde Ludwig 1287 auf der Heidelberger Burg geboren. Sein Vater Herzog Ludwig der Strenge von Oberbayern und Pfalzgraf bei Rhein starb 1294, und Ludwig wurde von seiner Mutter Mechthild am Hof ihres Bruders Herzog Albrecht I. von Österreich in Wien zusammen mit seinen Vettern Friedrich und Leopold erzogen. Das Herzogtum Oberbayern fiel Ludwig und seinem dreizehn Jahre älteren Bruder und Vormund Rudolf gemeinsam zu, die Pfalz und die Kurwürde erhielt Rudolf. Während Rudolf 1298 als einziger Kurfürst zu dem gestürzten Adolf von Nassau hielt, begeisterte sich der junge Ludwig für die Königswahl seines Onkels Albrecht I. Im Heer König Albrechts nahm er 1301 an der Belagerung von Heidelberg und der Unterwerfung seines Bruders in Heidelberg teil. Rudolfs Vormundschaft über ihn wurde aufgehoben.

1313 fielen Ludwigs österreichische Vettern Friedrich der Schöne und Leopold in das benachbarte Niederbayern ein, das Ludwig als Vormund seiner unmündigen Neffen verwaltete. Durch eine taktische Meisterleistung schlug er am 13. November bei Gammelsdorf unweit von Landshut die zahlenmäßig hoch überlegenen Österreicher vernichtend. Elf Monate später standen sich der Sieger und der Besiegte von Gammelsdorf als Gegenkönige gegenüber.

In dem auf die Doppelwahl von Sachsenhausen und Frankfurt am 19. und 20. Oktober 1314 folgenden Machtkampf schaltete Ludwig zuerst seinen Bruder Rudolf aus. Im Herbst 1315 eroberte er die Pfalz und zwang Rudolf zur Abdankung. Von seinen eigenen Wählern wurde er nur lau unterstützt. Erst am 28. September 1322

Ludwig der Bayer. Münzbild von einer in Aachen geprägten Chaise d'Or.

konnte er mit tatkräftiger Hilfe König Johanns von Böhmen, des Burggrafen Friedrich IV. von Nürnberg und bayerischer Städte bei Mühldorf am Inn die Entscheidung gegen Friedrich den Schönen erzwingen. Er ging nun an die Erweiterung seiner Hausmacht. Im Frühjahr belehnte er seinen achtjährigen Sohn Ludwig mit der ledig gewordenen Kurmark Brandenburg. Damit machte er sich Johann von Böhmen zum Feind, der selber auf Brandenburg spekuliert hatte und von nun an mit Karl IV. von Frankreich und der Kurie gegen Ludwig intrigierte.

Zum offenen Konflikt mit Papst Johannes XXII. kam es, als Ludwig im Frühjahr 1323 dem von päpstlichen und anjouistischen Truppen bedrängten Mailand 800 Ritter und einen Reichsvikar zuhilfe sandte. Am 8. Oktober 1323 ließ der Papst am Domportal von Avignon eine Anklageschrift gegen Ludwig anschlagen. Darin bestritt er die Rechtmäßigkeit der Wahl von 1314, bezeichnete sich als Reichsstatthalter und forderte Ludwig unter Androhung des Bannes auf, binnen drei Monaten zurückzutreten. Ludwig verlangte die Einberufung eines allgemeinen Konzils. Am 23. März 1324 verkündete Johannes XXII. den Bann gegen Ludwig und verhängte das Interdikt über seine Länder.

Der Bann des Papstes in Avignon hatte nicht die vernichtende Wirkung, die zweihundertfünfzig Jahre zuvor Heinrich IV. zum Gang nach Canossa gezwungen hatte. Die Christenheit von 1324 war nicht mehr dieselbe wie 1076. Domkapitel und Abteien stöhnten unter der drakonischen Steuerpolitik der Kurie und über willkürliche Einsetzung von Bischöfen und Äbten. Eine radikale Bewegung im Franziskanerorden fand mit ihrer Forderung nach Rückkehr der Kirche zur Besitzlosigkeit breite Zustimmung. Auch die Kurfürsten empörten sich über die Anmaßung des Papstes. Das Interdikt wurde nur unvollkommen befolgt, und wo Priester dem Volk Gottesdienst und Sakramente verweigerten, wurden sie vielfach davongejagt. Ludwig konnte den Gegenangriff wagen. Im Deutschordenshaus in Sachsenhausen wies er am 24. Mai 1324 die These vom Reich als einem Lehen der Kirche zurück. Johannes XXII. beschuldigte er, seine politischen Gegner und sogar Schuldner als Ketzer zu

verfolgen. Und schließlich wurde in der Appellation von Sachsenhausen der Papst selber als Ketzer angeklagt, weil er das Dogma von der Besitzlosigkeit der Kirche und damit den Heiland leugne. Johannes XXII. erneuerte Bann und Interdikt und erklärte Ludwig für abgesetzt.

Der Gefahr, daß die Kurfürsten umfielen, begegnete Ludwig, indem er sich mit Friedrich dem Schönen aussöhnte. Am 7. Januar 1326 in Ulm erklärte er sich sogar zum Verzicht bereit, falls der Papst binnen sechs Monaten Friedrich den Schönen als König anerkennen sollte. Johannes XXII. lehnte unter französischem Druck ab. Damit war seine Politik als reichsfeindlich bloßgestellt und die deutsche Opposition an die Seite Ludwigs gezwungen. Um seine leeren Kassen zu füllen und um die Kaiserkrone zu holen, zog Ludwig im März 1327 nach Italien. In seinem Gefolge ritt der Arzt und Staatstheoretiker Marsilius von Padua, der als Verfasser einer papstfeindlichen Schrift *Defensor pacis* (Verteidiger des Friedens) aus Frankreich fliehen mußte. Mit nur sechshundert Rittern zog Ludwig in Mailand ein und empfing Pfingsten 1327 die Langobardenkrone. Von Agenten des Marsilius aufgestachelt und mit dem Reichtum toskanischer Ghibellinen gewonnen, stürzten die Römer das papstfreundliche Orsini-Regime und vertrieben die anjouistischen Truppen aus der Engelsburg.

Am 17. Januar 1328 setzte der römische Volkskapitän Sciarra Colonna Ludwig dem Bayern in St. Peter die Kaiserkrone auf. Vor einer Volksversammlung auf dem Petersplatz am 18. April erklärte Ludwig »den Priester Johann Cahors, der sich fälschlich Papst nennt« für abgesetzt, und zu Himmelfahrt wählte das römische Volk den Franziskaner Petrus von Corvaro als Nikolaus V. zum Papst. Doch drückende Geldforderungen Ludwigs und seines Papstes ließen die Stimmung bald umschlagen. Fluchtartig mußte der Volkskaiser im August aus Rom abziehen. Auf die Nachricht vom Tode Friedrichs des Schönen kehrte er im Februar 1330 nach Deutschland zurück. Sein Papst Viktor V. unterwarf sich sechs Monate später in Avignon Johannes XXII.

Trotz des italienischen Fiaskos konnte sich Ludwig der Bayer in Deutschland behaupten. Die reichsfeindliche Politik Avignons im Verein mit dem aggressiven Frankreich und dem Kurfürsten Johann von Böhmen erzeugte ein starkes nationales Zusammengehörigkeitsgefühl in allen Ständen. Trotzdem suchte Ludwig um fast jeden Preis die Versöhnung mit dem Papst. Doch selbst die demütigsten Unterwerfungsangebote stießen auf Ablehnung bei Johannes XXII. und seinen Nachfolgern. Ganz verwunderlich war das nicht, denn trotz seiner Beteuerungen der Kirchentreue duldete Ludwig in München eine regelrechte reformatorische Propagandazentrale. Neben Marsilius von Padua setzten hier als Häretiker verurteilte Verfechter der Armutslehre wie der englische Minorit William Occam, der Franziskanergeneral Michael von Cesena und der Ordensprokurator Bonagratia ihren Kampf mit der Feder fort.

Gegen Frankreich verbündete sich Ludwig im Juli 1337 mit Eduard III. von England. Die Kurfürsten mit Ausnahme Johanns von Böhmen gaben ihm auf einer Versammlung in Rhense bei Koblenz mit einer geharnischten Botschaft an Papst Benedikt XII. volle Rückendeckung. Der Frankfurter Reichstag hob im August 1338 Bann und Interdikt als rechtswidrig auf. Ludwig erließ ein Reichsgesetz, nach dem einzig die deutsche Königswahl ohne jede päpstliche Mitwirkung den Anspruch auf das universale Kaisertum begründet, das auf Erden niemanden über sich und alle Völker unter sich hat. Doch schon drei Jahre später vollzog Ludwig in der Hoffnung, durch Vermittlung Frankreichs doch noch die Verständigung mit der Kurie zu erreichen, eine Schwenkung. Im Frühjahr 1341 kündigte er das Bündnis mit England und schloß einen Freundschaftsvertrag mit Philipp VI. von Frankreich, in dem er auf die Rückgabe der von Frankreich annektierten Westgebiete verzichtete.

Mehr noch als durch dieses den Zeitgenossen verächtliche Schwanken schadete Ludwig seinem Prestige durch seine rücksichtslose Hausmachtpolitik. 1341 nahm er Niederbayern in Besitz. 1342 erklärte er aus kaiserlicher Machtvollkommenheit die Ehe der Gräfin Margarete von Tirol (wegen ihres häßlichen Mundes Maultasch genannt) mit einem Sohn Johanns von Böhmen wegen Nichtvollzugs für ungültig und verheiratete Margarete mit seinem Sohn, dem Markgrafen Ludwig von Brandenburg. Nach dem Tod seines Schwagers, des Grafen Wilhelm IV. von Holland, zog Ludwig die Grafschaften Holland, Seeland, Friesland und Hennegau ein und belehnte damit seine Frau Margarethe von Holland. Mit dem Griff nach dem Rheinmündungsgebiet fielen die rheinischen Erzbischöfe von Ludwig ab und wählten am 11. Juli 1346 in Rhense zusammen mit Sachsen und Johann von Böhmen dessen Sohn Karl zum Gegenkönig. Viele Bischöfe und die meisten Städte hielten zu Ludwig von Bayern. Am 11. Oktober 1347 ereilte ihn auf einer Bärenhatz in der Nähe von Fürstenfeldbruck ein tödlicher Schlaganfall. Gegen kirchlichen Protest setzten Rat und Zünfte Münchens den Gebannten in der St. Michaels-Kapelle der Frauenkirche bei.

Aus Ludwigs glücklichen Ehen mit Beatrix von Schlesien und Margarethe von Holland gingen sieben Söhne und zehn Töchter hervor. Das Haus Wittelsbach war eine Macht geworden. Mit seinem Stadtrecht von 1340 und dem Bayerischen Landrecht von 1336 und 1346 hat Kaiser Ludwig die städtische und bürgerliche Entwicklung gefördert. Das absolute Kaisertum wurde mit ihm zu Grabe getragen. Im Kurverein von Rhense nahmen die Kurfürsten zum erstenmal über ihre Rolle als Königsmacher hinaus die Reichspolitik in die Hand.

KARL IV.
VON LUXEMBURG-BÖHMEN
1347–1378

Auf der Prager Burg wurde der älteste Sohn des Luxemburger Königs Johann von Böhmen und der Przemyslidin Elisabeth am 14. Mai 1316 geboren und nach seinem tschechischen Großvater auf den Namen Wenzel getauft. Er war ein Enkel Kaiser Heinrichs VII. und Urenkel König Rudolfs I. von Habsburg. Mit seinen deutschen, tschechischen, französischen und ungarischen Ahnen war er eine europäische Mischung. Die Ehe des begabten aber unsteten Vaters und der herrschsüchtigen Mutter war unglücklich. Weil König Johann fürchtete, Elisabeth würde ihn zugunsten Wenzels aus der böhmischen Herrschaft verdrängen, brachte er den Jungen im Alter von sieben Jahren an den Hof seines Schwagers Karl IV. von Frankreich. Bei seiner Firmung wurde Wenzel auf den Namen seines Firmpaten Karl IV. umgetauft und in einer Kinderehe mit Blanca Margarete von Valois, einer Cousine König Karls, getraut. Sein Erzieher wurde der Benediktiner Pierre Roger de Beaufort, der spätere Papst Clemens VI.

Karl IV. Siegel von 1358.

Während sieben Jahren in Frankreich empfing Karl die Grundlagen einer umfassenden geistlichen, wissenschaftlichen und kulturellen Bildung. Mit vierzehn Jahren weihte ihn sein Großonkel Erzbischof Balduin von Trier in die Verhältnisse des luxemburgischen Stammlandes ein. 1331–33 zog sein Vater ihn bereits bei dem Versuch heran, in Italien ein luxemburgisches Reichsvikariat zu errichten. Das Unternehmen scheiterte, doch Karl nahm reiche Kenntnisse über die hochentwickelte Finanz- und Wirtschaftspolitik der italienischen Stadtstaaten mit. Dieses Wissen wendete er an, als sein Vater ihn 1334 zum Markgrafen von Mähren ernannte und ihm die Regentschaft über das unter seiner Regierung völlig heruntergewirtschaftete Böhmen überließ. Als möglicher Gegenkönig an den Intrigen seines Vaters, Frankreichs und der Kurie gegen Ludwig den Bayern beteiligt, lernte Karl die Schule der hohen und der niedrigen Diplomatie, legte sich aber auch ein tiefes Mißtrauen gegen alle Menschen zu.

Hochbegabt, wenn auch kein Genie wie der Staufer Friedrich II., dafür aber mit einem Instinkt für politische Realitäten begabt, war Karl besser auf seine Aufgabe als König vorbereitet als jemals einer seiner Vorgänger. Er war mittelgroß, schwarzhaarig mit breitem vollem Gesicht, dunklen Augen, die niemanden gerade ansahen. In wichtigen Unterredungen »pflegte er Weidenstöckchen in der Hand zu halten und ein Messer, um sie kleinzuschneiden. Nichtsdestoweniger gab er auf jedes Wort acht und sprach ohne lange Überlegung seinen Willen aus«. So ein Chronist. Zusammen mit seinem Vater und seinem vertrauten Lehrer Papst Clemens VI. handelte Karl im März 1346 die Bedingungen aus, unter denen ihm die Königs- und Kaiserwürde übertragen werden sollte. Unter Aufrechterhaltung der Reichs- sprich Finanzhoheit in Oberitalien verzichtete er auf jede Einmischung in die politischen Verhältnisse Italiens, es sei denn zum Schutze der Papstkirche. Er verpflichtete sich, niemals länger als vier Tage in Rom zu bleiben und es einen Tag nach seiner Kaiserkrönung wieder zu verlassen.

Nach seiner Wahl zum Gegenkönig am 11. Juli 1346 zog Karl IV. zunächst nach Frankreich, um seinem Schwager Philipp VI. im

Kampf gegen England beizustehen. Mit ihm ging sein völlig erblindeter Vater, der als Ritter sterben wollte und am 26. August in der für Frankreich unglücklichen Schlacht bei Crécy fiel. Der plötzliche Tod Kaiser Ludwigs ersparte Karl IV. größere militärische Operationen. Bei der Bezahlung seiner riesigen Wahlschulden kamen ihm die im Zuge der Pestepidemie 1348–52 ausbrechenden Judenmassaker zugute. Als Schutzherrn der Juden verfiel dem König beim erbenlosen Tod eines Juden dessen Vermögen mitsamt Außenständen. Je mehr jüdische Sippen ausgerottet wurden, desto reicher wurde der König. Während er die Pogrome in seinem luxemburgischen Stammland verbot, sicherte er Städten, Fürsten und einzelnen Adligen gegen Zahlung hoher Bußen Straflosigkeit für Judenmord zu. Seinem Onkel, dem Erzbischof von Trier, und den Bischöfen von Bamberg und Würzburg verpfändete er das Gut der in ihren Diözesen ermordeten Juden.

Auf seinem Italienzug 1354/55 wurde Karl in Mailand zum König von Italien und am 5. April 1355 in Rom von einem Kardinallegaten zum Kaiser gekrönt. Er verband mit dem Kaisertum keinerlei romantische Weltherrschaftsideen, und auch im Inneren erkannte er die Rechte der Landesherren an. Auf Reichstagen in Nürnberg am 10. Januar und in Metz am 25. Dezember 1356 erließ er ein Reichsgrundgesetz, das nach der anhängenden goldenen Siegelkapsel die Goldene Bulle genannt wurde. Die sieben Kurstimmen wurden endgültig auf Trier, Köln, Böhmen, Pfalz, Sachsen-Wittenberg, Brandenburg und Mainz festgelegt und, um Doppelwahl unmöglich zu machen, die Mehrheitswahl eingeführt. Der in Frankfurt gewählte und in Aachen gekrönte König ist zugleich erwählter römischer Kaiser. Von einer Mitwirkung des Papstes bei der Wahl ist nicht die Rede. Die Kurfürstentümer sind unteilbar und nur an die Erstgeborenen zu vererben, sie erhalten Majestätsrecht, Gerichts-, Münz- und Zollhoheit. Die Goldene Bulle ist dreihundertfünfzig Jahre lang, bis zur Auflösung des Heiligen Römischen Reiches 1806, gültig geblieben. Das Verbot von Bündnissen innnerhalb des Reichs förderte zwar den Frieden unter den Landesherren, wirkte sich aber übel für die Städte aus, die damit ihrer wirksamsten Waffe gegen Fürstenwillkür und Raubrittertum beraubt wurden.

Seine Lebensaufgabe sah Karl IV. in der Vergrößerung seiner Hausmacht. Nach seiner zweiten Heirat mit Anna, Tochter des Pfalzgrafen Rudolf II., erwarb er 1353 die bayerische Oberpfalz und das Egerland. Seine dritte Ehe mit Anna, Tochter des Herzogs von Schweidnitz, brachte ihm Schlesien und die Oberlausitz, die er unlösbar mit der böhmischen Krone verband. Nachdem er 1363 Elisabeth, Tochter des Herzogs von Pommern-Wolgast, geheiratet hatte, kaufte er die Niederlausitz. Für 500 000 Goldgulden erwarb er 1373 von dem Wittelsbacher Markgrafen Otto dem Faulen Brandenburg und damit die zweite Kurwürde für das Haus Luxemburg-Böhmen. Im Osten lag sein Hauptinteresse. Zwar ließ er sich 1365 in Arles zum König von Burgund krönen, was seit Kaiser Barbarossa kein Kaiser mehr für der Mühe wert gehalten hatte, doch überließ er den Einfluß dort dem König von Frankreich. Im Austausch dafür gewann er die Zustimmung Frankreichs zu seinen dynastischen Plänen in Ungarn und Polen.

Trotz seiner Hausmachtpolitik ist es ungerecht, wenn man, wie das Kaiser Maximilian I. getan hat, Karl IV. den »Erzstiefvater des Heiligen Römischen Reichs« nennt. Als erster Kaiser seit Stauferzeiten interessierte er sich für den Nordosten des Reiches, förderte die Hanse und errichtete sogar dem vergessenen Sachsenherzog Widukind ein würdiges Grabmal, auf dem er die Wappen Karls des Gro-

ßen und Böhmens anbringen ließ. War Karl IV. nicht der Erzstiefvater des Reichs, so war er gewiß ein Erzvater für Böhmen. Schon 1348 gründete er in Prag die erste Universität diesseits der Alpen und außerhalb Frankreichs. Er ließ die Moldau schiffbar machen, förderte Handel, Gewerbe, Berg- und Ackerbau und machte das Königreich zum Musterland. Neben vielen anderen Künstlern zog er den Dombaumeister Peter Parler an seinen Hof, der den St. Veitsdom vollendete und die Karlsbrücke baute. Unter Karl IV. wurde aus Prag die »Goldene Stadt«.

Entgegen dem von ihm eingeführten und beschworenen Reichswahlrecht erkaufte Karl IV. mit gewaltigen Geldsummen 1376 die Wahl seines dreizehnjährigen Sohnes Wenzel zum König und Kaiser. Ebenso unfolgerichtig zerstörte er die von ihm aufgebaute Hausmacht durch Erbteilung. Wenzel erhielt Böhmen und die Lausitz, Siegmund die Mark Brandenburg, Johann das Herzogtum Görlitz und die Neumark, Karls Neffen Jobst und Prokop bekamen Mähren. Am 29. November 1378 starb Karl IV. in der Prager Burg und wurde im St. Veitsdom beigesetzt.

Wenzel. Siegel von 1379.

WENZEL
VON LUXEMBURG-BÖHMEN
1347–1400

Als Anna von Schweidnitz-Jauer, die dritte Frau des Kaisers Karl IV., 1360 schwanger wurde, zog der Kaiser mit ihr nach Nürnberg, damit sein Erbe auf altem deutschen Boden zur Welt kommen sollte. Am 26. Februar 1361 wurde Wenzel geboren und in Anwesenheit aller Kurfürsten in der Nürnberger Sebalduskirche getauft. Als er drei Jahre alt war, wurde er in Prag mit der Wenzelskrone gekrönt. Mit zehn Jahren verheiratete sein Vater ihn mit Johanna, einer Tochter Herzog Albrechts I. von Bayern. 1373 wurde er Markgraf und Kurfürst von Brandenburg. Als sein Vater entgegen dem Reichswahlrecht Wenzels Wahl zum Nachfolger durchdrücken wollte, hielt ihm der Erzbischof von Trier vor: »Ihr selbst habt geschworen, den besten Mann zu wählen, und Euer Sohn ist ein Kind, an dem nicht Weisheit noch Tüchtigkeit ist.« Derselbe Erzbischof ließ sich die Wahl des vierzehnjährigen Wenzel zum König und Kaiser am 10. Juni 1376 am teuersten bezahlen.

Als Wenzel im November 1378 auf den Thron kam, war in der Kirche das große *Schisma*, die Spaltung zwischen der Kurie von Rom mit ihrem Papst Urban VI. und der Kurie von Avignon mit Clemens VII., schon voll ausgebrochen. Mit den rheinischen Erzbischöfen und dem Pfalzgrafen bei Rhein schloß sich Wenzel der römischen Partei an. Durch seine Bemühungen, den Landfrieden zwischen den rheinischen Fürsten und den süddeutschen Städten zu vermitteln, geriet er jedoch in Gegensatz zu den Fürsten. Auf dem Fürstentag in Eger 1389 mußte er die Interessen der Städte denen der Fürsten opfern. Er begann zu resignieren, zog sich nach Böhmen zurück und ergab sich mehr und mehr der Jagd und dem Trunk. Insgeheim nahm er Verbindungen mit dem Papst von Avignon auf, um eine Umbesetzung der rheinischen Erzbistümer zu erreichen.

Auch in Böhmen hatte Wenzel mit Adel und Geistlichkeit zu kämpfen. 1389 ließ er den Generalvikar des Erzbischofs, Johann Nepomuk, foltern und in die Moldau stürzen. 1394 ernannte er den mit Avignon verbündeten Giangaleazzo Visconti für 10 000 Taler zum Herzog von Mailand und betrieb durch ihn die Absetzung der römischen Päpste. Die böhmischen Adligen verbündeten sich gegen Wenzel mit seinem Bruder Siegmund und seinem Vetter Jobst von Mähren. Am 20. August 1400 erklärten ihn die rheinischen Kurfürsten rechtswidrig als »Entgliederer des Reichs« und »unnützen, versäumlichen« König für abgesetzt. Als König von Böhmen überließ Wenzel die Regierung den Landständen. Erst als 1410 sein Bruder Siegmund zum Kaiser gewählt wurde, verzichtete er förmlich auf den Titel. Bei der Nachricht vom Aufstand der Hussiten traf ihn am 16. August 1419 auf Schloß Wenzelstein der Schlag.

RUPRECHT VON DER PFALZ
1400–1410

Der dritte Sohn des Kurfürsten Ruprecht II. von der Pfalz wurde am 5. Mai 1352 in Amberg geboren. 1398 folgte er seinem Vater in der Kurwürde. Am 21. August 1400 wurde er mit den Stimmen von Mainz, Köln, Sachsen und der Pfalz zum König gewählt und am 6. Januar 1401 in Köln gekrönt. 1401 zog er nach Italien, um das Herzogtum Mailand dem Reich wiederzugewinnen und sich vom Papst zum Kaiser krönen zu lassen. Doch am 21. Oktober wurde er bei Brescia von Giangaleazzo Visconti geschlagen und mußte wegen Geldmangel unverrichteter Dinge nach Deutschland zurückkehren. Das Volk verspottete ihn in Liedern als den »Goggelmann mit den leeren Taschen«. Seine Bemühungen, in Deutschland den Landfrieden herzustellen, scheiterten am Widerstand derselben Fürsten, die seine Wahl bewirkt hatten, sich jetzt aber 1404 im Marbacher Bund gegen ihn zusammenschlossen. Auch seine Anstrengungen, der Kirchenspaltung ein Ende zu machen, scheiterten. Seine Regierung war für die Pfalz erfolgreicher als für das Reich. Er gliederte die von seinem Großonkel an Kaiser Karl IV. verpfändeten Teile der Oberpfalz wieder an, erwarb die Grafschaften Spon-

Ruprecht von der Pfalz. Siegel von 1401.

heim und Kirchberg am Hunsrück. Das Heidelberger Schloß erweiterte er durch den Ruprechtsbau. Er starb am 18. Mai 1410 in Schloß Landskron bei Oppenheim. Die Grabstätte Ruprechts und seiner Frau Elisabeth von Hohenzollern in der Heidelberger Heiliggeistkirche blieb nach der Zerstörung der Pfalz 1693 als einziges Grabmal der pfälzischen Kurfürsten erhalten.

JOBST VON MÄHREN
1410–1411

Zwölf Jahre nachdem Johann Heinrich von Luxemburg, Markgraf von Mähren, wegen Impotenz von Bett und Hof seiner Jugendgemahlin Margarete von Tirol (genannt Maultasch) vertrieben worden war, zeugte er mit Margarete von Troppau (Schlesien) den ersten von später drei Söhnen. Jobst wurde 1354 geboren. 1376 belehnte sein Onkel Kaiser Karl IV. ihn und seinen Bruder Prokop mit der Markgrafschaft Mähren. Der Reichtum Mährens setzte ihn in den Stand, seine Vettern König Wenzel und König Siegmund von Ungarn in ihren Unternehmungen zu unterstützen. Dafür mußte ihm Wenzel 1388 das Stammherzogtum Luxemburg und Siegmund die Mark Brandenburg verpfänden. 1394 stellte er sich an die Spitze einer böhmischen Adelserhebung gegen König Wenzel und erpreßte 1397 von ihm die Belehnung mit der Mark Brandenburg und wurde dadurch Kurfürst. Am Sturz Wenzels durch die rheinischen Kurfürsten beteiligte er sich nicht direkt, unterstützte aber den Gegenkönig Ruprecht von der Pfalz. Nach Ruprechts Tod wurde Jobst von den Erzbischöfen von Köln und Mainz und mit den Stimmen Sachsens, Brandenburgs und Böhmens am 1. Oktober 1410 zum König gewählt. Bereits am 20. September hatte sich sein Vetter Siegmund aber von Trier, Pfalz und Brandenburg, dessen Stimme er widerrechtlich dem Burggrafen Friedrich von Nürnberg übertragen hatte, wählen lassen. Bevor es zu einer Entscheidung kam, starb Jobst ungekrönt schon dreieinhalb Monate nach seiner Wahl am 17. Januar 1411. In der Thomaskirche in Brünn wurde er beigesetzt.

Siegmund. Siegel von 1454.

SIEGMUND VON LUXEMBURG
1411–1437

Der erste Sohn aus der vierten Ehe Kaiser Karls IV. mit Elisabeth von Pommern wurde am 15. Februar 1368 wahrscheinlich in Nürnberg geboren und drei Tage danach mit einer Tochter des Burggrafen Friedrich V. von Nürnberg verlobt. Die Verlobung wurde sechs Jahre später gelöst und Siegmund durch Verlobung mit der Erbtochter Maria des Königs Ludwig von Ungarn und Polen zum Anwärter auf ein Reich bestimmt, das von der Ostsee bis zur Adria und zum Schwarzen Meer reichte. Bei der luxemburgischen Erbteilung 1376 erhielt Siegmund die Mark Brandenburg. Nach dem Tod seines Vaters kam Siegmund 1379 an den ungarischen Königshof in Visegrád und 1381 nach Krakau, um auf seine künftige Aufgabe vorbereitet zu werden.

König Ludwig I. von Ungarn und Polen starb am 11. September 1382. Die Polen wollten die Verbindung mit Ungarn lösen und schickten Siegmund aus dem Land. Siegmunds Braut Maria wurde zur Königin von Ungarn gekrönt, ihre jüngere Schwester Hedwig zum »König« von Polen und zwangsweise mit dem Großfürsten Jagiello von Litauen verheiratet. Die Königinmutter Elisabeth, eine Bosnierin, wollte auch keinen Deutschen als Schwiegersohn, schob den Vollzug der Ehe hinaus und verlobte Maria mit einem französischen Prinzen. Siegmund mußte Ungarn verlassen, kehrte aber mit seinen Vettern Jobst und Prokop von Mähren zurück, vollzog im September 1385 in Ofen das Beilager mit Maria und machte damit die Ehe zur vollendeten Tatsache. Während er in Böhmen neue Kräfte organisierte, eroberte Karl III. von Durazzo, König von Neapel, mit Unterstützung einer ungarischen Adelspartei Ofen und wurde zum König ausgerufen. Karl III. wurde von Leuten Elisabeths ermordet, worauf seine Anhänger Elisabeth umbrachten und Maria entführten. Erst als Siegmund und sein Bruder König Wenzel mit Heeresmacht einrückten, wurde Maria freigelassen und Siegmund am 31. März 1387 in Stuhlweißenburg gekrönt.

Um seine Herrschaft in Ungarn zu festigen und gegen die auf dem Balkan vorrückenden Türken zu rüsten, brauchte Siegmund viel Geld. Vetter Jobst von Mähren lieh ihm 565 263 Gulden gegen Verpfändung der Mark Brandenburg. Am 28. September 1396 wurde Siegmunds ungarisches Heer, dem sich deutsche, französische, englische und italienische Kreuzritter angeschlossen hatten, bei Nikopol (Donau) von Sultan Bajesid I. vernichtend geschlagen. Siegmund entkam über Konstantinopel nach Ragusa. Maria war 1395 kinderlos gestorben, und in Ungarn rissen Verschwörungen und Aufstände nicht ab. Durch leichtsinnigen Umgang mit Geld und Frauen brachte Siegmund auch Klerus und hohen Adel gegen sich auf und wurde 1401 für einige Monate gefangengesetzt. Die Unfähigkeit König Wenzels zwang ihn mehrfach zum Eingreifen in Böhmen, wobei er und Jobst von Mähren abwechselnd für oder gegen Wenzel auftraten. Nachdem Wenzel 1400 von den rheinischen Kurfürsten abgesetzt worden war, ernannte Jobst Siegmund zum Reichsstatthalter. Doch das war ein leerer Titel. Erst nach dem Tod König Ruprechts von der Pfalz und Jobsts von Mähren wurde Siegmund am 21. Juli 1411 einstimmig zum König gewählt. Er führte zu dieser Zeit Krieg mit Venedig um Dalmatien und wurde erst am 8. November 1414 in Aachen gekrönt.

Im Schmuck der Krone zog Siegmund am Weihnachtstag 1414 mit seiner zweiten Frau, der schönen Barbara von Cilli, in die Reichsstadt Konstanz ein, wo seit 5. November das größte Konzil der römischen Kirche tagte. Daß dieses Konzil zustande kam, war Siegmunds ureigenes Werk. Als Kaiser und Schutzherr der Kirche und angesichts der Gefahr, die der ganzen Christenheit von den Türken drohte, sah er in der Beendigung des seit 1378 bestehenden abendländischen Schismas seine vornehmste Aufgabe. Auch eine Reform des auseinanderfallenden Reiches hielt er ohne geeinigte Kirche für unmöglich. Seit 1409 gab es drei Päpste – den vom Kardinalskonzil in Pisa gewählten Johannes XXIII., den von den spanischen Königreichen anerkannten Benedikt XIII. und Gregor XII., der in Rimini ein Schattendasein führte.

Diplomatisch hatte Siegmund Johannes XXIII. die Einberufung eines allgemeinen Konzils auf deutschem Boden abgerungen, das die Einigkeit herbeiführen, die Reform der Kirche an Haupt und Gliedern beraten und sich mit den »ketzerischen« Lehren des radikalen tschechischen Reformers Jan Hus auseinandersetzen sollte. Als Schirmherr konnte Siegmund durch sein geschicktes Verhandeln erreichen, daß das Konzil nicht von vornherein an den scharfen Gegensätzen der fast siebenhundert Kleriker scheiterte. Die Einung der Kirche unter einem Papst wurde erzielt. Doch die Kirchenreform wurde von der Kurie abgeblockt, und statt einer Auseinandersetzung mit der Lehre des Jan Hus kam es zu seiner Verdammung und Hinrichtung als Ketzer am 6. Juli 1415. Als Siegmund nach Schluß des Konzils im Mai 1418 aus Konstanz abzog, hinterließ er einen Berg Schulden.

Der Tod des Jan Hus auf dem Scheiterhaufen löste in Böhmen eine ungeheure religiöse und nationale Erregung aus. Da Hus mit der verbrieften Zusage des Kaisers auf freies Geleit nach Konstanz gegangen war, wurde Siegmund als sein Mörder, als »falscher Vater« gehaßt. Ein spontaner Aufstand in Prag Ende Juli 1419 wurde der Auftakt zu einer tschechischen Revolution, gegen die Papst und Kaiser zum heiligen Krieg aufriefen. Die »Kreuzheere« Siegmunds wurden von den schlecht bewaffneten Hussiten unter der genialen Führung des Jan Ziskas geschlagen. Dreizehn Jahre lang zehrte der Hussitenkrieg die Reichsmittel auf. Alle Ansätze zur Reichsreform

128

Ferdinand I., Gemälde von Johann Bocksberger d.Ä. im Kunsthistorischen Museum in Wien.

Nächste Seite: Maximilian II., Gemälde von Guillaume Scrots von etwa 1544 im Kunsthistorischen Museum Wien.

Übernächste Seite: Rudolf II., Gemälde von Martino Rota um 1576 im Kunsthistorischen Museum Wien.

Vorhergehende Seite: Rudolf II., Gemälde von Joseph Heintz im Kunsthistorischen Museum in Wien.

Vorhergehende Seite: Matthias, dargestellt als römischer Feldherr P. Cornelius Scipio major, gemalt 1580 in Brüssel von Lucas van Valckenborch, Kunsthistorisches Museum in Wien.

Links: Ferdinand III., Gemälde von Peter Paul Rubens und Jan van der Hoecke, 1635, Kunsthistorisches Museum Wien.

Rechts: Ferdinand II., Gemälde aus dem Jahre 1614 von einem unbekannten Meister, Kunsthistorisches Museum Wien.

Übernächste Seite: Ferdinand III., Gemälde von Jan van den Hoecke um 1644, Kunsthistorisches Museum Wien.

versandeten. Im November 1431 wurde Siegmund in Mailand zum König von Italien gekrönt, mußte aber anderthalb Jahre in Italien vertrödeln, bis Papst Eugen IV. sich herabließ, ihm die Kaiserkrone aufzusetzen. Die Römer erlebten am 21. Mai 1433 die schäbigste aller Krönungsfeiern. Unterdes ging das Deutschordensland an Polen verloren, kaufte im Westen Herzog Philipp von Burgund ein Superherzogtum Großburgund zusammen, in dem auch das Stammland der Luxemburger aufgehen sollte.

Die Hussitenkriege endeten 1433, nachdem die national-tschechische Bewegung an sozialen Gegensätzen zerbrochen war. Am 23. August 1436 zog Siegmund in Prag ein. Zu einem Reichstag in Eger im Juni 1437 schickten die geistlichen Fürsten nur Gesandte. Ein von Siegmund vorgelegtes Sechzehn-Punkte-Programm zur Reichsreform scheiterte am Gegensatz zwischen Fürsten und Städten. Siegmund war neunundsechzig Jahre alt. Da er keinen männlichen Erben hatte, fielen nach dem von Kaiser Karl IV. abgeschlossenen Erb-Einungsvertrag die luxemburgischen Erbländer an Habsburg. Siegmunds einzige Tochter Elisabeth war mit Herzog Albrecht V. von Österreich verheiratet, ihm sollten Böhmen und Ungarn zufallen. Die Markgrafschaft Brandenburg hatte Siegmund bereits 1414 mitsamt der Kurwürde dem Burggrafen von Nürnberg Friedrich von Hohenzollern für 400 000 Gulden abgetreten.

Kaiserin Barbara, die sich mit ihrem Schwiegersohn Albrecht von Österreich überworfen hatte, plante zusammen mit tschechischen Adligen die Vereinigung Böhmens mit Polen. Die Wenzelskrone sollte dem jungen Polenkönig Wladislaw III. zufallen. Das Komplott wurde aufgedeckt, und Siegmund ließ Barbara, als er mit ihr auf der Burg in Znaim war, von Albrecht verhaften. Kurz darauf, am 9. Dezember 1437 starb er, nachdem er sich in volles Kaiserornat hatte kleiden lassen. In Großwardein auf ungarischem Boden wurde er beigesetzt. Er war ein schöner Mann und sich dessen bewußt, liebte er Schaueffekte. Ein gewinnender Diplomat, der Deutsch, Ungarisch, Polnisch, Tschechisch, Französisch und Latein fließend beherrschte, unzuverlässig als Bündnispartner, ein Taktiker, aber kein Stratege – weder militärisch noch politisch.

ALBRECHT II. VON HABSBURG
1438–1439

Mit ihm beginnt die lange, in dreihundertachtundsechzig Jahren nur einmal durch den Wittelsbacher Karl VII. unterbrochene Reihe der deutschen Herrscher aus dem Hause Habsburg. Albrecht wurde am 16. August 1397 als einziger Sohn des Herzogs Albrecht IV. von Österreich und der Wittelsbacherin Johanna von Bayern-Straubing geboren. Der Vater starb 1404, und für den jungen Albrecht übernahmen seine Oheime und Vormunde Herzog Wilhelm der Artige von Steiermark, Kärnten, Krain und Leopold IV. von Tirol und Oberösterreich die Regentschaft. Unter den zerstrittenen Brüdern brach in Österreich ein Chaos aus. Adelskreise fürchteten für das Leben Albrechts und brachten ihn zeitweise außerhalb von Wien in ihren Gewahrsam. 1411 riefen die österreichischen Stände Kaiser Siegmund um Hilfe an. In einem Schiedsspruch hob Siegmund die Vormundschaft auf, übernahm sie selber und verlobte Albrecht mit seiner erst zwei Jahre alten Tochter Elisabeth. Sie heirateten 1421, Siegmund übertrug Albrecht die Nachfolge in Böhmen und Ungarn und gab ihm Mähren als Lehen.

Albrecht II. Siegel von 1438.

In Österreich konnte Albrecht zunächst die Ordnung wiederherstellen. Eine grausame Judenverfolgung 1420 brachte ihm hohen Gewinn an Hinterlassenschaften. In den Hussitenkriegen kämpfte er verbissen und mit religiösem Fanatismus gegen die Ketzer, die wiederholt in Österreich einfielen. Im Dezember 1437 brachte er den Leichnam Kaiser Siegmunds nach Preßburg und wurde am 1. Januar 1438 mit der Stephanskrone zum König von Ungarn gekrönt. In Böhmen wählte ihn die Mehrheit des Landtags gegen den Protest der Hussiten, die eine Vereinigung Böhmens mit Polen anstrebten.

Am 18. März wählten die deutschen Kurfürsten Albrecht einstimmig zum König und Kaiser. Bis zur Krönung wurde eine Frist von zwei Jahren festgesetzt. Am Altar des Hl. Veit in Prag wurde Albrecht am 29. Juni 1438 zum König von Böhmen gekrönt. Inzwischen war jedoch ein polnisches Heer in Mähren eingefallen, und die tschechische Nationalpartei griff gegen Albrecht zu den Waffen. Mit Sachsens und Bayerns Hilfe brachte Albrecht ein Heer von 30 000 Mann auf. Polnische Reiter fielen in Schlesien ein. Das Vordringen der Türken in Serbien und Siebenbürgen zwang Albrecht zum Abschluß eines Waffenstillstands, der durch Vermittlung von Papst Eugen IV. zustande kam. In Ungarn brach ein Aufstand gegen die Deutschen aus.

Mit einem viel zu schwachen Heer zog Albrecht gegen die Türken, die bereits bei Belgrad über die Donau vordrangen. Eine Ruhrepidemie dezimierte das Heer, Albrecht wurde angesteckt und starb während der Rückkehr am 27. Oktober 1439 in Neszmély bei Gran. In der Königsgruft in Stuhlweißenburg wurde er beigesetzt. Am 22. Februar 1440 brachte seine Witwe Elisabeth einen Sohn zur Welt, Ladislaus Postumus. Mit der von einer Kammerfrau entwendeten Stephanskrone ließ sie den Säugling am 15. Mai in Stuhlweißenburg zum König von Ungarn krönen. Der ungarische Adel erkannte den jungen König nicht an und krönte mit der Grabkrone des Hl. Stephan den Polenkönig Wladislaw III. Die wenigen Anhänger der Königinwitwe wurden besiegt. Um Ladislaus Ungarn zu erhalten, willigte Elisabeth in eine Heirat mit dem zwanzigjährigen Polenkönig ein, starb aber drei Tage nach der ersten Zusammenkunft.

137

Friedrich III. Gemälde aus Amberg,
im Bayerischen Nationalmuseum München.

FRIEDRICH III. VON HABSBURG
1440–1493

Nach dem Tod seines Vetters König Albrecht II. war Herzog Friedrich von Steiermark und Kärnten mit vierundzwanzig Jahren der Senior des Hauses Habsburg. Er war am 21. September 1415 geboren. Sein Vater Herzog Ernst wurde wegen seiner Körperkraft der Eiserne genannt. Von der Mutter Cimburgis von Masowien heißt es, daß sie mit der Hand Nägel einschlagen und einen beladenen Wagen ziehen konnte. Außer seiner Riesenstatur erbte Friedrich von ihr die wulstig vorstehende Unterlippe, durch fünfzehn Generationen ein dominantes Erbmerkmal der Habsburger. Als Friedrichs Vater 1424 starb, wurde er von seinem Onkel Herzog Friedrich von Tirol und Vorderösterreich erzogen, der wegen seines Geizes, nicht aber weil er arm gewesen wäre, Friedrich mit der leeren Tasche genannt wurde. Von ihm lernte Friedrich nicht nur einfache Lebenshaltung, Finanz- und Verwaltungspraxis, sondern er ahmte auch die Schrullen des Onkels nach – Zahlenmystik, Geheimschriften, Kult der Hausheiligen. Schon früh taucht in Notizen und auf Gebrauchsgegenständen Friedrichs die Devise auf, die er später auf seinen Bauten anbringen ließ – AEIOU. Die Deutung lautet entweder *Austriae est imperare orbi universo* – Alles Erdreich ist Österreich untertan, oder *Austria erit in orbe ultima* – Österreich wird bis ans Ende der Welt bestehen.

An so etwas dachten die Kurfürsten nicht, als sie den phlegmatischen, in ewige Familienhändel verstrickten Habsburger am 2. Februar 1440 einstimmig zum König wählten. Erst zwei Jahre nach der Wahl fand Friedrich die Zeit, sich in Aachen krönen zu lassen. Um den Aargau, das an die Eidgenossen verlorene habsburgische Stammland, zurückzugewinnen, holte er 1443 die berüchtigte Söldnerbande der *Armagnacs* ins Land. Sie brandschatzten am Oberrhein und im Elsaß. Als Friedrich deswegen auf dem Nürnberger Reichstag 1444 kritisiert würde, verließ er den Reichstag und ließ sich siebenundzwanzig Jahre nicht mehr im Reich sehen. Die dringend notwendige Reichsreform blieb den Kurfürsten überlassen, die aber auch nicht ernsthaft daran interessiert waren. In Westfalen, am Mittelrhein, in Franken und Bayern führten Fürsten und Städte, Fürsten gegen Fürsten blutige Kriege um Territorien und Privilegien. Das kaiserliche Hofgericht versagte, das Selbsthilferecht der Feme regierte.

Schon auf seiner Krönungsreise 1442 verhandelte Friedrich mit dem vom Baseler Reformkonzil eingesetzten Gegenpapst Felix V., dem in den geistlichen Stand übergetretenen Herzog Amadeus von Savoyen. Für seine Anerkennung wollte er Friedrich seine Tochter Margarite überlassen, doch man konnte sich nicht über die Höhe der Mitgift einigen. Bei dieser Gelegenheit gewann Friedrich den Sekretär des Gegenpapstes, Enea Silvio de Piccolomini, für seine Kanzlei. Piccolomini, der spätere Papst Pius II., schwenkte zum Kurienpapst Eugen IV. über. Für 100 000 rheinische Gulden, 221 000 Dukaten und die Zusicherung der Kaiserkrönung erkaufte Eugen IV. seine Anerkennung durch Friedrich. Im Wiener Konkordat vom 17. Februar 1448 wurde die Streitfrage, ob Konzilien über dem Papst stehen, zugunsten des Papstes entschieden und damit das Ende jeder wirklichen Kirchenreform besiegelt.

Am 16. März 1452 wurde Friedrich III. in Rom von Papst Nikolaus V. mit der Prinzessin Eleonore von Portugal getraut und drei Tage später zum Kaiser gekrönt. Es war die letzte Kaiserkrönung, die von einem Papst in Rom vollzogen wurde. Im kaiserlichen Gefolge befand sich Friedrichs zwölfjähriger Neffe und Mündel Ladislaus Postumus, rechtmäßiger Herzog von Österreich, König von Böhmen und gekrönter König von Ungarn. Nach der Rückkehr Friedrichs aus Italien erzwangen österreichische Große mit Waffengewalt die Herausgabe ihres »natürlichen Herrschers«. Ladislaus wurde in Böhmen gekrönt. Ladislaus starb 1457, in Ungarn und Böhmen wurden die nationalen Reichverweser Matthias Corvinus und Georg Podiebrad zu Königen gewählt. Friedrich beanspruchte Österreich, worauf sein Bruder Albrecht VI. ihn sechs Wochen in der Wiener Burg belagerte. König Georg von Böhmen befreite den Kaiser, und es kam zum Vergleich. Doch Albrecht starb 1463 plötzlich, und Friedrich war alleiniger Herr Österreichs, Kärntens und der Steiermark.

Der expansionshungrige Herzog Karl der Kühne von Burgund aus dem französischen Hause Valois versuchte, den Kaiser für seine Pläne zu ködern, indem er die Hand seiner Alleinerbin Maria für Friedrichs Sohn Maximilian anbot. Dafür forderte er die römische Königswürde bei Lebzeiten des Kaisers, lebenslängliche Reichsstatthalterschaft, Lothringen und die Erhebung Burgunds zum Königreich. Doch da machten die Kurfürsten nicht mit. Friedrich überließ es den Fürsten und Städten, mit den Invasionen Karls des Kühnen fertig zu werden. Als der Burgunder 1476 beim Versuch, die Schweiz zu erobern, zwei schwere Niederlagen erlitt, erreichte Friedrich ohne Gegenleistung die Verbriefung der Ehe Maximilian-Maria. Am 5. Januar 1477 fiel Karl der Kühne bei Nancy, und am 19. August fand in Brügge die Hochzeit statt. Bei dieser Gelegenheit fiel der berühmte Spruch »Laß andere Kriege führen, du, glückliches Österreich, heirate!«

Der das mit bitterem Unterton sagte, war Matthias Corvinus, König von Ungarn und Teilkönig von Böhmen, der sich vom Kaiser gegen die Türken schmählich in Stich gelassen fühlte. Nicht einmal Türkeneinfälle in sein Stammland Steiermark konnte Friedrich verhindern. Anfang der achtziger Jahre eroberte Matthias große Teile Österreichs, Steiermarks und Kärntens und schlug 1485 seine Residenz in Wien auf. Friedrich flüchtete ins Reich. Die Kurfürsten, die schon mehrfach seine Absetzung erwogen hatten, wählten am 16. Februar 1486 den jungen Maximilian zum römischen König.

Friedrich war damit gar nicht einverstanden und ließ sich von Maximilian schriftlich geben, daß er sich nicht in die Reichsgeschäfte einmischen werde.

Matthias Corvinus starb am 6. April 1490, und Maximilian konnte die verlorenen Gebiete rasch zurückgewinnen. Auch seinen großen ungarischen Gegenspieler hatte der phlegmatische Kaiser ausgesessen. Im gleichen Jahr setzte Maximilian die Abdankung seines Vetters Erzherzog Siegmund von Tirol durch, so daß nun alle habsburgischen Hausländer unteilbar in der Hand Friedrichs waren. Seine letzten Lebensjahre verbrachte der Kaiser auf dem Schloß in Linz mit Beten, Goldmachen und astrologischen Blicken in die große Zukunft des Hauses Habsburg. Er starb am 19. August 1493 nach dreiundfünfzigjähriger Regierung im achtundsiebzigsten Lebensjahr und wurde später unter einem zu seinen Lebzeiten begonnenen Grabmal im Stephansdom beigesetzt.

Maximilian I.
Münzbild von einem Silbertaler aus Hall 1518.

MAXIMILIAN I. VON HABSBURG
1493–1519

Als er am 22. März 1459 in Wiener Neustadt geboren wurde, wollte seine Mutter Eleonore von Portugal ihn auf den Namen des ersten römischen Kaisers taufen, der das Christentum angenommen hatte – Konstantin. Sein Vater Kaiser Friedrich III. schlug als Namenspatron den Ritter St. Georg vor. Den Ausschlag gab der ungarische Taufpate Nikolaus von Ujlak: Maximilian wurde er getauft, auf den Namen des griechischen Heiligen Maximus des Bekenners. Unter Maximilians 32 Urururgroßeltern sind drei Deutsche, zwei aus französisch-deutschem Mischgebiet, vier Italiener, zehn Portugiesen und Spanier, zwei nicht bekannte mütterlicherseits, drei Engländer und – von der Großmutter Cimburgis von Masowien her – vier Russen, drei Polen, ein Litauer.

Kaiserin Eleonore starb, als Maximilian acht Jahre alt war. Sein Vater meinte, er sei geistig zurückgeblieben, weil sein Lehrer Peter

Engelbrecht von Passail Lern- und Sprachhemmungen bei ihm feststellte. Das gab sich aber, sobald er Reiten, Fechten und Armbrustschießen lernte.

Im Herbst 1473 reiste der Vierzehnjährige mit seinem Vater nach Trier, wo mit Karl dem Kühnen von Großburgund seine Heirat mit Maria ausgehandelt werden sollte, der reichsten Erbin Europas. Um gegen den Prunk des Burgunders nicht abzufallen, hatte Kaiser Friedrich sein Gefolge auf Pump vom Augsburger Handels- und Bankhaus Fugger in Seide und Brokat ausstaffieren lassen. In den burgundischen Niederlanden, erfuhr Maximilian, »sind zwanzig Städte so groß wie Wien, etwa ebenso viel Wasserschlösser ähnlich wie Laxenburg, der Herzog hat 300 Falken und 4000 Jagdhunde«. Die Verhandlungen scheiterten an der Forderung Karls des Kühnen, römischer König zu werden. Erst im Februar 1476, als Karl der Kühne die Hilfe der Kaisers brauchte, wurde der Ehekontrakt geschlossen. Maximilian schickte Maria sein Porträt, sie ließ sich lebensgroß für ihn malen.

Am 17. August 1477 standen sich Maximilian und Maria auf Schloß Ten Walle bei Gent zum erstenmal gegenüber. Es wurde eine stille Hochzeit, denn der Hof trauerte um Marias Vater, der ein halbes Jahr vorher bei Nancy gefallen war. Frankreich schickte sich an, Großburgund zu zerstückeln. In den Straßen von Gent war Maximilian mit Spruchbändern begrüßt worden: »Verteidige uns, damit wir nicht untergehen. Du bist unser Führer und Fürst, kämpfe unseren Kampf.« Dabei war Maximilian nur Prinzgemahl. Erst mit seinen Kindern würde Burgund an Habsburg fallen. Und damit hatten die Brautleute es eilig. »Neun Gänge« fochten sie in der Hochzeitsnacht, wird berichtet. Elf Monate darauf wurde der Thronerbe geboren – Philipp, später der Schöne genannt, im Januar 1480 folgte Margarete.

»Hätten wir Frieden, säßen wir hier wie im Rosengarten«, schrieb Maximilian. Da stürzte am 7. März 1482 auf einer Falkenbeiz in der Umgebung von Brüssel Herzogin Maria mit ihrem Pferd und starb an einer Fehlgeburt. Die niederländischen Stände forderten die Regentschaft und drohten mit Anschluß an Frankreich. Maximilian mußte ihnen den »jungen Landesherrn« Philipp ausliefern. Im Frieden von Arras zwang König Ludwig XI. von Frankreich Maximilian zur Übergabe der Freigrafschaft und des Stammherzogtums Burgund als Mitgift für die kleine Margarete, die mit dem zwölfjährigen Dauphin Karl verlobt und ihrem künftigen Schwiegervater übergeben wurde. »Kein größerer verzagter Bösewicht ist in aller Welt nit als er«, klagte der Witwer über Ludwig XI. Mit Gewalt unterwarf er die stolzen niederländischen Stände dem burgundischen Zentralregime und erzwang 1485 wenigstens die Herausgabe des jungen Philipp.

Maximilians energisches Vorgehen imponierte den Kurfürsten, die schon mehrmals die Absetzung seines schlappen Vaters erwogen hatten. Am 14. Februar 1486 wählten sie Maximilian einstimmig zum König und Nachfolger Friedrichs III. Er verlor allerdings bald wieder an Prestige, als er im Februar 1488 in Brügge von den Bürgern gefangen und gezwungen wurde, den Ständen ihre alten Privilegien zurückzugeben. Ein Reichsheer befreite ihn nach drei Monaten Gefangenschaft. 1490–91 vertrieb Maximilian die Ungarn aus Österreich, doch auf dem Einmarsch nach Ungarn meuterten seine Söldner, weil sie schon lange kein Geld mehr gesehen hatten. Mit dem neuen König von Ungarn und Böhmen Wladislaw II. schloß er am 7. November 1491 Frieden, in dem Habsburgs Erbanspruch auf beide Länder anerkannt wurde. Gegen seinen Hauptgegner Frankreich hatte sich Maximilian schon 1489 mit der Herzogin Anna von Bretagne verbündet, die er Ende 1489 »durch Stellvertreter« heiratete. Der Dame dauerte die Abwesenheit ihres Beschützers zu lange, und sie erlag der Werbung des jungen Franzosenkönigs Karl VIII., der mit der neuen Braut zugleich die Bretagne vereinnahmte. Seine verstoßene Braut Margarete, Maximilians Tochter, behielt er als Geisel. Maximilian mußte froh sein, daß er im Mai 1493 Margarete und einen Teil ihrer Mitgift zurückerhielt. Frankreich behielt das Stammherzogtum Burgund.

Als Maximilian am 14. August 1493 die Nachfolge seines Vaters antrat, schien er entschlossen, sich an die Spitze der Christenheit zu stellen und die Türken aus Europa zu vertreiben. Dafür schien er bereit, seinen Haß auf das Haus Valois hintanzustellen und die Zustände in Deutschland durch eine Reichsreform zu konsolidieren. Dabei verlor er jedoch die Interessen Habsburgs keinen Augenblick aus den Augen. Im März 1494 heiratete er Bianca Maria Sforza, die Nichte des Gewalthabers von Mailand Ludovico il Moro, den er mit dem Herzogtum Mailand belehnte. Die Mitgift betrug dreihunderttausend Dukaten.

Das zwischen dem Reich, Frankreich und Spanien sich anbahnende europäische Gleichgewicht wurde 1494 durch den Angriff Karls VIII. auf das vom spanischen Königshaus regierte Neapel erschüttert. Im Mai 1495 ließ sich Karl VIII. in Neapel zum König von Italien krönen. Vom Papst Alexander VI. Borgia an seine Pflichten als Schutzvogt der Kirche gemahnt, trat Maximilian einem Bündnis zwischen Papst, Spanien, Venedig und Mailand gegen Frankreich bei. Um die Mittel für den Krieg locker zu machen, berief er im Frühjahr 1495 einen Reichstag nach Worms ein. Den Kurfürsten teilte er mit: »Wir hoffen, daß der Reichstag nicht über vierzehn Tage dauern wird, da Wir zu kaiserlicher Krönung nach Rom ziehen wollen und im kommenden Sommer mit den Türken beschäftigt sein werden.« Für die Bewilligung einer Reichssteuer, den »gemeinen Pfennig«, mußte Maximilian auf dem Reichstag der vom Erzbischof von Mainz, Berthold von Henneberg, geführten Reformpartei weitgehende Zugeständnisse machen: Errichtung eines Reichskammergerichts zur Erzwingung des Ewigen Landfriedens, jährliche Reichsversammlung zur Kontrolle von Rechtsprechung und innerer und äußerer Politik. Die habsburgischen Lande wurden von der Reichssteuer befreit.

Maximilians Ansinnen, seinen Krieg gegen Frankreich durch Vorgriff auf die Reichssteuer zu finanzieren, lehnten die Stände ab. Bis an die Ohren beim Augsburger Bankhaus Fugger verschuldet, dem er die Tiroler Silberminen verpfändete, und praktisch als Söldner Venedigs und Mailands zog er nach Italien gegen Karl VIII. zu Felde. Vom Papst und Spanien im Stich gelassen, brach er den Kampf ab. Ein Krieg gegen die Eidgenossen im Interesse Habsburgs endete 1499 mit einer Niederlage und brachte der Schweiz die Unabhängigkeit. Kein Krieg, den Maximilian seitdem geführt hat, keines seiner wechselnden Militärbündnisse gegen oder mit Frankreich brachten ihm oder dem Reich Vorteile. Als er 1508 zur Kaiserkrönung nach Rom wollte, sperrten die Venezianer ihm das Etschtal. In Trient nahm er am 4. Februar 1508 den Titel »Erwählter römischer Kaiser« an. Papst Julius II. willigte darin ein, und von da an waren alle deutschen Könige durch ihre Krönung in Aachen auch römische Kaiser. Als 1511 der Papst ernstlich erkrankte, hatte Maximilian die phantastische Idee, sich selber zum Nachfolger wählen zu lassen. Um die Kardinäle bestechen zu können, wollte er beim Bankhaus Fugger dreihunderttausend Dukaten neuen Kredit auf-

nehmen. Jakob Fugger lehnte ab: »Zudem ist mir die Majestät auch sonst noch merklich große Gelder auf etliche Verträge schuldig.« Bleibende Erfolge hatte Maximilian I. nur in seiner Heiratspolitik. Schon im Oktober 1496 besiegelte er das erste Bündnis mit Spanien durch die Hochzeit seiner Tochter Margarete und des spanischen Thronfolgers Don Juan. Im Frühjahr heiratete sein Sohn Philipp der Schöne Donna Juana, die Tochter des spanischen Königspaares. Don Juan starb bald nach der Hochzeit, Philipp 1506. Maximilians ältester Enkel Karl war damit Anwärter auf Spanien, das durch die Eroberung Amerikas zur ersten Weltmacht geworden war. Zugunsten seines zweiten Enkelsohns Ferdinand verzichtete Maximilian 1515 auf eine Ehe mit Anna, der Schwester des ungarisch-böhmischen Thronanwärters Ludwig. Daß dadurch Böhmen und Ungarn wieder an Habsburg fielen, hat Maximilian nicht mehr erlebt. In seinem letzten Lebensjahr kämpfte Maximilian darum, noch bei Lebzeiten seinem Enkel Karl die Nachfolge zu sichern. Dafür war er bereit, noch einmal nach Rom zu gehen, dafür mobilisierte er seinen letzten Kredit bei den Fuggern, um die Kurfürsten durch »Handsalben« zu gewinnen. Auf seinem letzten Reichstag in Augsburg kam es zu keiner Entscheidung. Kränkelnd trat Maximilian die Rückreise nach Wien an. Am 12. Januar 1519 starb er in Wels. In der St. Georgskirche in Wiener Neustadt, der Residenz seines Vaters, wurde er beigesetzt.

Kein Kaiser nach Karl dem Großen hat so für seinen Zeit- und Nachruhm gesorgt wie Maximilian »der letzte Ritter«. In seinen Kontroversen mit den Reichsständen setzte er die von Johann Gutenberg erfundene Drucktechnik zur Verbreitung polemischer, den Kaiser und seine Politik verherrlichender Flugschriften ein. Zwei romantisierende autobiographische Darstellungen – »Weißkunig« und »Theuerdank« – schrieb er selbst oder ließ sie von bedeutenden Schriftstellern ausarbeiten und von Albrecht Dürer, Hans Burgkmair und anderen Nürnberger und Augsburger Künstlern illustrieren. Hans Burgkmair schuf die »Genealogie«, ein Holzschnittwerk, das die Ahnen Maximilians von Hektor bis zu Friedrich III. darstellt. Im »Freydal« wurden die Turniere und Feste Maximilians geschildert, seinen »Triumphzug« zeichneten Dürer, Burgkmair und der Augsburger Leonhard Beck. Zahllose Anekdoten berichten von seinem Mut und seiner Stärke. Einem Löwen soll er in München das Maul aufgerissen haben, den Turm des Ulmer Münsters soll er erklettert und in Worms den französischen Ritter Claude de Barré inkognito im Zweikampf niedergeworfen haben. Im Volk war er populär, in der Liebe kannte er keine Standesunterschiede, wovon vierzehn bekannt gewordene uneheliche Kinder zeugen. Mit der Elite des Humanismus disputierte er geistreich und offen. Die Reichsreform hat er mehr gehemmt als gefördert und damit zur Stärkung der Territorialfürsten beigetragen. Die Aufregung um die neunundneunzig Thesen des Dr. Martin Luther vom 31. Oktober 1517 tat er als Pfaffengezänk ab.

Karl V. Zeitgenössisches Siegel.

KARL V. VON HABSBURG
1519–1556

Sein Vater war Erzherzog Philipp der Schöne von Österreich, der Sohn Kaiser Maximilians I. und der Herzogin Maria von Burgund aus dem Hause Valois. Seine Mutter, Donna Juana (Johanna die Wahnsinnige) war die Tochter König Ferdinands des Katholischen von Aragon und Isabellas von Kastilien. Im Prinzenhof in Gent wurde Karl am 24. Februar 1500 geboren. Durch den Tod ihrer älteren Geschwister und Isabellas von Kastilien (1504) wurde Johanna die Wahnsinnige Erbin von Spanien, wo sie bereits seit 1502 lebte. Karls Vater Philipp starb, erst achtundzwanzig Jahre alt, 1506 in Burgos. Johanna, bei der sich schon vorher Zeichen geistiger Zerrüttung gezeigt hatten, verfiel darüber in Wahnsinn und dämmerte bis an ihr Lebensende 1555 auf dem Schloß Tordesillas dahin. Die Regentschaft für Karl in den Niederlanden übernahm seine Tante, Erzherzogin Margarete von Österreich. An ihrem Hof in Mecheln wuchs Karl unter dem Hofmeister Wilhelm von Croy, Herzog von Chièvres heran, einem Ritter und Diplomaten altburgundischer Schule. Seine Ausbildung übertrug Margarete dem bedeutenden Theologen Adrian Florisz von Utrecht, später Papst Hadrian VI. (1522–1529), der Karl zu tiefer, asketischer Frömmigkeit erzog.

Der kleine Karl von Gent, wie die Niederländer ihn nannten, entwickelte sich spät, war schmächtig und kränklich. Die stark ausgeprägte Habsburger Lippe trat bei ihm besonders hervor, weil er infolge von Polypen mit offenem Mund atmen mußte. Mit großer Energie überwand er seine körperliche Schwäche und wurde ein gewandter Reiter und Fechter. Er wirkte bald scheu, bald kalt abweisend oder apathisch. So erlebten ihn die Spanier, als er nach dem Tode seines Großvaters Ferdinand des Katholischen im September 1517 die Herrschaft in Spanien antreten wollte. Doch es vergingen anderthalb Jahre, bis ihm alle Ständeparlamente der spanischen Länder gehuldigt hatten.

Inzwischen war sein Großvater Kaiser Maximilian I. gestorben. Papst Leo X. und Franz I. von Frankreich fürchteten die Einkreisung durch einen habsburgischen Kaiser, der zugleich König von Spanien und von Neapel-Sizilien war. Der Papst favorisierte die Kandidatur Franz I., der sich auf seine Abstammung von Karl dem Großen berief. Reichliche Handgelder flossen von Rom und Paris an die Kurfürsten. Gegen die französische Kandidatur erhob sich im Adel und in den Städten erbitterter Widerstand. Dazu kam, daß Karl den großen europäischen Bankiers, allen voran den Fuggern, andere Sicherheiten bieten konnte als sein Großvater Maximilian – die Verwertung der Schätze Amerikas, neue Monopole und die spanischen Häfen. Am 1. Juli 1519 landete Karl in Vlissingen, am 28. Juni wurde er einstimmig zum Kaiser gewählt und am 22. Oktober 1520 in Aachen gekrönt. Die Wahl hatte ihn 820 000 rheinische Gulden gekostet, mehr als zwei Tonnen Feingold.

In Worms eröffnete Karl V. am 21. Januar 1521 seinen ersten Reichstag. Für Zeiten seiner Abwesenheit vom Reich gestand er den Reichsständen die Errichtung eines Reichsregiments zur Kontrolle der kaiserlichen Politik zu. Die Mindeststärke des Reichsheeres wurde auf 4000 Reiter und 20 000 Mann Fußvolk festgesetzt, umzulegen auf 405 Reichsstände. Höhepunkt des Konzils war das Verhör des vom Papst als Ketzer gebannten Dr. Martin Luther. Karl V. war wie sein Mentor Adrian von Utrecht von der Notwendigkeit einer Kirchenreform überzeugt. Was aber Luther predigte und schrieb, war für den ganz im mittelalterlichen Denken befangenen Kaiser schlimmste Ketzerei, Luther selbst der »böse Feind in angenommener Mönchsgestalt«. Und nicht nur ein Ketzer war er, sondern ein Staatsfeind, der das Volk zu »Aufruhr, Zertrennung, Krieg, Totschlag, Räuberei und Brand« aufreizte. Im Wormser Edikt vom 21. Mai 1521 verhängte Karl die Reichsacht über Luther. Jeder, der ihm Hilfe leistete, wurde mit Verlust von Freiheit und Eigentum bedroht. Seine Schriften sollten verbrannt werden, niemand sollte mehr »dichten, schreiben, drucken, malen, verkaufen, kaufen noch heimlich oder öffentlich behalten«, was gegen Papst, Geistlichkeit oder Fürsten gerichtet war. Martin Luther war indes im Schutz des ihm gewährten freien Geleits aus Worms abgereist und befand sich im sicheren Gewahrsam seines mächtigsten Anhängers, Kurfürst Friedrichs des Weisen von Sachsen, auf der Wartburg.

Die Exekution des Wormser Edikts mußte Karl dem Reichsregiment überlassen. Franz I. von Frankreich hatte gleichzeitig in Flandern, Oberitalien und im Baskenland den Krieg gegen den Kaiser eröffnet. Hauptkriegsschauplatz wurde Italien. Nach wechselnden Erfolgen und Niederlagen siegte das kaiserliche Heer unter dem Landsknechtsführer Jörg von Frundsberg am 24. Februar 1524 bei Pavia entscheidend. Franz I. wurde gefangengenommen. Es war der fünfundzwanzigste Geburtstag Karls, und er sah sich dadurch in seinem religiösen und politischen Selbstbewußtsein bestätigt. Der im Januar 1526 in Madrid geschlossene Friede währte nur kurz. Papst Clemens VII., Franz I., Venedig, Mailand und Florenz schlossen in Cognac eine Heilige Liga gegen den Kaiser. Die Motive des Papstes waren einmal die Furcht vor der Wiederherstellung der Reichsgewalt in Italien, zum anderen das ständige Drängen Karls auf ein Konzil, das die Reform und Wiedervereinigung der Kirche bringen sollte. Dabei war der Kaiser zu Konzessionen an die evangelisch gewordenen Reichsstände bereit.

Der Beginn des zweiten Krieges in Italien, den Karl vom fernen Spanien verfolgte, fiel mit einer schweren Niederlage der Ungarn durch die Türken unter Sultan Suliman dem Prächtigen zusammen. In der

Schlacht bei Mohács fiel Karls Schwager König Ludwig II. von Ungarn. Jetzt war Österreich die letzte Bastion gegen die Türkei. Für den Krieg in Italien fehlte es Karl an Geld. Auf eigene Kosten brachte Jörg von Frundsberg zwölftausend Landsknechte über die Alpen. Als der Sold ausblieb, meuterten die Deutschen und Spanier. Auf eigene Faust stürmten sie am 6. Mai 1527 Rom und zerstörten die Heilige Stadt bis auf den Grund. Clemens VII. wurde in der Engelsburg eingesperrt. Entschieden wurde der Feldzug erst, als 1528 Andrea Doria, der von Franz I. ernannte Gouverneur und Admiral von Genua, mit seiner Flotte zum Kaiser überging. Karl versöhnte sich mit dem von den Bürgern aus Rom vertriebenen Papst und ließ sich von ihm am 24. Februar 1530 in Bologna zum Kaiser krönen. Es war die letzte Krönung eines deutsch-römischen Kaisers durch einen Papst.

Erst jetzt, nach fast neunjähriger Abwesenheit, widmete sich Karl wieder persönlich den Angelegenheiten Deutschlands. Hier hatte die evangelische Bewegung inzwischen gewaltige Fortschritte gemacht. Die durch Luthers Schrift »Von der Freiheit eines Christenmenschen« ausgelöste soziale Revolution der Bauern, Städter und kleinen Adligen war – nicht zuletzt durch Luthers geistige Mithilfe – von den Fürsten niedergeschlagen worden. Auf dem Reichstag in Augsburg legten die protestantischen Stände dem Kaiser am 25. Juni 1530 die von dem Züricher Reformator Philipp Melanchthon verfaßte, von Luther gebilligte und von zahlreichen Fürsten und Städten unterschriebene *Confessio Augustana* vor. Dieses Augsburger Bekenntnis sollte die Grundlage für die Wiederherstellung einer reformierten deutschen Kirche sein. Karl ließ von katholischen Theologen die Unvereinbarkeit des Augsburger Bekenntnisses mit der katholischen Lehre feststellen und war nun entschlossen, den Protestantismus mit der Waffe zu bekämpfen. Daran hinderte ihn, daß die Türken inzwischen vor Wien standen. Mit einem Heer von achtzigtausend Mann zog Karl zur Donau, konnte Suliman auch zum Rückzug, aber nicht zur Entscheidungsschlacht zwingen. Finanzielle Gründe zwangen Karl 1535 zu einem Feldzug nach Nordafrika. Die Berber und Araber verunsicherten die spanischen Gold- und Silbertransporte aus der Neuen Welt. Der Kaiser eroberte Tunis und befreite zwanzigtausend Christensklaven aus der Hand der muslemischen Korsaren. Aber immer, wenn Karl anderweitig engagiert war, nutzte Franz I. die Gelegenheit. 1532–36 fiel er in Italien ein, wurde geschlagen. Als ein Feldzug Karls gegen Algier 1541 scheiterte, griff Franz I. in Spanien, Luxemburg, Brabant, Flandern und Mailand an. In den Niederlanden mobilisierte er die protestantische Opposition, worauf Karl mit Brachialgewalt und Ketzerverbrennungen reagierte. 1544 drang Karl bis in die Nähe von Paris vor und zwang Franz I. am 14. September 1544 zum Frieden.

Im Frühjahr 1545 berief Papst Paul III. das von Karl so lange gewünschte allgemeine Konzil nach Trient ein. Die Protestanten verweigerten die Teilnahme. Daraufhin faßte Karl den Entschluß, den Protestantismus mit Waffengewalt auszurotten. Kurfürst Johann Friedrich von Sachsen und Landgraf Philipp von Hessen, die den Herzog von Braunschweig vertrieben und in seinem Land die Reformation eingeführt hatten, wurden geächtet. Unter Bruch seiner Wahlzusage holte der Kaiser spanische Truppen unter dem Befehl des Herzogs von Alba ins Land. Am 24. April 1547 schlugen sie unter Karls Führung bei Mühlberg an der Elbe das Heer des Schmalkaldischen Bundes evangelischer Fürsten und Städte vernichtend. Der Kurfüst von Sachsen wurde gefangen und von einem Kriegsge-

richt unter dem Vorsitz Albas zum Tode verurteilt, das Urteil jedoch auf Befehl des Kaisers nicht vollstreckt. Johann Friedrich verlor die Kurwürde an seinen feindlichen Vetter Moritz von Sachsen-Meißen. Auf dem »geharnischten« Reichstag in Augsburg ordnete Karl am 15. Mai 1548 ein *Interim* an, das den Protestanten bis zur Entscheidung durch das Trientiner Konzil die Priesterehe und das Abendmahl in beiderlei Gestalt zugestand, im übrigen aber volle Unterwerfung unter die katholische Lehre verlangte.

Als Herr über ein Reich, in dem die Sonne nicht unterging, stand Karl nun auf dem Höhepunkt seiner Macht. Doch die überzogene Härte, mit der er jetzt vorging, ließ in Deutschland das Wort von der »spanischen Knechtschaft« umgehen. Der Plan Karls, seinen in Spanien erzogenen Sohn Philipp zum Kaiser zu machen, scheiterte am Widerstand auch der katholischen Reichsstände. Herzog Moritz von Sachsen, den der Kaiser 1547 mit der Kurwürde belehnt hatte, stellte sich an die Spitze einer Fürstenverschwörung, die sich gegen den Kaiser mit Heinrich II. von Frankreich verbündete. Im Mai 1552 besetzte er Tirol; Karl mußte aus Innsbruck nach Kärnten flüchten. Metz, Toul und Verdun gingen an Frankreich verloren. Karl mußte einsehen, daß aller Reichtum der Neuen Welt nicht ausreichte, um in der Alten Welt das universale Kaisertum und die Einheit im Glauben wiederherzustellen. Nach Richtlinien, die er seinem Bruder Ferdinand gab, wurde am 26. September 1555 in Augsburg der Religionsfrieden für Deutschland auf der Grundlage *cuius regio, eius religio* (wer regiert, bestimmt die Konfession) geschlossen. Damit war die Kirchenspaltung besiegelt, die Landesherren wurden Herren über ihre Kirchen. Im September 1556 stellte Karl den Kurfürsten seine förmliche Abdankungsurkunde zu, ein einmaliger Vorgang in der deutschen Kaisergeschichte. Seinem Sohn Philipp übertrug er Spanien, Neapel, die Kolonien und die Niederlande, die damit vom Reich losgelöst wurden.

Im Herbst 1556 zog sich Karl V. nach Spanien zurück und starb am 21. September 1558 in seiner Villa beim Kloster San Yuste. Sein Sarg wurde 1574 im Escorial beigesetzt. Am Netz habsburgischer Verwandtschaften hat keiner emsiger gewoben als er, wobei er keine Rücksicht auf das kanonische Verbot der Ehe unter Blutsverwandten nahm. Er heiratete 1526 seine Kusine Maria von Portugal. Seine Kinder Philipp, Maria und Johanna verheiratete er mit portugiesischen oder habsburgischen Neffen und Nichten. Eine voreheliche Tochter Margarete, die er mit Johanna van der Gheenst, einer Zofe seiner Tante Margarete, zeugte, verheiratete er 1529 mit Herzog Alessandro Medici von Florenz, einem Neffen des Papstes Clemens VII., und nach der Ermordung Alessandros mit Ottavio Farnese, Herzog von Parma, einem Enkel des Papstes Paul III. Sie wurde 1559 Generalstatthalterin der Niederlande. Einer Romanze mit der Bürgertochter Barbara Blomberg während des Reichstags in Regensburg entsprang 1547 ein Sohn, den Karl in Spanien erziehen ließ und der später unter dem Namen Don Juan d'Austria als Befehlshaber der riesigen Flotte berühmt wurde, die 1571 in der Schlacht bei Lepanto die türkische Seeherrschaft im Mittelmeer brach.

Ferdinand I. als Erzherzog. Gemälde von Hans Maler im Kunsthistorischen Museum Wien.

FERDINAND I. VON HABSBURG
1556–1564

Der jüngere Bruder Kaiser Karls V. kam am 10. März 1503 in Alcalà de Henares (Provinz Madrid) zur Welt. Nachdem sein Vater Erzherzog Philipp der Schöne von Österreich 1506 starb und seine Mutter Johanna die Wahnsinnige in Tordesillas interniert worden war, ließ sein Großvater König Ferdinand V. der Katholische von Spanien ihn zum Infanten von Spanien erziehen. Ferdinand sollte außer Spanien auch das Königreich Neapel-Sizilien erben. Nach den Plänen seines anderen Großvaters Kaiser Maximilian I. sollte jedoch der ältere Bruder Karl mit der Kaiserkrone auch Spanien und Neapel erhalten. Auf seinem Sterbebett ließ sich Ferdinand V. 1516 durch Gesandte Karls zur Änderung seines Testaments zugunsten von Karl umstimmen. Statt mit einer französischen Prinzessin, die der spanische Großvater für ihn vorgesehen hatte, wurde Ferdinand durch Stellvertreter mit Anna, der Tochter König Wladislaws von Böhmen und Ungarn verheiratet und mit Ober- und Niederösterreich abgefunden.

Als Karl 1516 das spanische Erbe antrat, lernten sich die Brüder zum erstenmal kennen. Ferdinand begleitete Karl auf der Huldigungsreise durch die spanischen Provinzen und diente ihm als Dolmetscher. Da der anmutige, unbefangene Ferdinand den Spaniern besser gefiel, als der steife, unnahbare Fremdling aus dem fernen Burgund, entfernte Karl seinen Bruder aus dem Gesichtskreis der Spanier und schickte ihn nach den Niederlanden. Auch dort wurde Ferdinand rasch populär, und als 1519 Kaiser Maximilian I. starb, empfahlen die niederländischen Stände ihn als Nachfolger. Karl verbot, darüber auch nur ein Wort verlauten zu lassen.

Nach seinem ersten Reichstag in Worms 1521 sah Karl ein, daß Ober- und Niederösterreich eine zu kleine Hausmacht waren, wenn Ferdinand ihn während seiner Abwesenheit wirkungsvoll vertreten sollte. Deshalb übergab er Ferdinand das Elsaß sowie die Steiermark, Kärnten, Krain, Tirol und Vorderösterreich. Am 26. Mai

1521 feierte Ferdinand in Linz Hochzeit mit seiner längst angetrauten Braut Anna, deren Bruder Ludwig II. jetzt König von Ungarn und Böhmen war. Im Jahr darauf heiratete Ludwig II. Ferdinands jüngere Schwester Maria.

In Österreich wurde Ferdinands mit Spaniern besetzte Regierung lange als Fremdherrschaft empfunden. Sozial-religiöse Aufstände der Bauern und der Bergknappen in Tirol, Salzburg und Steiermark 1525 ließ er mit äußerster Brutalität niederschlagen. Während der langen Abwesenheit Karls V. vom Reich 1522 bis 1530 wirkte Ferdinand als zweites Ich seines Bruders. Erst die vernichtende Niederlage und der Tod seines Schwagers Ludwig II. gegen die Türken bei Mohacs am 29. August zwangen ihn zu selbständigem Handeln.

Am 24. Februar empfing Ferdinand in Prag die Wenzelskrone. In Ungarn dagegen erhob der magyarische Adel den Woiwoden von Siebenbürgen Johann Zapyola zum König, nur eine Minderheit wählte am 17. Dezember 1527 in Preßburg den Habsburger. Von habsburgischen Söldnern bei Tokay geschlagen, floh Zapyola nach Polen, schloß ein Schutzbündnis mit Sultan Suleiman II. dem Prächtigen. Am 21. September 1529 stand der Sultan mit 120 000 Mann vor Wien. Nach fünfundzwanzig Tagen für beide Teile verlustreicher Belagerung zogen sich die Türken zurück. Doch der östliche Teil Ungarns blieb in der Hand Zapyolas, den Ferdinand 1538 auf Lebenszeit als König von Ungarn anerkannte. Ständige Angriffe der Türken blieben bis an sein Lebensende Ferdinands größtes Problem.

Auf Drängen Karls V. wählten die Kurfürsten mit Ausnahme des Protestanten Johann Friedrich von Sachsen am 5. Januar 1531 Ferdinand zum römischen König und Nachfolger des Kaisers. So erzkatholisch er war, suchte Ferdinand im Interesse seiner von den Türken bedrohten habsburgischen Länder den Ausgleich mit den protestantischen Fürsten. Daß 1555 der Augsburger Religionsfrieden zustande kam, war in erster Linie sein Werk. Der Vorwurf des Papstes Paul IV., er hätte damit die allein seligmachende Kirche mit dem Ketzertum gleichgestellt, ging an der deutschen Wirklichkeit vorbei. Die Mehrheit in Deutschland neigte zum Protestantismus. Der Augsburger Grundsatz, daß der Fürst in seinem Land die Religion bestimmte, setzte der Ausbreitung des neuen Bekenntnisses Schranken. Der »geistliche Vorbehalt«, nachdem geistliche Fürsten, wenn sie zum Protestantismus übergehen sollten, ihr Amt und Kirchengut verloren, hielt Oberhirten und Äbte an der katholischen Leine.

Während der in Reichsburgund aufgewachsene Karl im Heiligen Römischen Reich Deutscher Nation nur noch ein Anhängsel der spanisch-habsburgischen Weltmacht sah, dachte der in Kastilien erzogene Ferdinand als österreichisch-habsburgischer Reichsfürst. Der Gegensatz führte zu erregten Szenen zwischen den Brüdern, als Karl 1550–51 seinem Sohn Philipp die Kaiserwürde sichern und ihn neben Ferdinand zum römischen König und Reichsstatthalter für Italien wählen lassen wollte. Ferdinand bestand auf der historischen Einheit von Kaisertum, Reich, Italien und der Vererbung der Kaiserkrone in der österreichischen Linie Habsburgs. Aber am 8. März 1551 unterschrieb er einen Kompromiß. Nach Karl sollte Ferdinand Kaiser werden, nach Ferdinand Philipp und nach Philipp wieder Ferdinands Sohn Maximilian. Ferdinand ging darauf ein, weil er sicher war, daß die Kurfürsten nie einen Spanier zum Kaiser wählen würden.

Auf dem Kurfürstentag in Frankfurt wurde Ferdinand am 24. März 1558 die Kaiserwürde übertragen. Sein Ziel war, im Reich und nach außen Frieden und Ruhe zu erhalten, seinem Sohn Maximilian die Nachfolge zu sichern und in Österreich die Ausbreitung des Protestantismus zu verhindern. Gegen ein »Ehrengeschenk« von jährlich dreißigtausend Dukaten vereinbarte er einen fünfjährigen Waffenstillstand mit Suleiman dem Prächtigen. Den größten Teil des Tributs zahlte der spanische Neffe Philipp II. Seinem der Neigung zum Protestantismus verdächtigen ältesten Sohn Maximilian verschaffte er im November 1562 die Wahl zum König. Dem dritten Trientiner Konzil unter Papst Pius IV. stellte er im Juni 1562 eine Streitschrift zu, in der die Priesterehe und das Abendmahl in beiderlei Gestalt für Laien gefordert wurde. Davon erhoffte er sich die Rückkehr abgefallener Priester und Laien in den Schoß der römischen Kirche. Der Rekatholisierung seiner Erbländer dienten die Besetzung des seit den Hussitenkriegen vakanten Erzbistums Prag und die Reform der Seelsorge mit Hilfe der Jesuiten. Mit seiner Hofstaatsordnung schuf er in Österreich ein zentrales Behördenwesen, das in den Grundzügen bis zur Revolution von 1848 bestehen blieb. Zur Hebung der Moral führte er Sittenkommissionen ein, die durch Spitzel das Privatleben der Bürger überwachten; zur Bekämpfung des Luxus im Bürgertum wurden Kleiderordnungen erlassen.

Im Widerspruch zu seiner zentralistischen Auffassung teilte Ferdinand seine Erbländer unter seinen drei Söhnen auf. Drei seiner Töchter wurden Nonnen, sieben wurden mit Prinzen von Polen, Bayern, Kleve, Mantua, Ferrara und Toscana verheiratet. Seine beiden jüngeren Söhne Ferdinand und Karl lagen einige Zeit im Rennen um die Hand der jungfräulichen Königin Elisabeth I. von England. Doch Ferdinand zog die schöne und reiche Augsburger Patriziertochter Philippine Welser vor, und Karl heiratete seine Nichte Anna von Bayern. Ferdinand I. starb am 25. Juni 1564 in Wien und wurde neben seiner Frau Anna von Böhmen im Prager St. Veitsdom beigesetzt.

MAXIMILIAN II. VON HABSBURG
1564–1576

Sein Name weckte bei vielen die Hoffnung, daß mit seinem Regierungsantritt die Zeiten seines Urgroßvaters Maximilian I. des Letzten Ritters wiederkehren würden. Der älteste Sohn Kaiser Ferdinands I. und der Jagiellonin Anna von Böhmen und Ungarn wurde am 31. Juli 1527 in Wien geboren. Zu seinen Lehrern gehörte Wolfgang Schifer, ein Schüler und Tischgenosse Martin Luthers. Im Heer seines Onkels Kaiser Karl V. nahm er 1544 am vierten Krieg gegen Frankreich teil. Im gleichen Jahr erhielt er einen eigenen Hofstaat unter dem spanischen Obersthofmeister Pedro Lasso di Castilla. Im Schmalkaldischen Krieg führte er ein Reiterkommando. In Feldzügen, auf Reichstagen und Fürstenhochzeiten schloß er Freundschaften mit gleichaltrigen katholischen und protestantischen Fürsten. Weil er den Becher und die Frauen liebte und wegen laxer Erfüllung der religiösen Pflichten nahm ihn sein Vater wiederholt scharf ins Gebet.

Am 13. September 1548 heiratete Maximilian in Valladolid seine Kusine Maria von Habsburg-Spanien, die Tochter Karls V. Die Mitgift bestand in Geld und nicht, wie Maximilian gehofft hatte, in der Belehnung mit den Niederlanden. Die erhielt sein spanischer Schwager und Vetter Philipp. Der Kaiser reiste mit Philipp in die Niederlande, Maximilian und Maria blieben als Vizekönige in Spa-

Maximilian II. Medaille von Antonio Abondio im Kunsthistorischen Museum Wien.

nien. Im November 1549 kam dort ihre Tochter Anna zur Welt. Von seinem Vater wurde Maximilian im September 1550 dringend nach Deutschland gerufen, um im Nachfolgestreit um die Kaiserwürde sein Recht gegenüber Philipp zu vertreten. Als Karl V. hinter verschlossenen Türen die Nachfolge Philipps durchsetzte, mobilisierte Maximilian die auf dem Augsburger Reichstag versammelten Fürsten gegen die spanische Kandidatur.

Während Maximilian in Spanien war, hatten ihn die überwiegend protestantischen Stände Böhmens als König anerkannt. Sein Vater verpflichtete ihn jedoch, sich bei seinen Lebzeiten nicht in die Regierung Böhmens einzumischen. Aber Maximilian zog tschechische Adlige an seinen Wiener Hof, und rasch verbreitete sich sein Ruf als »Freund der evangelischen Wahrheit«. Zum Entsetzen der Verwandtschaft berief er 1555 den protestantisch gesinnten Pfarrer Johann Sebastian Pfauser zum Hofprediger. Maximilian weigerte sich, seine Kinder von Jesuiten erziehen zu lassen, und gab ihnen als Lehrer den des Protestantismus verdächtigen Professor Georg Muschler. Marias katholischer Beichtvater verlangte von ihr, sie solle sich scheiden lassen, doch so sehr sie als strenge Katholikin unter dem Glaubenskonflikt litt, hielt sie zu Maximilian.

Gegen Ende 1559 stellte sein Vater, der nun Kaiser war, ihn vor die Alternative: Unterwerfung oder Enterbung. Maximilian sondierte insgeheim die protestantischen Fürsten, erhielt von ihnen aber nur ermunternde Worte und keine Zusagen. Im März 1560 trennte er sich vom größten Stein des Anstoßes, dem Hofprediger Pfauser. Im gleichen Jahr erklärte er dem päpstlichen Legaten Hosius: »Ich bin weder Katholik noch Protestant, sondern ein Christ.« Im März 1562 gelobte er seinem Vater feierlich, daß er der katholischen Kirche bis zum Tod getreu bleiben werde. Dasselbe erklärte er den geistlichen Kurfürsten. Den protestantischen Kurfürsten von der Pfalz und von Sachsen dagegen versicherte er schriftlich, er würde sich als Kaiser zum Protestantismus bekennen. Von allen sieben Kurfürsten wurde Maximilian am 28. November in Frankfurt zum römischen König gewählt und gekrönt. Die böhmischen Stände hatten ihm schon vorher gehuldigt. Am 8. September 1563 erhielt er in Preßburg die Stephanskrone. Mit Rücksicht auf die überragende dynastische, politische und finanzielle Bedeutung Spaniens änderte Maximilian auch die Haltung gegenüber seinem Vetter und

Leopold I. im Theaterkostüm, gemalt 1667 von Jan Thomas, Kunsthistorisches Museum Wien.

Joseph I., Kinderbildnis,
gemalt 1684 von Benjamin von
Block, Kunsthistorisches
Museum Wien.

Joseph I. als Türkenbezwinger,
Reiterstatuette aus Elfenbein
von Matthias Steinle im
Kunsthistorischen Museum
Wien.

Karl VI. im spanischen Mantelkleid mit dem Reichszepter und der Kaiserkrone, Gemälde von Auerbach im Kunsthistorischen Museum Wien.

Karl VII. Albrecht von Bayern, Gemälde von Joseph Vivien, Bayerische Staatsgemäldesammlung München.

Kaiser Franz I. Stephan und Kaiserin Maria Theresia mit ihren Kindern in Schönbrunn. In der Mitte stehend der spätere Joseph II., rechts neben ihm der spätere Leopold II., ganz rechts der frühverstorbene Karl Joseph in ungarischer Uniform. Gemälde von Martin van Meytens d.J. im Schloß Schönbrunn um 1754.

Franz I. Stephan, inmitten
seiner naturwissenschaftlichen
Sammlungen und Instrumente,
Gemälde von Johann Zoffany,
Kunsthistorisches Museum
Wien.

Schwager Philipp. Im Frühjahr 1563 schickte er ihm seine elf und zehn Jahre alten Söhne Rudolf und Ernst, um sie am spanischen Hof erziehen zu lassen.

Auf seinem ersten Reichstag als Kaiser in Augsburg 1566 lehnte Maximilian entgegen früheren Zusagen die Aufhebung des »geistlichen Vorbehalts« ab, der den protestantischen Fürsten die Übernahme katholischer Kirchengüter verbot. Den Anhängern Calvins verweigerte er die Anerkennung nach den Bestimmungen des Augsburger Religionsfriedens und ordnete die Reichsexekution gegen den Kurfürsten Friedrich von der Pfalz an, der in seinem Land das reformierte Bekenntnis eingeführt hatte. Beide Entscheidungen bewirkten nichts. Bei dem machtpolitischen Gleichgewicht, das sich zwischen den religiösen Parteien herausgebildet hatte, würde jede Aktion gegen die eine oder die andere unweigerlich zum Bürgerkrieg geführt haben. Toleranz war das einzige Mittel, das Reich vor dem völligen Verfall zu bewahren. In Österreich ging Maximilian mit gutem Beispiel voran, indem er dem Adel auf seinen Gütern die Abhaltung protestantischer Gottesdienste genehmigte.

Nach einem defensiv geführten Krieg gegen die Türken erhielt Maximilian II. von Sultan Selim II. einen Waffenstillstand auf acht Jahre. Seinen Vetter Philipp II. beschwor er nach dem Aufstand in den Niederlanden, von terroristischen Gegenmaßnahmen durch den Herzog von Alba abzusehen. Philipp verbat sich jede Einmischung. Als 1568 Philipps einziger Sohn Don Carlos unter ungeklärten Umständen ums Leben kam, machte sich Maximilian Hoffnung auf die Nachfolge in Spanien für seine Kinder. Doch als im selben Jahr Philipps II. dritte Frau Elisabeth von Valois starb, bewarb Philipp sich um die Hand seiner Nichte Anna, der ältesten Tochter Maximilians. Die Hochzeit wurde 1570 gefeiert, gleichzeitig heiratete Maximilians jüngere Tochter König Karl IX. von Frankreich, den degenerierten Sohn der Katharina von Medici. Am 24. August 1572 wurde sie Zeugin der Pariser Bartholomäusnacht, dem Auftakt zur Ermordung von dreißigtausend reformierten Hugenotten.

Je schwächer Maximilians Stellung im Reich wurde, desto abhängiger wurde er von Philipp II., der im Mittelmeer die Offensive gegen das Osmanenreich eröffnet hatte. Eine große Möglichkeit zu eigener aktiver Reichs- und Hausmachtpolitik eröffnete sich 1572 durch den Tod des letzten Jagiellonen, seines Vetters König Siegmund II. August von Polen. Im Dezmber 1575 kam es in Polen zu einer Doppelwahl. Als Gegenkönig gegen Maximilian wurde der Großfürst von Siebenbürgen Stephan Bathory gewählt. Den Vorschlag des Zaren Iwan IV. des Schrecklichen, Polen mit ihm zu teilen, lehnte Maximilian ab. Im Mai 1576 wurde Stephan Bathory in Krakau gekrönt. Auf dem Reichstag in Regensburg rang Maximilian mit den Ständen um Reichshilfe für einen Polenfeldzug. Ehe es zum Beschluß kam, starb der Kaiser am 12. Oktober 1576 an einem organischen Herzleiden. Noch auf dem Sterbebett bekannte Maximilian II. seine protestantische Überzeugung, indem er es ablehnte, zu beichten und die Sterbesakramente zu empfangen.

Rudolf II. Bronzebüste von Adriaen de Vries im Kunsthistorischen Museum Wien.

RUDOLF II. VON HABSBURG
1576–1612

Routinemäßig wählte das Kufürstenkollegium am 27. Oktober 1575 in Regensburg den dreiundzwanzigjährigen Erzherzog Rudolf von Österreich zum römischen König und künftigen Kaiser. Der älteste Sohn Kaiser Maximilians II. und der Maria von Habsburg-Spanien wurde am 18. Juli 1552 kurz vor sieben Uhr abends in Wien geboren. Im Alter von elf Jahren schickten ihn die Eltern mit seinem Bruder Ernst an den Hof König Philipps II. von Spanien, wo sie bis zum achtzehnten Lebensjahr streng katholisch erzogen wurden. 1572 wurde Rudolf König von Ungarn und 1575 von Böhmen. Im Testament seines Vaters erhielt er die Erzherzogtümer Ober- und Niederösterreich als Alleinerbe; seine Brüder wurden auf je 25 000 Gulden Jahresgehalt gesetzt.

Sechs Jahre nach seiner Thronerhebung zeigten sich bei Rudolf II. Symptome einer schweren Gemütskrankheit. Auf Wutausbrüche folgten Depressionen, Zustände von Todesangst, Verfolgungs- und Größenwahn. Die Krankheit gilt allgemein als Erbe seiner zweifachen Urgroßmutter Johanna der Wahnsinnigen; ältere Historiker nahmen als Ursache Rudolfs sexuelle Exzesse an. Seine Intelligenz war nicht in Mitleidenschaft gezogen; er blickte in Staatsgeschäften durch, zeigte großes Verständnis für Mathematik, Naturwissenschaften und Kunst, hielt jedoch starr an einmal gefaßten Meinungen fest. Die Astronomen Tycho Brahe und Johann Kepler zog er an seinen Hof und arbeitete nächtelang mit ihnen auf der Sternwarte des Hradschin. Kepler widmete ihm postum seine Planetentabellen *Tabulae Rudolphinae*. Rudolfs Sammlungen zeugen von hohem Kunstgeschmack, aber auch von einem Hang zum Skurrilen. Er züchtete mit Leidenschaft Blumen und Pferde, und oft ließ er fremde Gesandte stundenlang warten, während er in Werkkluft im Park oder im Stall arbeitete.

Die Staatsauffassung Rudolfs war durch seine spanische Erziehung und das Vorbild Philipps II. geprägt – absolute Monarchie, zentralistische Verwaltung, Restauration der katholischen Kirche. Sein Wahlspruch lautete *Auxilium domini sit iniquis terror* – Die Hilfe des Herrn werde zum Schrecken der Feinde. In Österreich betrieb er die Gegenreformation mit wirtschaftlichem Druck, in Böhmen und Ungarn verband er die Rekatholisierung mit einer Politik der Germanisierung. In Reichsangelegenheiten entschied er meist zugunsten der katholischen Partei. Beim Regieren stand ihm allerdings sein krankhaftes Mißtrauen im Wege. Kein kaiserlicher Rat durfte ein an den Kaiser gerichtetes Schreiben öffnen; auch in Bagatellsachen behielt er sich die Entscheidung vor. Seine tüchtigsten Räte jagte er in jähen Anwandlungen von Mißtrauen davon. Jahrelang beriet er Staatsgeschäfte nur mit seinem Kammerdiener Johann Popp, den er seinen Augapfel nannte, aber sadistisch mißhandelte.

Im »langen« Türkenkrieg 1593–1606 begnügte sich Rudolf damit, für jede Schlacht Denkmünzen prägen zu lassen, obwohl die meisten Schlachten verlorengingen. In Siebenbürgen brach 1605 ein Aufstand aus, der bald ganz Ungarn erfaßte. Da der Kaiser untätig blieb, schloß sein Bruder Erzherzog Matthias Frieden mit den Aufständischen, denen wieder Religionsfreiheit und Selbstverwaltung gewährt wurde. Auch der im Osten von den Persern bedrängte Großsultan Mohammed III. schloß 1606 einen zwanzigjährigen Waffenstillstand, in dem die Hohe Pforte erstmals den Kaiser als gleichberechtigten Souverän anerkannte. Trotzdem brach Rudolf auf Drängen des Papstes und Spaniens den Frieden, worauf es in Ungarn und Siebenbürgen sofort wieder zu Aufständen kam.

Jetzt erst wurde das Haus Habsburg energisch. Seit seinem Regierungsantritt hatten Verwandtschaft, Päpste und Kurfürsten Rudolf vergebens beschworen, zu heiraten und die Nachfolge zu sichern. Anfangs schien es, als würde er sich ernsthaft um die Hand seiner Kusine Isabella von Spanien bemühen, doch weil König Philipp II. ihm als Mitgift nicht die Niederlande versprechen wollte, verzichtete er. Einige seiner zahlreichen unehelichen Kinder hatte er legitimiert. Don Julius, der Älteste, starb 1609 in geistiger Umnachtung. Im April 1608 rückte Erzherzog Matthias mit einem großen ungarisch-österreichischen Heer in Böhmen ein und zwang Rudolf am 25. Juni 1608 im Vertrag von Lieben bei Prag, ihm Ungarn, Mähren und Österreich abzutreten. Sobald Matthias abgezogen war, brach in Böhmen ein Aufstand gegen Rudolf los. Er sicherte sich die Wenzelskrone, indem er nun den böhmischen Ständen Glaubensfreiheit und Selbstverwaltung versprach. Doch auch diesen Vertrag brach er und ließ Böhmen durch seinen Neffen Erzherzog Leopold unterwerfen. Die Böhmen riefen Matthias zu Hilfe und krönten ihn zum König. Am 11. November 1611 verzichtete Rudolf auf alle Würden mit Ausnahme der Kaiserkrone. Er starb am 20. Januar 1612 im Hradschin an Wassersucht. In seinem Trauerspiel »Bruderzwist im Habsburg« (1848) hat Franz Grillparzer Rudolf II. als introvertierten Gewissensethiker dargestellt, der Taten scheut, um nicht schuldig zu werden, und durch Tatenlosigkeit schuldig wurde.

Matthias. Gemälde aus Dachau
im Bayerischen Nationalmuseum München.

MATTHIAS VON HABSBURG
1612–1619

Im Alter von fünfundvierzig Jahren wurde Erzherzog Matthias von Österreich, König von Böhmen und Ungarn, am 13. Juli 1612 in Frankfurt am Main zum Kaiser gekrönt. Er war am 24. Februar 1557 als dritter Sohn Kaiser Maximilians II. und der Maria von Habsburg-Spanien geboren und wurde vom elften bis achtzehnten Lebensjahr am spanischen Königshof erzogen. Durch das Testament seines Vaters von der österreichischen Landesherrschaft ausgeschlossen, folgte er ohne Einwilligung seines Bruders Kaiser Rudolf II. dem Ruf einer wallonischen Adelspartei, die ihn im Januar 1578 in Brüssel zum Generalstatthalter der Niederlande ausrief. Damit saß er auf einem Schaukelstuhl, an dem Katholiken und Evangelische, Freunde Spaniens, Anhänger des Kaisers und Streiter für eine unabhängige niederländische Republik zogen. Im Mai 1581 kündigte Matthias die aussichtslose Stellung. Kaiser Rudolf II. wies ihm Linz als Residenz zu. Elf Jahre bemühte sich Matthias um einen einträglicheren Posten. Er war bereit, in den geistlichen Stand zu treten, um Bischof von Münster, Lüttich oder Speyer zu werden. Erst nachdem sein Bruder Ernst 1592 spanischer Statthalter in den Niederlanden wurde, ernannte Kaiser Rudolf Matthias zum Statthalter in Ober- und Niederösterreich.

Als Statthalter war es Matthias' Hauptziel, die Gegenreformation voranzutreiben. Eine schwierige Aufgabe, denn Landesherr und Kaiser waren auf die Steuern angewiesen, die der vorwiegend protestantische Adel mit seinen leibeigenen protestantischen Bauern erwirtschaftete. Der Generalreformator für Österreich Melchior Khlesl wurde 1598 Bischof von Wien und politischer Berater von Erzherzog Matthias. Er stärkte dem geistig unbedeutenden und entscheidungsschwachen Matthias den Rücken gegen seinen Bruder, als dessen Regierungsunfähigkeit offenbar wurde. Unter Khlesls Einfluß schloß Matthias 1606 ein Geheimabkommen mit den Verwandten der steirischen und der Tiroler Linie, die ihn zum Familienoberhaupt erklärten. Mit Waffengewalt rang er 1608 Rudolf die Krone von Ungarn, die Herrschaft über Österreich und die Zusage auf die böhmische Krone ab. Am 27. Mai 1611 wurde er zum König von Böhmen gekrönt.

Bisher Junggeselle, fühlte Matthias sich als präsumptiver Nachfolger des Kaisers verpflichtet, für Nachwuchs zu sorgen. Gegen Khlesls Rat heiratete er seine Kusine Anna, eine Tochter des Erzherzogs Ferdinand von Tirol und der Augsburger Patrizierin Philippine Welser. Die Chronisten nannten sie schön, von ruhigem Wesen und beschränktem Sinn. Da die gegenreformatorischen Möglichkeiten des Habsburgers Matthias durch seine österreichischen und böhmischen Stände im Zaun gehalten wurden, wählten ihn am 13. Juni 1612 auch die protestantischen Kurfürsten zum Kaiser. Damit war sein Ehrgeiz, aber auch sein Vorrat an geistigen und physischen Kräften erschöpft. Die Politik überließ er Khlesl, der bald im Rufe eines Vizekaisers stand. Khlesls kluger Versuch, die immer schärfer werdenden Spannungen zwischen der protestantischen »Union« und der katholischen »Liga« durch paritätisch besetzte Reichstagsausschüsse zu überwinden, scheiterte.

Da die späte Ehe des Kaisers keinen Nachwuchs verhieß, übertrug Matthias seinem jüngeren Vetter Ferdinand aus der steirischen Linie Habsburgs 1617 Böhmen, 1618 Ungarn und empfahl seine Wahl zum römischen König. Aus Protest gegen die Wahl dieses militanten Katholiken stürzten tschechische Standesherren am 23. Mai 1618 zwei kaiserliche Statthalter aus ihren Amtszimmern im Hradschin in den fünfzehn Meter tiefen Burggraben. Khlesl hoffte, den böhmischen Konflikt friedlich beizulegen. Doch er wurde von den Erzherzögen am 20. Juli unter der Anklage des Verrats verhaftet. Geistig und körperlich gebrechlich und von der Gicht geplagt, nahm Matthias den Sturz seines vertrautesten und geheimsten Rates hin: »Wenn er dergleichen wirklich uns sollte getan haben, dann habt Ihr dem losen Lecker sein Recht widerfahren lassen.«

Kaiser Matthias starb am 20. März 1619 in Wien. Sein Gehirn wurde bei der Obduktion »ganz wässerig und anbrüchig« gefunden. Als erster Habsburger wurde er in der Gruft der von ihm gestifteten Kapuzinerkirche beigesetzt.

FERDINAND II. VON HABSBURG
1619–1637

Vom Vater Erzherzog Karl von Steiermark, Kärnten und Krain her war er ein Enkel, durch seine Mutter Maria von Bayern ein Urenkel Kaiser Ferdinands I. Seine Mutter war zugleich seine Kusine. Er wurde am 9. Juli 1578 in Graz geboren. Sein Vater starb, als Ferdinand zwölf Jahre alt war, seine Mutter schickte ihn auf das Jesuitengymnasium in Ingolstadt und vertraute ihn der Obhut seines dreißig Jahre älteren Vetters und Onkels Herzog Wilhelm dem Frommen von Bayern an. In Ingolstadt studierten auch Ferdinands bayerische Vettern und Neffen. Mit dem fünf Jahre älteren Maximilian geriet er übers Kreuz, weil er als Angehöriger des Kaiserhauses beim Kirchgang den Vortritt vor den bayerischen Prinzen beanspruchte und rücksichtslos durchsetzte. 1596 trat er die Regierung in Steiermark und Kärnten mit dem Vorsatz an, den Protestantismus auszurotten. Auf einer Wallfahrt nach Rom traf er mit Papst Clemens VIII. zusammen und legte das Gelöbnis ab, lieber Land und Leben zu verlieren, als seinem heiligen Auftrag untreu zu werden.

Ferdinand II. im Krönungsornat.
Kupferstich nach dem Gemälde von J. Adam Deisenbach
im Kunsthistorischen Museum Wien.

Mit dem absehbaren Aussterben der kaiserlich-österreichischen Linie unter Kaiser Rudolf II. wurde Ferdinand zum Anwärter auf die habsburgischen Erblande und auf die Kaiserkrone. Er erkannte die Regierung seines älteren Vetters Matthias als Zwischenlösung an, bekämpfte aber die auf Ausgleich der religiösen Gegensätze bedachte Politik des Kanzlers Melchior Khlesl. Seinen spanischen Vetter und Schwager Philipp III., der als Enkel Kaiser Maximilians II. Anspruch auf Böhmen und Ungarn erhob, bewog er zum Verzicht, indem er ihm statt dessen das habsburgische Elsaß versprach. In einem geheimen Zusatzvertrag erkannte er die Nachfolge Habsburg-Spaniens in Böhmen und Ungarn für den Fall an, daß die steirisch-habsburgische Linie im Mannesstamm erlöschen sollte. Für die Zeit nach seiner Kaiserkrönung sprach Ferdinand dem spanischen Vetter die strategisch wichtigen italienischen Reichsfürstentümer Finale und Piombino zu. Noch bevor er Kaiser war, nahm Ferdinand so die klassische Einkreisungspolitik Karls V. gegen Frankreich wieder auf.

Mit dem Versprechen, ihnen die von seinen Vorgängern gewährte Religionsfreiheit und Selbstverwaltung zu erhalten, überrumpelte Ferdinand 1617 und 1618 die böhmischen und ungarischen Landstände und ließ sich in beiden Ländern zum König krönen. Die böhmischen Protestanten erkannten bald, daß Ferdinand nicht daran dachte, seine Versprechungen einzuhalten. Der Fenstersturz zu Prag am 23. Mai 1618 war der Auftakt zum Böhmischen Aufstand. Am 26. August wählte der böhmische Landtag den reformierten Kurfürsten Friedrich V. von Kurpfalz zum König. Nur der Spaltung des protestantischen Lagers in Lutheraner und Reformierte (Calvinisten) verdankte Ferdinand, daß er zwei Tage später in Frankfurt mit den Stimmen der protestantischen Kurfürsten von

Sachsen und Brandenburg zum König und Kaiser gewählt und gekrönt wurde.

In München brachte Kaiser Ferdinand II. im Oktober 1619 ein Militärbündnis der katholischen Fürsten und Spaniens zur Niederwerfung Böhmens und der österreichischen Protestanten zustande. Herzog Maximilian I. von Bayern übertrug er die Führung und sagte ihm die Erbfolge seines Hauses in der Pfalz und die Kurwürde zu. Die Neutralität des protestantischen Kurfürsten von Sachsen erkaufte er durch Abtretung der böhmischen Lausitz. Im Juli 1620 rückte Maximilian von Bayern in Oberösterreich ein. Am 8. November schlugen die vereinigten Heere unter dem kaiserlichen Feldmarschall Bucqoi und dem Feldherrn der Liga Tilly die Truppen des Pfalzgrafen und Königs von Böhmen am Weißen Berg vor Prag vernichtend. Pfalzgraf Friedrich V., der »Winterkönig«, konnte fliehen. Gleichzeitig besetzten spanische Truppen aus den Niederlanden die linksrheinische Pfalz. Achtundzwanzig Führer der böhmischen Stände, die sich geweigert hatten, Ferdinand Abbitte zu leisten, wurden in Prag hingerichtet. Unter Tränen betete der Kaiser vor der Muttergottes von Mariazell für ihre Seelen.

In Böhmen und Oberösterreich setzte Ferdinand die Gegenreformation mit drakonischer Härte durch. Die Güter des protestantischen Adels wurden konfisziert, drei Viertel des böhmischen Bodens verschleudert oder der katholischen Kirche geschenkt. Protestantische Geistliche und Lehrer wurden ausgewiesen. Vor die Entscheidung gestellt, dem protestantischen Glauben abzuschwören oder das Land zu verlassen, zogen Tausende die Auswanderung vor. In der Pfalz erzwang das Liga-Heer unter Tilly die Rekatholisierung von Bistümern, Reichsstädten und Domkapiteln. Als vereinzelte protestantische Fürsten zu Gegenaktionen übergingen, verlagerte sich der Krieg nach Mittel- und Norddeutschland. Im Dezember 1625 schlossen die niederländischen Generalstaaten mit England, Dänemark und Friedrich von der Pfalz ein Bündnis zur Vertreibung der Liga aus Norddeutschland. Ferdinand griff das Angebot seines steinreichen böhmischen Günstlings Albrecht von Wallenstein, Herzog von Friedland, auf, ihm auf eigene Kosten ein kaiserliches Heer von 40 000 Mann aufzustellen. Für Ferdinand *die* Möglichkeit, sich aus der Abhängigkeit von der Liga und seinem Vetter Maximilian von Bayern zu befreien und habsburgische Interessen zu verfolgen. Tilly und Wallenstein vertrieben den Dänenkönig Christian IV. aus Norddeutschland. Die Herzöge von Mecklenburg, die auf seiner Seite gekämpft hatten, ächtete Ferdinand und belehnte Wallenstein mit ihren Herzogtümern.

Zum erstenmal stand ein kaiserlich-habsburgisches Heer an der Ostsee. Ferdinand ernannte Wallenstein zum »General des Baltischen und Ozeanischen Meeres« und plante den Bau einer Reichsflotte. Zusammen mit Spanien, das auf die Öffnung der deutschen Häfen scharf war, sollte die englisch-holländische Handelskonkurrenz ausgeschaltet werden. Doch die Hansestädte ließen sich nicht dafür gewinnen. Auf dem Höhepunkt seiner Macht erließ der Kaiser am 6. März 1629 ein *Restitutionsedikt,* das die Rückerstattung aller seit 1552 säkularisierten oder eingezogenen Bistümer, Kirchengüter und Klöster an die katholische Kirche befahl. Die katholischen Reichsstände wurden ermächtigt, den Protestantismus in ihren Territorien zu unterdrücken. Die Ausführung des Edikts hätte das Ende des Protestantismus besonders in Norddeutschland bedeutet. Aber auch die katholischen Fürsten fürchteten, daß der Kaiser und Wallenstein es rücksichtslos für ihre Eigeninteressen ausnutzen würden. Sie sahen ihre Unabhängigkeit durch Errichtung ei-

ner Militärmonarchie bedroht und setzten unter Führung Maximilians von Bayern auf dem Fürstentag in Regensburg im Juli 1630 die Entlassung Wallensteins und eine Verminderung der kaiserlichen Truppen durch, die dem Oberfeldherrn Tilly unterstellt wurden. Zur gleichen Zeit landete der protestantische König Gustav II. Adolf von Schweden an der Ostseeküste. Der rasche Vormarsch seiner Armeen zum Rhein, nach Schwaben und Franken führte zum Zerfall der katholischen Liga. Am 13. April 1632 ernannte Ferdinand erneut Wallenstein zum Generalissimus. Der Friedländer eroberte Prag und besetzte Sachsen. Die Schlacht bei Lützen westlich Leipzig am 16. November 1632 ging unentschieden aus, doch der Tod Gustav Adolfs auf dem Schlachtfeld beeinflußte den Verlauf des Krieges entscheidend. Wallensteins zögernde Kriegsführung 1633, seine Weigerung, Bayern durch einen Winterfeldzug gegen die Schweden zu entlasten, seine geheimen Verhandlungen mit der gegnerischen Seite und die Vereidigung seiner Offiziere allein auf seine Person auf dem Bankett in Pilsen am 12. Januar 1634 – all das nutzte die ihm feindliche Partei am Kaiserhof aus, um Ferdinand vom Verrat Wallensteins zu überzeugen. Am 24. Januar unterzeichnete er das Absetzungsdekret und befahl Wallensteins Gefangennahme – lebend oder tot. Während sich die designierten Mörder sechs Wochen Zeit bis zur Ausführung der Tat ließen, schrieb der Kaiser weiter Briefe an seinen »Hochgeborenen lieben Oheim und Fürst«.

Den Oberbefehl über das Heer übergab Ferdinand seinem gleichnamigen Sohn. Erzherzog Ferdinand schlug am 6. September 1634 bei Nördlingen die Schweden und ihre deutschen Verbündeten entscheidend. Im Mai 1635 wurde in Prag ein Frieden mit Sachsen geschlossen, der den Protestanten weitgehende Zugeständnisse bringen, vor allem aber die verfassungsmäßigen Rechte des Kaisers stärken sollte. Er sollte den alleinigen Oberbefehl über das Reichskriegsheer erhalten, die Reichsfürsten sollten auf das Recht, militärische Bündnisse einzugehen, verzichten. Brandenburg, Weimar, Anhalt traten dem Vertrag bei. Baden, Württemberg und Hessen-Kassel blieben den Schweden treu und verbündeten sich mit Frankreich, das im Mai 1635 Spanien und Habsburg den Krieg erklärte. Jetzt erst trat der Krieg in seine letzte, furchtbarste Phase.

Am 22. Dezember 1636 wählten die Kurfürsten in Regensburg den Erzherzog Ferdinand zum römischen König. »Nun, oh Herr, läßt du deinen Diener in Frieden fahren«, rief der schwerkranke Kaiser aus. Am 15. Februar 1637 starb er in Wien an der Wassersucht. Im Mausoleum der steirischen Habsburger in Graz wurde er beigesetzt. Er war in erster Ehe verheiratet mit seiner Kusine und Nichte Maria Anna von Bayern; nach ihrem Tode heiratete er 1622 Eleonore von Mantua aus dem seit Karl V. mit den Habsburgern verschwägerten Hause Gonzaga. Schon 1621 verfügte er testamentarisch die Unteilbarkeit der habsburgischen Erblande und die Vererbung nach dem Erstgeburtsrecht. Neben der Reichshofkanzlei schuf er eine selbständige österreichische Hofkanzlei, die auch für Böhmen und Ungarn zuständig war und die straffe zentralistische Verwaltung der habsburgischen Erbländer garantierte.

Ferdinand III. Büste von Georg Schweigger
im Kunsthistorischen Museum Wien.

FERDINAND III. VON HABSBURG
1637–1657

In Gestalt und Aussehen war der Sohn Kaiser Ferdinands II. und der Maria Anna von Bayern nach seinem Großvater mütterlicherseits, Herzog Franz I. von Lothringen, geraten. Im Gegensatz zu seinem kleinen, rundlichen und blonden Vater war er groß, schlank, schwarzhaarig und hatte ein scharfgeschnittenes Gesicht. Die starke Unterlippe wies ihn jedoch eindeutig als Habsburger aus. Ferdinand wurde am 2. April 1608 in Graz geboren und dort von Jesuiten erzogen. Während sein Vater das Geld mit vollen Händen ausgab, war der junge Ferdinand äußerst sparsam. Als der Kaiser ihn einmal fragte, was er gerade studierte, antwortete er: »Ich forsche nach, ob der Sohn die Güter wiedererlangen kann, die der Vater vergeben hat.« Früh entwickelte er ein lebhaftes Interesse für Festungsbau, Taktik und Strategie. Am kaiserlichen Hof gehörte er zur entschiedenen spanischen Partei und war einer der grimmigsten Gegner Wallensteins. Am 20. Februar 1631 heiratete er seine Kusine Maria Anna, die Tochter Philipps III. von Spanien. Weil Wallenstein keinen spanischen Aufpasser haben wollte, lehnte er 1632 ab, Ferdinand in seinen Stab aufzunehmen.

Nach dem Sturz Wallensteins zum Oberbefehlshaber des kaiserlichen Heeres ernannt, erzielte Ferdinand zusammen mit seinem spanischen Vetter, dem Kardinal-Infanten Ferdinand, bei Donauwörth, Regensburg und Nördlingen zunächst beachtliche Erfolge gegen die Schweden. Wieweit diese Siege auf sein Konto oder das seines Unterfeldherrn Gallas gehen, ist in der Militärgeschichte umstritten. Nachdem er bereits 1626 König von Ungarn und 1627 König von Böhmen geworden war, wählten die Kurfürsten ihn am 22. Dezember 1636 zum römischen König. Am 15. Februar 1637

trat er die Nachfolge seines Vaters als Kaiser und Oberhaupt des Hauses Habsburg-Österreich an.

So sehr Ferdinand III. von der katholischen Mission des Kaisers überzeugt war, mußte er doch einsehen, daß die Gegenreformation mit dem Mittel des Krieges nicht durchzusetzen war. Der Krieg, der 1618 als Religionskrieg begonnen hatte, war zu einem Machtkampf zwischen Habsburg-Österreich und Habsburg-Spanien auf der einen, Frankreich und Schweden auf der anderen Seite geworden. Frankreich wollte die Macht der Dynastie Habsburg brechen und die Vorherrschaft in Europa errringen; es verlangte die spanischen Niederlande (das heutige Belgien), das linke Rheinufer – vor allem das habsburgische Elsaß – und die Lombardei. Schweden wollte soviel wie möglich an der deutschen Ostseeküste gewinnen. Die meisten katholischen Fürsten Deutschlands, allen voran Maximilian I. von Bayern, drängten Ferdinand zum Frieden. Der Kaiser war auch zu Konzessionen bereit, vorausgesetzt, sie machten an den Grenzen seiner Erblande halt. Aber gerade das wollten Habsburgs Gegner nicht. Der Kaiser sollte in seinen Erblanden den Ständen Religionsfreiheit und Mitbestimmung gewähren, was das Ende der absoluten Macht Habsburgs bedeutet hätte.

Erst der militärische Zusammenbruch Spaniens 1643 machte Ferdinand friedensbereit. Im Dezember 1644 begannen in Münster und Osnabrück die Friedensverhandlungen. Sie zogen sich vier Jahre hin. Wochenlang wurde dabei unter anderem über die Frage gestritten, ob die Gesandten der Landesfürsten den Titel Exzellenz führen durften, der bis dahin den kaiserlichen Räten vorbehalten gewesen war. Am 24. Oktober 1648 wurden die Verträge unterzeichnet. Frankreich erhielt das linke Rheinufer zwischen Koblenz und Basel, Schweden bekam Vorpommern. An Frankreich und Schweden mußten gewaltige Kriegskosten gezahlt werden, in die sich das Reich und der Kaiser teilten. Die Souveränität der Landesfürsten, die weiterhin über das religiöse Bekenntnis in ihren Landen zu entscheiden hatten, wurde gestärkt. Die Rechte des Kaisers wurden auf die eines Präsidenten und Schiedsrichters in einem Staatenbund beschränkt.

Auch das Haus Habsburg mußte Federn lassen. Es verlor das Elsaß an Frankreich und den Stammsitz, die Habsburg, endgültig an die Eidgenossenschaft. Aber Österreich blieb ein katholisches Land. Und auch die Idee der Kaiserherrlichkeit erlosch nicht mit dem Westfälischen Frieden. Am 31. Mai 1653 wählten die Kurfürsten in Augsburg Ferdinands ältesten Sohn Ferdinand Maria zum römischen König; er starb aber ein Jahr später. Die Thronerhebung seines zweiten Sohnes Leopold erlebte Kaiser Ferdinand III. nicht mehr. Er starb am 2. April 1657 in Wien und wurde in der Kapuzinergruft beigesetzt. Seine Tochter Maria Anna, die 1649 den König Philipp IV. von Spanien geheiratet hatte, rettete die spanischen Habsburger zunächst vor dem Aussterben. Als Zeugen seiner musischen Begabung hinterließ Ferdinand III. eine Reihe interessanter Kompositionen.

Leopold I.
Porträt von einer Silbermedaille 1687.

LEOPOLD I. VON HABSBURG
1658–1705

Eigentlich sollte der am 9. Juni 1640 geborene zweite Sohn Kaiser Ferdinands III. und der Maria Anna von Spanien Geistlicher werden. Er wurde auf den Namen seines Onkels Erzherzog Leopold Wilhelm, Bischof von Passau, Straßburg und Breslau getauft. Sein älterer Bruder Ferdinand Maria, der 1653 zum römischen König gewählt wurde, starb im Jahr darauf an den Blattern. Ehe Leopolds Nachfolge gesichert war, starb am 2. April 1657 auch Kaiser Ferdinand III. Die Kaiserdynastie Habsburg war damit aufs äußerste gefährdet. Das französische Königshaus Bourbon besaß seit dem Westfälischen Frieden Reichsfürstenrang. Frankreichs Staatsmann Kardinal Mazarin trat als Schützer der Freiheit der deutschen Fürsten vor dem habsburgischen Absolutismus auf und betrieb mit Lockungen, Händesalben und Drohungen die Wahl seines jungen Königs Ludwig XIV. zum Kaiser des Heiligen Römischen Reiches. Seine wichtigsten Stützen waren der Kurfürst und Erzbischof von Köln Maximilian Heinrich von Wittelsbach und der (Große) Kurfürst Friedrich Wilhelm von Brandenburg.

Daß nach fünfzehn Monaten Wahlkampf dann doch der achtzehnjährige Erzherzog Leopold von Österreich und König von Böhmen und Ungarn gewählt wurde, verdankte er einem gewaltigen Aufwand an Bestechungsgeldern, der Intervention des frankreichfeindlichen Papstes Alexander VII. und dem Umstand, daß die Angst mancher Fürsten vor der Dynastie Bourbon stärker war als ihr antihabsburgisches Ressentiment. Vor der Wahl mußte Leopold sich verpflichten, Habsburg-Spanien niemals Hilfe zu leisten. Das bedeutete das Ende der habsburgischen Einheit. Zugunsten der Landesfürsten mußte er einer Verfassungsänderung zustimmen, die den Landständen verbot, sich ohne Genehmigung ihrer Fürsten zu versammeln und beim Kaiser gegen sie zu klagen. Damit war das letzte wichtige kaiserliche Vorrecht beseitigt und der Weg frei zur absoluten Herrschaft der Landesfürsten. Einen Monat nach der Kaiserkrönung am 18. Juli 1658 verbündeten sich Mainz, Köln, Pfalz-Neuburg, Hessen-Kassel und Braunschweig-Lüneburg zu einer Rheinischen Allianz mit eigenem Bundesheer und klar anti-kaiserlicher Tendenz. Frankreich trat dem Bündnis bei.

Der inhaltsleer gewordene Titel »Erwählter Römischer Kaiser, allezeit Mehrer des Reiches« und ein Jahresgehalt von 13 844 Gulden 32 Kreuzern aus der Reichskasse – das war alles, was für Leopold I. von einstiger Kaisermacht geblieben war. Trotzdem fühlte er sich seines ihm durch Gottes Fügung übertragenen Amtes und der Erhabenheit seiner Person voll bewußt. Befangen in den Vorstellungen der Gegenreformation und des Absolutismus, ging er daran, den Protestantismus und die ständische Verfassung in seinem Erbkönigtum Ungarn zu beseitigen. Durch sein rigoroses Eingreifen in die Verhältnisse Ungarns und Siebenbürgens provozierte er 1663 einen verheerenden Einfall der Türken in Ungarn und Mähren. Nur mit Hilfe bayerischer, brandenburgischer und sogar französicher Truppen konnte Feldmarschall Fürst Montecuccoli die Türken bei St. Gotthard a.d. Raab zurückschlagen. Statt den Sieg auszunutzen, schloß Leopold mit den Türken 1664 einen zwanzigjährigen Waffenstillstand unter Beibehaltung des *status quo.* Das dynastische Interesse Habsburgs verlangte Frieden im Osten.

Ludwig XIV. von Frankreich hatte 1661 die Tochter des habsburgischen Königs Philipp IV. von Spanien aus dessen erster Ehe mit Isabella von Spanien geheiratet und strebte für seinen Sohn die Thronfolge in Spanien an. Im selben Jahr kam aber aus der zweiten Ehe Philipps IV. mit Leopolds Schwester Maria Anna ein Sohn zur Welt. Da diesem Neffen Leopolds als bedauernswertem Produkt habsburgischer Inzucht nur geringe Lebenserwartung prophezeit wurde, stand eine Auseinandersetzung zwischen Habsburg und Bourbon um das spanische Erbe bevor. Philipp IV. von Spanien starb 1665. Leopolds Schwester Maria Anna übernahm für den vierjährigen, kränklichen Karl II. die Regentschaft. Mit ihrer fünfzehnjährigen Tochter Margarethe feierte Leopold 1666 in Wien eine pompöse Hochzeit. Im Gegenzug bemächtigte sich Ludwig XIV. 1667–68 eines Teils der spanischen Niederlande (Belgien). Leopold und sein 1. Minister Fürst Auersperg, denen eine Allianz zwischen Österreich, Spanien und Frankreich zur Wiederherstellung des Katholizismus in ganz Europa vorschwebte, schlossen am 19. Januar 1668 mit Ludwig XIV. einen Geheimvertrag. Habsburg-Österreich sollte Spanien, die überseeischen Besitzungen und die Lombardei erhalten, Bourbon die spanischen Niederlande und Neapel-Sizilien. Ludwig XIV. kam es dabei nur auf die Anerkennung seines Erbrechts in Spanien an. Leopold aber hatte sich die Hände gegenüber Frankreich gebunden.

Nur mit halbherzigen Aktionen reagierten Kaiser und Reich, als Ludwig XIV. 1672–74 zehn elsässische Reichsstädte und das Stift Trier annektierte. Gefesselt durch einen von Frankreich und den Türken geschürten Aufstand in Ungarn, mußte Leopold auch die Besetzung Straßburgs am 30. September 1681 hinnehmen. Doch im Reich regte sich Widerstand. Der ständige Reichstag in Regensburg beriet eine Änderung der Reichskriegsverfassung, die sich deutlich gegen Frankreich richtete.

Anfang 1683 fingen päpstliche Agenten eine Korrespondenz zwischen Versailles und Konstantinopel ab, die einen türkischen Großangriff auf Ungarn, Österreich und Polen mit Billigung Frankreichs als unmittelbar bevorstehend erkennen ließ. Davon in Kenntnis gesetzt, schloß König Johann Sobieski von Polen, bis dahin Vasall Ludwigs XIV., ein Bündnis mit Leopold. Bayern, Sachsen, die oberrheinischen und fränkischen Stände und der Erzbischof von Salzburg traten bei. Doch bevor ihre Streitkräfte versammelt waren, brachen die Türken unter dem Großwesir Kara Mustapha über Ungarn, Mähren und Niederösterreich herein. Leopold flüchtete Hals über Kopf nach Passau. Am 12. Juni 1683 wurde Wien von 160 000 Türken eingeschlossen. 16 000 Österreicher unter Fürst Rüdiger Starhemberg und die Wiener unter ihrem Bürgermeister Andreas Liebenberg zeigten sich tapferer als Kaiser Leopold und hielten aus, bis das Entsatzheer unter Johann Sobieski und Herzog Karl V. von Lothringen, einem Schwiegersohn Leopolds, herankam. Am 12. September schlugen am Kahlenberg vor Wien 50 000 Deutsche und 15 000 Polen die Türken in die Flucht. Zum Einmarsch der siegreichen Truppen war Leopold pünktlich zur Stelle.

Die Befreiung von Wien weckte Erinnerungen an die Kreuzzüge. Unter dem Protektorat von Papst Innozenz XI. kam 1684 eine Heilige Allianz aus Österreich, Polen und der Republik Venedig gegen die Türken zustande. In jahrelangen Kämpfen unter hervorragenden Heerführern wie Kurfürst Max Emanuel von Bayern, Herzog Ludwig Wilhelm von Baden (»Türkenlouis«) und Prinz Eugen von Savoyen wurde ganz Ungarn zurückerobert, die Türkei 1699 hinter die untere Donau zurückgedrängt. Österreich wurde Großmacht – dank päpstlichem Geld und dem Blut vieler deutscher Stämme. Wien, bis dahin eine ständig bedrohte Grenzfestung – der Fluch »Kruzitürken« stammt daher – konnte sich zur Handelsmetropole und glanzvollen Kaiserstadt entwickeln.

Mit Ludwig XIV. hatte Leopold 1684 ein Stillhalteabkommen auf zwanzig Jahre geschlossen. Aber 1688 erhob der Sonnenkönig für seine Schwägerin Elisabeth Charlotte (»Liselotte«) Erbanspruch auf die Pfalz, besetzte Worms, Speyer, Heidelberg, Mannheim, Koblenz und drang nach Schwaben und Franken vor. Ermutigt durch eine Große Allianz, in der sich England, Holland und Spanien gegen Frankreich verbündeten, wagte Leopold jetzt den Zweifrontenkrieg. Der Pfälzische Krieg tobte von 1688–97, brachte die Verwüstung der Pfalz durch die Franzosen und wurde erst durch die Flottenüberlegenheit Englands und Hollands entschieden. Im Frieden zu Rijswijk 1697 behielt Frankreich zwar das Elsaß, mußte aber zum erstenmal eroberte Gebiete wieder herausgeben.

Am 6. Februar 1699 starb in München plötzlich Leopolds Enkel, der Kurprinz Joseph Ferdinand von Bayern im Alter von sieben Jahren. Dieser Sohn des Kurfürsten Max Emanuel und der Kaisertochter Maria Antonia aus Leopolds erster Ehe mit Margarethe von Spanien war von Leopolds Neffen König Karl II. als Erbe der Krone Spaniens eingesetzt worden. Leopold hatte diese Erbfolge abgelehnt und seinen zweitältesten Sohn Karl aus seiner dritten Ehe mit Eleonore von Pfalz-Zweibrücken-Neuburg zum Erben bestimmt. Kurfürst Max Emanuel von Bayern beschuldigte den Wiener Hof, seinen Sohn vergiftet zu haben. England und Holland, die auf keinen Fall eine Vereinigung Spaniens mit Frankreich dulden wollten, schlossen über den Kopf Leopolds hinweg einen Teilungsvertrag mit Ludwig XIV. Leopolds Sohn Karl sollte Spanien samt Kolonien und Belgien bekommen, Frankreich die spanischen Territorien in Italien. Leopold lehnte ab und bestand auf der ungeteilten Erbschaft für Habsburg-Österreich. Auf wiederholte Hilferufe seines spanischen Neffen gegen zunehmenden französischen Druck reagierte er nicht. Unter dem Einfluß des zu Frankreich umgeschwenkten Papstes Innozenz XII. änderte Karl II. von Spanien sein Testament zugunsten seines Neffen Philipp von Anjou, eines Enkels Ludwigs XIV., und starb bald darauf am 1. November 1700.

Erst als der Bourbone Philipp V. in Spanien zum König ausgerufen wurde, erwachte Leopold I. aus seiner Lethargie. Im Sommer 1701 rückte Prinz Eugen in Oberitalien ein und schlug die Franzosen in zwei Schlachten. Am 7. September 1701 trat in Den Haag die Große Allianz zwischen Kaiser, Großbritannien und Holland zusammen, der alle Reichsstände mit Ausnahme Bayerns und Kurkölns beitraten. Der Spanische Erbfolgekrieg wurde zum ersten Weltkrieg der Neuzeit. Spanien, Italien, Süddeutschland, die Niederlande, die Ozeane und die Nordsee wurden zu Kriegsschauplätzen. Um Spanien und sein Weltreich für Habsburg zu retten, verbündete Leopold sich mit den protestantischen Kräften Europas gegen das katholische Frankreich. Den Ausgang dieses Krieges hat er nicht mehr erlebt. Er starb am 6. Mai 1705 nach siebenundvierzig Regierungsjahren. In der Wiener Kapuzinergruft wurde er beigesetzt.

Leopold I. war klein, sein Blick düster, die Habsburger Unterlippe stark ausgeprägt. Seine einzige wirkliche Begabung war seine Musikalität. Er hinterließ 79 geistliche und 180 weltliche Kompositionen. Theater und Oper stellte er mit verschwenderischem Aufwand in den Dienst kaiserlicher Repräsentation. Die von Jesuiten verfaßten, von dem italienischen Bühnenbildner Burnacini mit unerhörten Schaueffekten ausgestatteten Kaiserspiele im Freien wurden »mit Zulassung aller Leute präsentiert«. Mit Burnacini begann die große Zeit des Wiener Barock; als Hofbaumeister Leopolds baute er den Leopoldflügel der Hofburg und die eher bescheidene Sommerresidenz Favorita. Unter Leopold entwickelte sich in der Verwaltung jene Mischung aus Bürokratie, Schlamperei und Korruption, die für lange Zeiten als typisch österreichisch gelten sollte. Ein bleibendes Verdienst erwarb er sich, als er 1683 dem von Ludwig XIV. wegen seines kümmerlichen Aussehens und seiner skandalösen Herkunft verschmähten Prinzen Eugen von Savoyen ein Offizierspatent verlieh. Zwanzig Jahre später, im zweiten Jahr des Spanischen Erbfolgekrieges mußte er dem genialen Feldherrn, Staatsmann und Organisator diktatorische Vollmachten einräumen, um Österreich vor dem Zusammenbruch zu retten.

JOSEPH I. VON HABSBURG
1705–1711

Mit seiner Mutter Eleonore Magdalena, Tochter des Pfalzgrafen Philipp Wilhelm von Zweibrücken-Neuburg und der Elisabeth von Hessen-Darmstadt, kam nach drei Generationen zum erstenmal wieder frisches Blut in das Haus Habsburg. Nachdem beide erste Ehen Kaiser Leopolds I. ohne männlichen Nachwuchs geblieben waren, wurde Joseph am 26. Juli 1678 in Wien geboren. Unter dem Oberhofmeister Fürst Karl Theodor Salm erhielt er eine umfassende geistige und musische Erziehung. Im Zeichnen unterrichtete ihn der große Meister des Spätbarock Johann Bernhard Fischer von Erlach, an dessen erstem, in dieser Form nie verwirklichtem Entwurf für ein Über-Versailles in Schönbrunn sich der zwölfjährige Joseph begeisterte. Im Alter von neun Jahren wurde er zum König von Ungarn gekrönt, dessen Stände bei dieser Gelegenheit das habsburgische Erbrecht an der Stephanskrone anerkannten. Getragen von der Einigkeitswelle, die während des Pfälzischen Krieges durch das Reich ging, bot seine Wahl zum römischen König am 24./26. Januar 1690 in Augsburg keine Schwierigkeiten.

Joseph I. Zeitgenössische Grisaillemalerei
im Heeresgeschichtlichen Museum Wien.

»Mittlerer Größe, gut proportioniert, kräftigen Körperbaus, roth-blonden Haares, mit hoher Stirn, lebhaften, leuchtenden Augen, starker Nase, von weißer Hautfarbe mit hochgerötheten Wangen, ohne die große österreichische Lippe«, so beschrieb der venezianische Gesandte in Wien den einundzwanzigjährigen Joseph. Im Gegensatz zu dem schwerfälligen, melancholisch passiven Vater besaß er ein feuriges Temperament und Entschlußfreudigkeit. Sein stark entwickeltes Standesbewußtsein hinderte ihn nicht daran, sich ebensogern der Kammerzofen wie der Hofdamen seiner Mutter anzunehmen. Als die Kaiserin ihn deswegen scharf zur Rede stellte, gab er zurück, daß er als Träger zweier Kronen keine Belehrungen brauche. Im Februar 1699 wurde er mit der fünf Jahre älteren Wilhelmine Amalie von Braunschweig-Lüneburg verheiratet. Anfangs konnte er nicht genug versichern, wie »content und glückselig« er mit seiner »liebsten Königin« sei, aber bald ging er wieder seine eigenen Wege.

Früh sammelte sich um Joseph ein Kreis jüngerer Adliger und Hofchargen, die mit der Politik des Kaisers unzufrieden waren und Reformen der rückständigen österreichischen Wirtschaft forderten. Joseph war es, der seinen Vater zum Handeln drängte, als nach dem Tod des letzten spanischen Habsburgers der Enkel Ludwigs XIV. als Philipp V. auf den spanischen Thron erhoben wurde. Gegen die Abneigung des Kaisers, sich mit protestantischen Mächten gegen das katholische Frankreich zu verbünden, setzte Joseph den Beitritt Österreichs zur Großen Allianz von Holland und Großbritannien durch. Als nach den Anfangserfolgen im Spanischen Erbfolgekrieg Österreichs Heer und Wirtschaft zusammenzubrechen drohten, er reichte er nach erregten Auseinandersetzungen mit seinem Vater 1703 die Berufung des Prinzen Eugen von Savoyen an die Spitze des Hofkriegsrats und des Grafen Gundaker Starhemberg zum Präsi-denten der für die Finanzen zuständigen Hofkammer. Joseph übernahm den Vorsitz der Kriegskonferenzen und war damit schon bei Lebzeiten seines Vaters der eigentliche Regent.

Zusammen mit Eugen plante Joseph 1704 die Vereinigung der deutschen und der britischen Armee unter dem Herzog von Marlborough, einem Vorfahren Winston Churchills, in Süddeutschland. Diese kühne strategische Bewegung führte zur vernichtenden Niederlage der französich-bayerischen Armee bei Höchstädt (Donau) am 13. August 1704. Kurfürst Maximilian II. Emanuel von Bayern floh. Sofort nach dem Tod seines Vaters Kaiser Leopold I. im Mai 1705 besetzte Joseph Oberbayern. Die Härte der österreichischen Besatzung und die Vergabe riesiger bayerischer Besitztümer an Josephs Günstlinge führten zum Aufstand der oberbayerischen Bauern. In der »Sendlinger Mordweihnacht« am 25. Dezember 1705 wurden über tausend bereits entwaffnete Bauern von den Österreichern niedergemacht. Im Kurfürstenkollegium setzte Joseph die Verhängung der Reichsacht über Max Emanuel und dessen Bruder Joseph Clemens, den Erzbischof und Kurfürsten von Köln, wegen Hochverrats durch. Der nicht ganz unbegründete Verdacht, daß Joseph Bayern und andere Territorien für Habsburg vereinnahmen wolle, schaffte ernste Verstimmung unter den Kurfürsten. Dazu kamen – allerdings vergebliche – Versuche Josephs, die Kaisermacht gegenüber den Fürsten wieder zu stärken. Prinz Eugen und sogar der Brite Marlborough mußten mehrmals diplomatisches Porzellan kitten, das Joseph zerschlagen hatte.

An die großen Auseinandersetzungen zwischen Kaisertum und Papsttum im Mittelalter erinnert ein Zusammenstoß Josephs mit dem franzosenfreundlichen Papst Clemens XI. wegen des Marsches kaiserlicher Truppen durch den Kirchenstaat nach Neapel. Clemens XI. drohte mit Bann und Krieg. Joseph antwortete mit der Besetzung des im Kirchenstaat liegenden Reichslehens Comacchio. Die schwachen, von den Italienern als *Papagalli* verspotteten päpstlichen Truppen konnten den Papst nicht schützen. 1709 erkannte Clemens XI. Josephs Bruder Karl als rechtmäßigen König von Spanien an. Nach schweren Niederlagen in Flandern durch Marlborough und den Prinzen Eugen war Ludwig XIV. zum Nachgeben bereit. Er wollte auf das Elsaß und Belgien verzichten, ebenso auf die spanische Erbfolge. Nur dazu war er nicht bereit: seinen Enkelsohn Philipp V. mit französischen Truppen vom spanischen Thron zu vertreiben. In maßloser Verblendung forderten die Alliierten »keinen Frieden ohne Spanien« und stachelten damit die *Grande Nation* zum letzten Widerstand an.

Die Entscheidung fiel nicht auf dem Schlachtfeld oder am Konferenztisch, sondern in der Wiener Hofburg. Dort starb am 17. April 1711 Kaiser Joseph I. im Alter von nur dreiunddreißig Jahren an den Pocken. Damit veränderte sich die weltpolitische Lage. Da Joseph keinen männlichen Erben hinterließ, fiel Habsburg an seinen Bruder Karl, der mit englischer und portugiesischer Unterstützung als Karl III. gegen den Bourbonen Philipp V. zum König von Spanien erhoben worden war. An einem österreich-ungarisch-böhmisch-spanischen Weltreich waren aber weder Großbritannien, noch Holland oder die deutschen Fürsten interessiert.

Joseph II., Gemälde von
Joseph Hickel im Schloß
Schönbrunn.

Leopold II. als Großherzog von Toscana, Ausschnitt aus einem Gemälde von Pompeo Batoni von 1769 im Schloß Schönbrunn.

Leopold II., Miniaturmalerei
von H. Fr. Füger.

Links: Franz II. 1792 auf der
Reise zur letzten Krönung
eines deutschen Kaisers nach
Frankfurt im Schloßgarten von
Nymphenburg bei München.
Von links: Die Gemahlin des
Kaisers, Maria Teresa von
Neapel-Sizilien, Kurfüst Karl
Theodor von Bayern, Kurfürstin-
Witwe Anna von Bayern,
Franz II., Erzherzog Joseph.
Gemälde von Johann Baptist
Hoechle im Bayerischen
Nationalmuseum München.

Franz II., Gemälde von Joseph
Hickel im Schloß Schönbrunn.

Links: Franz I. von Österreich
(bis 1806 als Deutscher Kaiser
Franz II.) in kaiserlichem Ornat
mit österreichischer Kaiserkrone, die Rudolf II. 1602 als
kaiserliche Hauskrone hatte
anfertigen lassen und 1804 zur
österreichischen Kaiserkrone
erklärt wurde. Gemälde von
Friedrich Amerling 1832,
Kunsthistorisches Museum
Wien.

Ferdinand I. von Österreich im
Toisonornat, Gemälde von
Kuppelwieser um 1840,
Kunsthistorisches Museum
Wien.

Franz Joseph I., Gemälde von
Einsle um 1848 im Schloß
Schönbrunn.

*Karl VI. Alabasterrelief von Georg Raphael Donner
im Kunsthistorischen Museum Wien.*

KARL VI. VON HABSBURG
1711–1740

Der von Kaiser Leopold I. heiß ersehnte zweite Sohn wurde am 1. Oktober 1685 in Wien geboren. Seine Lebensaufgabe wurde ihm bereits mit seinem Taufnamen bestimmt: So wie einst das Brüderpaar Karl V. und Ferdinand I. sollten nun Karl und sein Bruder Joseph das Habsburger Weltreich regieren – der eine in Madrid, der andere in Wien. Anders als Joseph, der von einem Weltgeistlichen und von »Reichspatrioten« erzogen wurde, kam Karl unter der Leitung des Fürsten Anton Florian von Liechtenstein in die Schule von Jesuiten. Nachdem sein spanischer Vetter König Karl II. testamentarisch nicht Karl, sondern Philipp von Anjou zum Nachfolger bestimmt hatte, war man am Wiener Hof zunächst ratlos. Erst Großbritannien und Holland drängten darauf, daß der junge Karl nach Spanien segeln und sich seine Krone erkämpfen sollte. Nach langem Zögern ließ Leopold I. seinen Lieblingssohn in das ungewisse Abenteuer ziehen. Bevor er abreiste, regelte der Kaiser die Erbfolge. Falls weder Joseph noch Karl Söhne haben sollten, wurde die weibliche Erbfolge zugelassen, und zwar sollten zunächst Josephs und dann Karls Töchter erbberechtigt sein.

Als König Karl III. von Spanien ging der Achtzehnjährige 1703 zunächst nach London, von wo er sich im Januar 1704 mit 12 000 Mann englischer und holländischer Truppen nach Lissabon einschiffte. Der Versuch, vom verbündeten Portugal aus nach Spanien einzudringen, scheiterte am Widerstand der von ihrem Bourbonen Philipp V. begeisterten Spanier. Da man in dem separatistischen Katalonien mit einem freundlicheren Empfang rechnen konnte, brach die Flotte nach Barcelona auf, wo Karl am 23. Oktober 1704 einzog. Er garantierte den Katalanen ihre Sonderrechte, fand begeisterte Anhängerschaft und konnte eigene Regimenter aufstellen.

Der Krieg verlief wechselvoll. Frankreich griff mit starken Kräften ein, Kaiser Joseph schickte deutsche Verstärkung unter Feldmarschall Guido Starhemberg. Zweimal zog Karl in das feindselige Madrid ein, zweimal mußte er es wieder räumen. Im Sommer 1708 landete in Barcelona seine siebzehnjährige Braut Elisabeth Christine von Braunschweig-Wolfenbüttel, mit der er durch Stellvertreter getraut worden war. »Königin sehr schön, gar content«, schrieb er in sein Tagebuch, »Königin Nacht gar lieb«.

Von einem Sieg war Karl weit entfernt, als der plötzliche Tod Josephs I. ihn 1711 nach Deutschland zurückrief. Zum Zeichen, daß er wiederkehren würde, ließ er Elisabeth Christine als Statthalterin in Barcelona zurück. Am 12. Oktober landete er in Italien; am gleichen Tag wurde er in Frankfurt zum Kaiser gewählt und am 22. Dezember gekrönt. Im Frieden zu Utrecht, mit dem die Seemächte und Frankreich im April 1713 den Spanischen Erbfolgekrieg nach zwölfjähriger Dauer beendeten, blieb Spanien dem Bourbonen Philipp. Karl VI. trat dem Vertrag nicht bei. Erst nach einem Jahr erfolgloser Kriegführung am Oberrhein fügte er sich im Frieden von Rastatt am 7. März 1714. Aus dem spanischen Erbe erhielt Karl Belgien, die Lombardei, Neapel und Sardinien, das später gegen Sizilien ausgetauscht wurde. Zu diesem bedeutenden Gebietszuwachs kamen nach einem Feldzug des Prinzen Eugen gegen die Türken 1716–18 das Banat, Belgrad, das nördliche Serbien und die Kleine Walachei.

Schon zu der Zeit, als Elisabeth Christine in Barcelona saß und noch kein Nachwuchs in Sicht war, muß Karl von der Angst besessen gewesen sein, sie könnte nur Töchter gebären. Um in diesem Falle nicht, wie es das Erbfolgestatut von 1703 bestimmte, das Erbe der ältesten Tochter seines Bruders Joseph überlassen zu müssen, verkündete er am 19. April 1713 vor dem Geheimen Rat ein neues Hausgesetz. Diese »Pragmatische Sanktion« (feierlicher Erlaß) besagte, daß beim Aussterben seiner Linie im Mannesstamm seine älteste Tochter oder deren Nachkommen das ungeteilte Erbe erhalten sollten. 1716 kam ein Sohn zur Welt, der noch im selben Jahr starb. 1717 wurde Maria Theresia geboren, 1718 Maria Anna, 1724 Maria Amalia. Josephs Töchter heirateten 1719 und 1722 die Kurprinzen von Sachsen und Bayern; sie mußten ausdrücklich auf den Erbanspruch verzichten. Die Stände der Erbländer wurden auf die Pragmatische Sanktion verpflichtet, die deutschen Fürsten mit großen Opfern überredet, sie vertraglich anzuerkennen, ebenso die europäischen Mächte. Spanien bekam dafür Sizilien und Neapel, Frankreich erhielt Lothringen, Großbritannien die Schließung der Indischen Handelskompagnie in Ostende. Bis kurz vor seinem Lebensende, als die Kaiserin längst kränklich war, wendete Karl alle Kraft, Geschicklichkeit und ärztliche Kunst daran, doch noch einen männlichen Erben zu bekommen. Vergeblich.

Politisch schwankte Karl VI. zwischen dem Rat des Prinzen Eugen und seiner spanischen Berater, die er in großer Zahl aus Barcelona mitgebracht hatte. Der alte Feldherr sah realpolitisch nur die Möglichkeit einer Koalition Habsburgs mit Großbritannien und Preußen. Um Konflikte mit London zu vermeiden und Österreich abzurunden, hätte er am liebsten von den Wittelsbachern Bayern gegen Belgien eingetauscht. Die großen Möglichkeiten für Österreich lagen in der Besiedlung und Erschließung des Südostens, im Mittelmeerhandel und der staatswirtschaftlichen Organisation der Erbländer. Die spanische Partei betrieb die Wiederherstellung des katholisch-universalistischen Reiches. Intriganten, auf die der Kaiser zeitweise hereinfiel, schrieben dem alten Feldherrn die Absicht zu,

König von Polen oder Italien zu werden, und beschuldigten ihn der Freigeisterei und der scheußlichsten Laster.

Karl VI. war wie sein Vater und sein Großvater ein vorwiegend musischer Mensch – Komponist und Klavierspieler. Das Hoforchester, das er oft selber dirigierte, vergrößerte er auf 134 Mann. Die Opernfestspiele im Park von La Favorita waren noch aufwendiger als die seines Vaters. Fischer von Erlach erbaute für ihn die Hofbibliothek und die Karlskirche, die als Symbol der christlich-universalistischen Reichsidee Karls gilt. Für den Prinzen Eugen schuf zu Zeiten Karls Johann Lukas von Hildebrandt das Wiener Belvedere und das Palais des Reichsvizekanzlers Karl Graf Schönborn. Karl VI. starb einige Tage nach einer Jagdpartie, auf der er ein Gericht von giftigen oder verdorbenen Pilzen genossen hatte, am 20. Oktober 1740 in La Favorita. Bis zuletzt achtete er auf das von ihm am Hof eingeführte spanische Zeremoniell. Bei der letzten Ölung beanstandete er, daß nur zwei Kerzen brannten statt vier, die ihm als Römischem Kaiser zustanden.

KARL VII. ALBRECHT VON BAYERN
1742–1745

Der dritte deutsche Kaiser aus dem Hause Wittelsbach wurde am 6. August 1697 in Brüssel geboren. Dort war sein Vater, Kurfürst Max Emanuel von Bayern, spanischer Statthalter. Karl Albrechts Mutter Therese Kunigunde Sobieska war eine Tochter König Johanns III. von Polen. Über seinen Vater wurde 1706 wegen seiner Teilnahme auf französischer Seite am Spanischen Erbfolgekrieg die Reichsacht verhängt. Auf Befehl Kaiser Josephs I. kam der neunjährige Karl als Kriegsgefangener nach Klagenfurt. Kaiser Karl VI. gab ihm dann in der kaiserlichen Burg in Graz einen eigenen Haushalt und ließ ihn am Jesuiten-Gymnasium erziehen. Nach der Rehabilitierung seines Vaters nahm Karl Albrecht 1717 am Türkenfeldzug des Prinzen Eugen teil. Von einer Reise nach Versailles kam er als echter Rokoko-Kavalier zurück. Sein Onkel, der Erzbischof Joseph Clemens von Köln befand: »Ein violenter Tollhans, der viel Inclination für Weiber und Wein hat«.

Als Ausdruck der Versöhnung zwischen Habsburg und Wittelsbach wurde am 25. September 1722 in Wien Karl Albrechts Hochzeit mit Maria Amalia, der jüngeren Tochter des 1711 gestorbenen Kaisers Joseph I., gefeiert. Die Braut mußte auf Erbansprüche an Habsburg verzichten. Karl Albrechts Vater Max Emanuel ließ sich von seinem Kanzler Unertl den Nachweis erbringen, daß diesem Verzicht keinerlei Bedeutung zukäme, da Karl Albrecht selber als letzter männlicher Nachkomme Kaiser Ferdinands I. der rechtmäßige Erbe sei, wenn Habsburg im Mannesstamm erlöschen sollte. Die sehr fromme Maria Amalia gewöhnte sich nie an das sinnenfrohe Treiben am Münchner Hof. Nachdem Karl Albrecht 1726 Kurfürst geworden war, ließ er von François Cuvilliés für sie im Nymphenburger Park das Zauberschlößchen Amalienburg bauen. Am 17. September 1726 schloß Karl Albrecht mit dem Hause Österreich ein »unzertrennliches Freundschaftsbündnis«, erneuerte aber ein Jahr später den alten Allianzvertrag Bayerns mit Frankreich. Als Kaiser Karl VI. 1731 vom Reich die Anerkennung der »Pragmatischen Sanktion« verlangte, protestierte Bayern. Frankreichs Minister Kardinal Fleury erinnerte Karl Albrecht an seinen Anspruch auf die habsburgischen Lande und die Kaiserkrone. Er möge warten

Karl VII. Gemälde von Goudreau, Jugendbildnis als bayerischer Kurprinz.

»bis auf den Tag, da zwei Augen sich schließen«, meinte der Kardinal.

Am 20. Oktober 1740 schlossen sich in Wien die Augen Kaiser Karls VI. für immer. Die dreiundzwanzigjährige Maria Theresia trat die Erbschaft an. Karl Albrecht protestierte und erinnerte Paris an seine Zusage. Doch Frankreich war kriegsmüde. Der Bayer ließ Agenten durch Österreich ausschwärmen, die gegen Theresia und besonders gegen ihren unbeliebten Gemahl, den Großherzog Franz Stephan von Lothringen-Toscana, Stimmung machten. Nicht ohne Erfolg. Der preußische Gesandte in Wien berichtete: »Die Bevölkerung spricht sich so unverhohlen für Baiern aus, daß wenn der Kurfürst an der Spitze von nur zwei Bataillons hieher käme, Alles ihm zufallen würde«. Aber Karl Albrechts Armee war in jämmerlichem Zustand, und er steckte mit 25 Millionen Gulden in der Kreide. In Österreich sah es nicht besser aus, und das nutzte der junge Friedrich II. von Preußen aus, um blitzschnell in Schlesien einzufallen, das »kostbarste Juwel in der Krone Österreichs«.

Als Anfang April 1741 die kurfürstlichen Gesandten in Frankfurt zur Kaiserwahl zusammentraten, standen Karl Albrechts Chancen 4 gegen 5. Sicher waren ihm außer der eigenen Stimme nur die seines Bruders Erzbischof Clemens August von Köln, des Wittelsbacher Kurfürsten von der Pfalz und Preußens. Für Franz Stephan von Lothringen waren Mainz, Trier, Böhmen und Hannover, dessen Kurfürst Georg II. zugleich König von Großbritannien war und keinen Satelliten Frankreichs zu wählen gedachte, sowie Sachsen. Da platzte in die Versammlung die Nachricht vom glänzenden Sieg des jungen Fritz über die Österreicher bei Mollwitz. Die Stimmung schlug um, die Wahl wurde vertagt. Spanien stellte Karl Albrecht die Mittel für ein Korps von 12 000 Mann zur Verfügung. Frankreich begann zu rüsten und knüpfte Verhandlungen mit Preußen über die Zerschlagung Österreichs an. Friedrich II. forderte Anerkennung seiner schlesischen Eroberung und Militärhilfe für Karl Albrecht.

Mit der Besetzung von Passau am 31. Juli 1741 begann Karl Albrecht den Österreichischen Erbfolgekrieg. Im Oktober rückten die Franzosen an, mit bayrischen Kokarden an den Hüten. Schon war Wien fast erreicht, da schwenkte der französische Marschall Belle-Isle links ab nach Böhmen. Karl Albrecht später über das Manöver: »Die Franzosen wollten es immer mit der Gais halten, dem Kohl aber nicht wehe tun lassen. Sie wollten nicht, daß ich Herr von Wien werde. Ihr Prinzip war, den Einen durch den Andern zu schwächen, um schließlich die Teilung des Löwen vorzunehmen.« Am 29. Dezember 1741 krönte der Erzbischof von Prag Karl Albrecht zum König von Böhmen. Am 24. Januar 1742 wurde er in Frankfurt einstimmig zum Kaiser gewählt. Doch inzwischen war in Österreich die Stimmung zugunsten der jungen unglücklichen Erzherzogin Maria Theresia umgeschlagen. Am 12. Februar wurde Karl Albrecht in Frankfurt von seinem Bruder Erzbischof Clemens August von Köln als Karl VII. zum Kaiser gekrönt. Einen Tag später rückte der ungarische General Mentzel in München ein; seine Panduren hißten auf der Residenz den österreichischen Doppeladler. An seinen Feldherrn Graf Törring schrieb Karl VII: »Meine Krönung ist gestern vor sich gegangen mit einem Jubel und einer Pracht ohne Gleichen, aber ich sah mich zu gleicher Zeit von Stein- und Gichtschmerzen angefallen – krank, ohne Land, ohne Geld, kann ich mich wahrlich mit Job, dem Mann der Schmerzen, vergleichen und kann nur auf Gott meine Hoffnung bauen, auf ihn, der dieses Unheil zuließ, auf ihn, der uns auch wieder Rettung senden kann.« Erst als Friedrich von Preußen 1744 in Böhmen einfiel, konnte Karl VII. am 23. Oktober 1744 nach München zurückkehren. Dort starb er am 20. Januar 1745. Er wurde in der Theatinerkirche beigesetzt; sein Herz ruht in einer Bleigußurne in der Wallfahrtskirche Altötting.

FRANZ I. VON LOTHRINGEN
1745–1765

Der Kaiser, der nur als Prinzgemahl der Maria Theresia von Österreich, Böhmen und Ungarn eine Rolle spielen sollte, wurde am 8. Dezember 1708 in Nancy geboren. Er war der Sohn des Herzogs Leopold von Lothringen und der Prinzessin Elisabeth Charlotte von Orléans. Seine Großväter waren Prinz Karl V. von Lothringen, der Befreier Wiens von den Türken 1683, und Herzog Philipp I., Bruder Ludwigs XIV. Die Großmütter: Erzherzogin Eleonore von Österreich, Tochter Kaiser Ferdinands III., und die wegen ihrer drastischen Briefe berühmte Lieselotte von der Pfalz. Als Franz Stephan fünfzehn Jahre alt war, wurde er als künftiger Gemahl seiner neun Jahre jüngeren Großkusine Maria Theresia von Österreich in Aussicht genommen und zur weiteren Erziehung nach Wien geschickt. Er konnte kein Wort Deutsch und fiel in Französisch durch mangelhafte Rechtschreibung auf. Doch Kaiser Karl VI. fand in dem jungen Lothringer einen begeisterten Jagdgenossen. Und das Wichtigste: die kleine Maria Theresia verliebte sich auf den ersten Blick in den hübschen Vetter. Nach dem Tod seines Vaters trat Franz Stephan 1729 die Regierung Lothringens an. Und wenn er auch immer noch nicht richtig Schreiben gelernt hatte – rechnen konnte er. In kurzer Zeit sanierte er die Finanzen des Herzogtums. Es schmeckte ihm gar nicht, daß sein künftiger Schwiegervater ihn 1732 zum Statthalter in Ungarn er-

Franz I. im Krönungsornat. Gemälde von Wenzel Pohl im Kunsthistorischen Museum Wien.

nannte. Doch Maria Theresia war selig; denn von Preßburg nach Wien war es nur ein Katzensprung. Schon bevor die beiden 1736 endlich heiraten durften, war ihre Verbindung zum Politikum geworden. Frankreich sah in der Personalunion Habsburg-Lothringen eine Bedrohung seiner Ostgrenze. Es verlangte Lothringen als Entschädigung für den aus Polen mit kaiserlicher Hilfe vertriebenen Ex-König Stanislaus Lesczynski, den Schwiegervater Ludwigs XV. Ohne Franz Stephan auch nur zu fragen, gab Kaiser Karl VI. Lothringen preis und erlangte dafür Frankreichs Unterschrift unter die »Pragmatische Sanktion«.

Erst nach der Hochzeit am 12. Februar 1736 erfuhr Franz Stephan, daß sein Stammland der Einheit des Hauses Habsburg geopfert worden war. Zum Trost dafür erhielt er ein Jahr später das frei gewordene Großherzogtum Toskana. Während des Türkenfeldzuges 1737–39 ernannte Karl VI. den militärisch völlig unerfahrenen Schwiegersohn zum Reichsfeldmarschall und Oberbefehlshaber des kaiserlichen Heeres. Damit leistete er Franz Stephan einen Bärendienst. Hauptsächlich durch die Schuld des Kaisers endete der Krieg mit dem Verlust fast aller Gebiete, die Prinz Eugen vor zwanzig Jahren erobert hatte. In den Augen der Öffentlichkeit war der »Franzose« Franz Stephan der Sündenbock.

Haß und Verachtung gegen ihn steigerten sich noch, als Maria Theresia ihn nach dem Tod Kaiser Karls VI. zum Mitregenten in den habsburgischen Erblanden ernannte. Im Ersten Schlesischen Krieg versuchte er vergeblich, Lorbeer zu erwerben. Am Zweiten Schlesischen Krieg teilzunehmen, verbot ihm Maria Theresia. Während sein Bruder Karl in Böhmen erfolglos gegen Preußen kämpfte, wurde Franz am 13. September 1745 zum Kaiser gewählt. Diesmal gab britisches Geld den Ausschlag. Dem Krönungszug ihres »Mäusls« am 4. Oktober sah Maria Theresia, hochschwanger, vom Balkon des Frankfurter Hotels »Römischer Kaiser« zu. Sie brach in helles Lachen aus, als Franz I. sich ihr im Krönungsgewand Kaiser Friedrichs II. mit Krone, Reichsapfel und Zepter »gleichsam als Gespenst Karls des Großen« zeigte.

Als erster und einziger Kaiser ohne eigenen Besitz im Reich wäre es Franz I. auch unter günstigeren Verhältnissen schwer gefallen, dem Kaisertum neues Ansehen zu verschaffen. Das Heilige Römische Reich hatte als politische Einheit aufgehört zu existieren. Seine souveränen Fürsten waren Satelliten entweder Frankreichs oder Großbritanniens, die sich zum Kampf um die Weltherrschaft anschickten. Auch der Machtkampf zwischen Habsburg und Preußen im Siebenjährigen Krieg 1756–63 war weltpolitisch nur ein Teilaspekt dieses Ringens, mit dem Unterschied, daß Habsburg nun als Subsidiär Frankreichs und Preußen als Festlandsdegen Großbritanniens fochten. Die Bedeutung Franz' I. als Kaiser war allein der Glanz, der von seiner Krone auf Maria Theresia fiel. Als Kaiserin ungekrönt, war sie – Erherzogin von Österreich, Königin von Ungarn und Böhmen – de facto Kaiser und Kaiserin zugleich.

Nach den Vorstellungen dieser einzigartigen, von Machtwillen und Mutterinstinkten beherrschten Frau hatte Franz I. in erster Linie Ehemann im bürgerlichen Sinn und Erzeuger zahlreicher Nachkommen zu sein. Sechzehn Kinder brachte sie zur Welt. Nach der Geburt des vierten Kindes und ersten Sohnes sagte sie: »Ich wollte, ich wäre schon wieder im sechsten Monat schwanger.« Als sie merkte, daß Franz während ihrer Schwangerschaften zu anderen Frauen ging, machte sie ihm furchtbare Szenen, liebte ihn aber bis zu seinem Tode leidenschaftlich.

Als Ehemann vergöttert, als politische Potenz von Maria Theresia nicht für voll genommen, wandte sich Franz anderen Interessen zu. Auf seinen Gütern führte er moderne landwirtschaftliche Methoden ein und entwickelte mit Webern aus seinem Stammland Lothringen in Österreich und Böhmen eine lebhafte Textilwirtschaft. Nach dem Siebenjährigen Krieg bürgte er mit seinem intakten Vermögen für den Staatskredit und rettete damit Habsburg vor dem finanziellen Ruin. Ohne tieferes Verständnis für Kunst und Wissenschaft, aber als leidenschaftlicher Sammler schuf er die Grundlagen für das berühmte Wiener Naturalienkabinett und eine reiche Münzsammlung. Drei Tage nach der Hochzeit seines Sohnes Leopold in Innsbruck traf ihn nach einer Theatervorstellung ein sofort tödlicher Schlaganfall. Zu seiner letzten Geliebten, der Gräfin Wilhelmine Auersperg sagte Maria Theresia: »Wir haben beide viel verloren.«

JOSEPH II.
VON HABSBURG-LOTHRINGEN
1765–1790

Nachdem am 13. März 1741 die Geburt des ersten Prinzen aus dem neuen Hause Habsburg-Lothringen durch Böllerschüsse verkündet worden war, erschien in Wien ein Transparent mit seinem Horoskop und dem Text: »Ich gucke hin, ich gucke her. Es braucht kein Hirnzerreißen mehr. Es bleibt beim Haus von Österreich der Adler von dem Teutschen Reich.« Über den Sechsjährigen berichtete der preußische Minister von Podewils nach Berlin: »Er duzt alle Menschen, sein Ausdruck ist stolz und hochmütig und sein Wesen auch. Er hat schon jetzt die höchste Vorstellung von seinem Rang. Der Kaiser versucht zwar, ihm diesen Hochmut abzugewöh-

Joseph II. Kolorierter Kupferstich nach dem Gemälde von Kymli, entstanden in Paris 1777.

nen, aber er liebt ihn zu sehr, um ihn deswegen energisch anzupakken.« Mit den Jahren besserten sich zwar Josephs Manieren, doch seine Mutter Maria Theresia klagte über seine Herzenskälte, seine Besserwisserei und seine Lust, andere wegen ihres Aussehens oder kleiner Fehler lächerlich zu machen. Nach einer sehr gründlichen Ausbildung in Staats-, Völker- und Kirchenrecht trat er mit achtzehn Jahren in den Staatsbankrat ein. Ab 1761 wurde er zu den Sitzungen des vierköpfigen Staatsrats hinzugezogen. Sein Lese- und Wissensdurst war unstillbar. Nach den französischen Encyklopädisten las er vor allem die in Österreich streng verbotenen Werke Voltaires, die ihn entscheidend im Sinne der Aufklärung beeinflußten.

Nach Ende des Siebenjährigen Krieges wurde Joseph am 27. März 1764 einstimmig zum römischen König gewählt. Von seiner Krönung am 4. April hat der junge Goethe als Augenzeuge berichtet und den Unterschied zwischen der Erscheinung des Vaters Kaiser Franz I. und des Sohnes hervorgehoben: »Der Kaiser bewegte sich in seinem Anzug ganz bequem, sein herzig-würdiges Gesicht gab zugleich den Kaiser und den Vater zu erkennen. Der junge König hingegen schleppte sich in den ungeheuren Gewandstücken mit den Kleinodien Karls des Großen wie in einer Verkleidung her. Die Krone, welche man sehr hatte füttern müssen, stand wie ein übergreifendes Dach vom Kopf ab. Die Dalmatika, die Stola, so gut sie auch angepaßt und eingenäht worden, gewährte doch keineswegs ein vorteilhaftes Aussehen ... Man konnte nicht leugnen, daß man lieber eine mächtige, dem Anzuge gewachsene Gestalt damit bekleidet und ausgeschmückt gesehen hätte.«

Als sein Vater im Juli 1765 starb und Maria Theresia am Schmerz über den Verlust zu zerbrechen schien, machte sich Joseph – nun Kaiser Joseph II. – Hoffnungen, daß sie ihm die Regierung der Erblande abtreten würde. Daß ihr Herrscherwille schnell wieder erwachte, lag vor allem am tiefen Mißtrauen gegen ihren Ältesten. Seit langem hatte er sie mit Denkschriften bombardiert, die er »Träumereien« nannte. Darin bezeichnete er das Staatswohl als die einzige Daseinsberechtigung einer nach den Richtlinien der Vernunft zu leitenden absoluten Monarchie. Er forderte Duldung aller religiösen Bekenntnisse, Aufhebung der Leibeigenschaft der Bauern, gleiche Besteuerung von Adel und Bürgertum, streng zentralistische Verwaltung und Rechtsprechung auch in Ungarn und Böhmen. Maria Theresia hatte sich seit 1749 durch ihren Minister Wilhelm Graf Haugwitz zu mancher Reform des in vielen Bereichen noch mittelalterlichen Systems überreden lassen. Aber was Joseph forderte, war die Revolution und – schlimmer noch – Ketzerei.

Über das Verhältnis zwischen Mutter und Sohn schrieb Josephs Bruder Erzherzog Leopold: »Wenn sie zusammen sind, gibt es unterbrochen Streit ...Der Gegensatz der Anschauungen zwischen ihr und dem Kaiser in fast allen Angelegenheiten sind öffentlich bekannt, da beide offen davon sprechen, und das bewirkt, daß unter den Beamten und in allen Klassen von Personen es Leute gibt, die sagen, daß sie entweder von der Partei des Kaisers oder von der der Kaiserin sind und daß man sie deshalb verfolgt.« Als ihrem Mitregenten überließ Maria Thersia dem Sohn nur die Vollmacht über das Heer, die Außenpolitik und einige Bereiche der Justiz. Über die 1772 zwischen Joseph, Friedrich II. von Preußen und Katharina II. von Rußland vereinbarte erste Teilung Polens war Maria Thersia moralisch entrüstet, aber sie unterschrieb. Als Joseph 1778 nach dem Aussterben der bayerischen Wittelsbacher versuchte, Bayern für Habsburg zu vereinnahmen, warnte Maria Thersia vergeblich. Es kam zum Bayerischen Erbfolgekrieg mit Preußen, der zwar ziemlich unblutig verlief, aber Millionen kostete und Österreich nur das Innviertel, Preußen aber die Markgrafschaft Bayreuth und Ansbach einbrachte.

Voilà un nouvel ordre des choses (Eine neue Ordnung der Dinge ist da), rief der Alte Fritz aus, als er die Nachricht vom Tode Maria Theresias am 29. November 1780 erhielt. Er behielt Recht. 1777 hatte Joseph seine Schwester Marie Antoinette in Paris besucht und durch Beratung des durch eine Phimose am Vollzug des Beischlafs gehinderten Gatten Ludwig XVI. dafür gesorgt, daß dem Hause Bourbon ein Erbe geboren wurde. Bei dieser Gelegenheit hatte er die gärende Wut des französischen Volkes gegen Thron, Adel und Geistlichkeit gespürt und die Revolution geahnt. Der Revolution von unten durch die Revolution von oben zuvorzukommen, war sein Vorsatz. Und nun hemmte ihn keine dominierende Mutter mehr. »Große Dinge müssen mit einem Schlag verwirklicht werden«, hieß seine Devise. Zug für Zug erließ er Edikte und Gesetze, um seine in den »Träumereien« niedergelegten Reformideen zu verwirklichen. Die katholische Kirche sollte Staatskirche werden, alle Klöster, die nicht karitativ tätig waren, aufgelöst, Prozessionen und Wallfahrten verboten werden. Leibeigenschaft und Folter wurden abgeschafft. Um die radikale Kirchenreform zu verhindern, bemühte sich Papst Pius VI. 1782 zu Joseph nach Wien, aber der Kaiser ließ sich nicht umstimmen.

Die meisten Reformen Josephs II. versandeten am Widerstand der Stände und auch der Bevölkerung. Empörung wurde laut, als er anordnete, Tote nur noch in Leichentüchern und in Massengräbern ohne Totenmesse und Zeremonie beizusetzen. »Er tut immer den zweiten Schritt vor dem ersten«, sagte der Alte Fritz über Joseph. Weil er seiner Zeit zu rasch vorauseilen wollte, scheiterte Joseph II. Aufstände in Ungarn und Böhmen, finanzielles Chaos standen am Ende seiner Regierung. »Macht's was ihr wollt's, nur laßt mich in Ruhe sterben«, resignierte er, schon von Tuberkulose befallen. Am 20. Februar 1790 starb er einsam in der Wiener Hofburg. Seine Ehen mit Maria Isabella von Parma und Maria Josepha von Bayern blieben kinderlos.

Leopold II. im Krönungsornat, 1790 in Frankfurt am Main. Kupferstich von Johann Georg Klinger nach Zeichnung von Gabler.

LEOPOLD II. VON HABSBURG-LOTHRINGEN
1790–1792

Als achtes Kind des Großherzogs Franz Stephan von Toskana und Maria Theresia wurde er am 5. Mai 1747 in Wien geboren. Während der Festlichkeit zu seiner Hochzeit mit Maria Ludovica von Bourbon-Spanien in Innsbruck starb am 18. August 1765 sein Vater – inzwischen als Franz I. deutscher Kaiser. Leopold erbte von ihm das Großherzogtum Toskana, dessen Stände ihm am 31. März 1766 in Florenz huldigten. In dem heruntergewirtschafteten Land begann er bald mit vorsichtigen Reformen. Was ihm an neuen Ideen und Methoden für Landwirtschaft, Manufaktur und Handel einleuchtend erschien, erprobte er zunächst in kleinem Maßstab, bevor er es einführte oder verwarf. Ebenso behutsam reformierte er Verwaltung, Kirchen, Klöster, Gesundheitswesen und Schulen – die ersten Volksschulen für Mädchen gab es in der Toskana. 1787 schaffte Leopold die Inquisition, die Folter und die Todesstrafe ab. Wie fast alle aufgeklärten Menschen seiner Zeit war Leopold vom Unabhängigkeitskampf der britischen Kolonien in Amerika (1776–83) fasziniert. Ihm wurde klar, daß die Völker nicht von absoluten Monarchen zu ihrem Glück gezwungen werden können, sondern selber über die Gestaltung ihres Gemeinwesens entscheiden müssen. An seine älteste Schwester Maria Christine schrieb er am 25. Januar 1790, im Jahr der Französischen Revolution: »Fürsten müssen vor allem von der Gleichheit der Menschen überzeugt sein. Ich glaube, daß jedes Land ein Grundgesetz oder einen Vertrag zwischen Volk und Souverän haben soll, welcher die Macht des Letzteren beschränkt. Ich glaube, daß die ausübende Gewalt dem Souverän, die gesetzgebende aber dem Volk und seinen Repräsentanten zusteht.«

Drei Wochen, nachdem Leopold dieses erste Bekenntnis eines europäischen Monarchen zur verfassungsmäßigen Monarchie geschrieben hatte, starb in Wien sein Bruder Kaiser Joseph II. Die Situation war kritisch: das Heer in einen aussichtslosen Krieg gegen die Türken verstrickt, die Niederlande (Belgien-Luxemburg) abgefallen, Ungarn vor der Rebellion und ein Krieg mit Preußen vor der Tür. Leopold schloß Frieden mit der Türkei, gewann Belgien in einem kühnen Feldzug wieder zurück und widerrief die zentralistischen Maßnahmen Josephs. Im Juli 1790 einigte er sich mit Preußen und wurde am 9. Oktober in Frankfurt zum Kaiser gekrönt.

In Frankreich hatte inzwischen die Verfassunggebende Versammlung Leopolds Schwager König Ludwig XVI. die Macht aus den Händen genommen. In Lothringen und im Elsaß wurden deutsche Fürsten und Reichsstände enteignet. Die Betroffenen verlangten vom Kaiser den Schutz ihrer Interessen. Leopolds Schwester Marie Antoinette und französische Emigranten drängten zu bewaffnetem Eingreifen. Leopold verwarf ihre Kriegspläne, rief aber die Monarchen Europas auf, die Sache Ludwigs XVI. gemeinsam zu vertreten. Am 14. September 1791 unterschrieb Ludwig XVI. die neue französische Verfassung. Leopold II. hielt die Revolution damit für beendet. Erst als die Nationalversammlung mit Krieg drohte, schloß er ein Defensivbündnis mit Preußen, versuchte aber weiter mit allen Mitteln der Diplomatie, einen Krieg zu verhindern. Am 1. März 1792 wurde seine letzte Note in der Pariser Nationalversammlung verlesen. Am gleichen Tag starb Leopold II. nach kurzer Krankheit an einer Brustfellentzündung. Er hinterließ sechzehn Kinder.

Franz II. Münzbild von einem silbernen Halbtaler aus Wien 1798.

FRANZ II.
VON HABSBURG-LOTHRINGEN
1792-1835

Der letzte Kaiser des Heiligen Römisches Reiches wurde am 12. Februar 1768 in Florenz als Sohn des Großherzogs Leopold von Toskana und der Maria Ludovica von Bourbon-Spanien geboren. Als er sechzehn Jahre alt war, holte ihn sein Onkel Kaiser Joseph II., der keine Kinder hatte, nach Wien, um ihn zum Nachfolger auszubilden. Bald äußerte der Kaiser sich ziemlich abfällig über den Neffen: »Ein gutes Gedächtnis, aber ohne Frucht«, unfähig zu großen Sachen«, »unentschlossen, schlaff, gleichmütig im Tun und Lassen«, »empfindliche Scheu vor der Wahrheit«. Über jede Reise,

jeden Feldzug verfaßte Franz mehrbändige, pedantische Journale. Am meisten interessierte er sich für die Geheimpolizei.

Nach dem Tode Josephs 1790 und dem seines Vaters Leopold II. trat Franz am 2. März 1792 die Nachfolge an. Am 20. April erklärte König Ludwig XVI. unter dem Druck der französischen Nationalversammlung Österreich den Krieg. Am 14. Juli 1792, dem dritten Jahrestag des Sturms auf die Pariser Bastille, wurde Franz II. in Frankfurt unter rauschenden Festen zum Kaiser gekrönt. In den folgenden Koalitionskriegen gegen Frankreich ging es ihm ebenso um die Wiederherstellung der absoluten Monarchie wie um Landerwerb. Schon der erste Ansturm scheiterte am 20. September 1792 bei Valmy in der Champagne, wo die schlecht ausgerüstete, aber wendig fechtende Revolutionsarmee der Kanonade der Preußen und Österreicher widerstand. An der Italienfront siegte der junge Napoleon Bonaparte, der die Revolution liquidieren und dem Reich den Todesstoß versetzen sollte.

Schon 1797 war das linke Rheinufer von Basel bis zur Mündung in französischer Hand. Am 18. Mai 1804 proklamierte der französische Senat Napoleon Bonaparte zum Kaiser der Franzosen. Franz II. erklärte sich daraufhin zum Kaiser von Österreich. Am 2. Dezember krönte Napoleon sich selber in der Kathedrale Notre Dame in Gegenwart von Papst Pius IX. zum Kaiser. In Aachen huldigten ihm mehrere deutsche Fürsten am Grabe Karls des Großen. Der Kaiserin Josephine bot man einen Knochen aus dem Grabe als Souvenir an. Im Juli 1806 schlossen sechzehn Fürsten, an der Spitze Bayern, Württemberg und Hessen-Darmstadt, den Rheinbund, verpflichteten sich zum Kriegsdienst für Napoleon und erklärten ihren Austritt aus dem Reichsverband. Am 6. August legte Franz II. die Kaiserwürde nieder und nannte sich von nun an als Erbkaiser von Österreich Franz I. Damit war das Heilige Römische Reich deutscher Nation formell erloschen.

Trotz seines Hasses gegen den Korsen verheiratete Franz I. am 1. April 1810 seine Tochter Marie Luise mit Napoleon I. Dem Schwiegersohn erklärte er, nachdem sich das Blatt gewendet hatte, am 11. August 1813 den Krieg. Aus den Befreiungskriegen 1813–15 ging Österreich mit einer Ländermasse hervor, wie sie kein Habsburger vorher besessen hatte. Das alte Kaisertum wieder herzustellen, lehnte Franz I. ab. Die Sehnsucht der Patrioten nach einem geeinten, freiheitlich verfaßten Reich scheiterte auf dem Wiener Kongreß 1814–15 am Egoismus der Fürsten – allen voran Österreichs Staatskanzler Clemens Fürst Metternich. Der in Wien gegründete Deutsche Bund von neununddreißig souveränen Staaten unter dem Vorsitz Österreichs stand im Schatten der »Heiligen Allianz« der christlichen Fürsten, die sich Bruderschaft gelobt hatten und ihre Völker wie Familienväter regieren wollten. Von der Angst beherrscht, es könne ihm so gehen wie seiner 1793 unter der Guillotine geendeten Tante Marie Antoinette, ließ Franz I. alle freien geistigen Regungen mit Hilfe eines Heeres von Geheimpolizisten, dem berüchtigten Naderer-Corps, unterdrücken. Hinter schlichtem Auftreten, Leutseligkeit und gekonnten Bonmots verbarg er Gleichgültigkeit und Herzenskälte. Trotzdem betrauerte viel Volk den »guten Kaiser Franz«, als er am 2. März 1835 nach dreiundvierzig Regierungsjahren starb. Er war viermal verheiratet. Aus der zweiten Ehe mit seiner Kusine Maria Theresia von Bourbon-Sizilien hatte er dreizehn Kinder.

Ferdinand I.
Münzbild von einer Silbermedaille 1838.

FERDINAND I. VON ÖSTERREICH
1835–1848

Am 19. April 1793 in Wien als Sohn Kaiser Franz I. und der Maria Theresia von Bourbon-Sizilien geboren, zeigte Ferdinand früh eine Neigung zu epileptischen Zuständen und eine an Schwachsinn grenzende Einfalt. Trotz aller von den Brüdern des Kaisers vorgebrachter Bedenken wurde er aus Gründen der Legitimität, auf denen vor allem der Staatskanzler Fürst Metternich bestand, zum Universalerben ernannt und folgte am 2. März 1835 seinem Vater auf dem österreichischen Kaiserthron. Ein Regentschaftsrat bestand aus Ferdinands Onkel Erzherzog Ludwig und dem Staatskanzler Fürst Metternich auf der einen und dem fortschrittlichen Innenminister Graf Kolowrat auf der anderen Seite. Ferdinand vergnügte sich damit, Konzerte mit seiner Spieldosensammlung zu veranstalten, und zeigte sich gern in großer Feldmarschallsuniform mit einem Regenschirm unterm Arm.

Als die französische Februarrevolution 1848 auch Wien erfaßte, floh Fürst Metternich vor den Studenten und Arbeitern. Beraten von Kolowrat, versprach Ferdinand am 15. März die Einberufung einer Volksvertretung und eine Verfassung. Aufstände in Ungarn, Böhmen und Italien, die den Vielvölkerstaat der Donaumonarchie zu sprengen drohten, wurden von den Feldmarschällen Rakoczy und Windischgraetz niedergeschlagen, ebenso die letzte Aufwallung der Revolution in Wien im Oktober. Auf Druck des neuen Staatskanzlers Fürst Schwarzenberg trat der nach Olmütz geflüchtete Kaiser am 2. Dezember 1848 zurück. Da seine Ehe mit Maria Anna von Savoyen kinderlos geblieben war, ernannte er seinen Neffen Erzherzog Franz zum Thronfolger. Er zog sich nach Prag zurück, wo er am 29. Juni 1875 im Alter von zweiundachtzig Jahren starb.

FRANZ JOSEPH I. VON ÖSTERREICH
1848–1916

Der Zusatzname Joseph wurde ihm erst zugelegt, als er am 2. Dezember 1848 die Nachfolge seines abgedankten Onkels Kaiser Ferdinand I. antrat. Der Name sollte an seinen Urgroßonkel erinnern, den inzwischen zum »Volkskaiser« verklärten Joseph II. Franz wurde am 18. August 1830 als Sohn des Erzherzogs Franz Karl und der Prinzessin Sophie von Bayern in Schloß Schönbrunn geboren. Angesichts der früher oder später zu erwartenden Regierungsfähigkeit Kaiser Ferdinands I. wurde Franz von klein auf für sein künftiges Amt erzogen. Schon mit vierzehn Jahren wurde er Kommandeur des Dragonerregiments Nr. 5. In die Geheimnisse der Staatskunst weihte ihn der Staatskanzler Fürst Metternich ein, für den der Mensch erst beim Baron begann und Völker nur »Ansammlungen von hysterischen Weibern und Kindern« waren. Franz' Mutter teilte die Untertanen in »gute« ein, die auf einen Wink gehorchten, und in »schlechte«, die sich erfrechten, von Freiheit und Rechten zu reden. Im Lehrplan standen viele Sprachen, Naturwissenschaften und Religionen, aber kaum etwas von Kunst und Literatur. Sobald Franz mannbar geworden war, trug Erzherzogin Sophie seinem Obersthofmeister Graf Bombelles auf, für »hygienische Comtessen« zu sorgen, und Franz machte davon reichlich Gebrauch.

In den kritischen Monaten der Revolution 1848 betrieb die Erzherzogin die Abdankung ihres Schwagers Kaiser Ferdinand I. und gleichzeitig den Thronverzicht ihres nach dem Hausgesetz allein erbberechtigten Gatten Franz Karl. Der gutmütige, nur an seinen Schimmelgespannen und seiner Ruh' interessierte Franz Karl verzichtete freiwillig. »Sei nur brav, Franzl, Gott wird dich schützen; es ist gern geschehen«, sagte Kaiser Ferdinand bei der Thronübergabe. Mit achtzehn Jahren war Franz Joseph I. Herrscher über einen Flächenstaat von 622 337 Quadratkilometern mit sechsunddreißig Millionen Einwohnern. Davon waren 46% Slawen, 26% Deutsche, 15% Magyaren, 10% Italiener und 3% vornehmlich Juden. Diesen Völkern versprach er in seiner Antrittsproklamation: »Auf den Grundlagen der wahren Freiheit, der Gleichberechtigung aller Völker des Reiches und der Gleichheit aller Staatsbürger vor dem Gesetze, sowie der Teilnahme der Volksvertreter an der Gesetzgebung wird das Vaterland neu erstehen in alter Größe und verjüngter Kraft, ein unerschütterlicher Bau in den Stürmen der Zeit, ein geräumiges Wohnhaus für die Stämme verschiedener Zunge, welche unter dem Zepter Unserer Väter ein brüderliches Band seit Jahrhunderten umfangen hält.«

Mit Recht mißtrauten die Völker den schönen Worten. In Wien, Prag, Budapest und Mailand herrschte der Terror der weißuniformierten kaiserlichen Generäle. Franz Josephs geistlicher Erzieher Fürsterzbischof Rauscher von Wien sagte: »Das Schweigen der Toten und der Gehängten verbürgt den Fortbestand der Regierung. Unser Gewissen ist ruhig.« Der von Kaiser Ferdinand I. bewilligte Reichstag wurde aufgelöst. Daraufhin erklärte Ungarn die Dynastie Habsburg für abgesetzt. Die von Franz Joseph gegen die Magyaren eingesetzten serbischen und kroatischen Truppen wurden aufgerieben. Zar Nikolaus I., der ein Übergreifen der Revolution auf Rußland fürchtete, kam Franz Joseph mit einem Heer von 200 000

Franz Joseph I.
Münzbild von einem Silbergulden aus Wien 1897.

Schleswig-Holstein ungeteilt deutsch zu erhalten, fanden sich die Rivalen zum gemeinsamen Krieg gegen Dänemark zusammen. Doch kaum war der Sieg errungen, betrieb Preußen die Annektion Schleswig-Holsteins. Österreichs Prestige als deutsche Führungsmacht stand auf dem Spiel. Außerdem wollte Franz Joseph Schlesien zurückerobern. Der Deutsche Krieg von 1866 endete mit der Niederlage der schlecht geführten und miserabel ausgerüsteten Vielvölkerarmee Österreichs bei Königgrätz am 3. Juli 1866. Nur aus Rücksicht auf Frankreich schloß Preußen mit dem Kaiser einen glimpflichen Frieden. Aber Venetien war verloren. »So hätt' i's a troffen«, meinte der abgedankte Kaiser Ferdinand I. in Prag.

Erst unter dem Eindruck dieser Fast-Katastrophe gab Franz Joseph, wenn auch widerwillig, seine absolutistische Haltung auf. Ungarn erhielt seine Selbständigkeit und wurde ebenso wie Österreich konstitutionelle Monarchie unter dem gemeinsamen Staatsoberhaupt Franz Joseph. In der k.u.k. (kaiserlich und königlichen) Doppelmonarchie Österreich-Ungarn dominierten die beiden Staatsvölker über die Slawen. Dem Streben der Tschechen, Slowaken, Polen, Ruthenen, Slowenen und Kroaten nach gleichen politischen Rechten gaben Franz Joseph und seine oft wechselnden Regierungen nur schrittweise und nie ausreichend nach. Den Gedanken, sich auch mit der Wenzelskrone krönen zu lassen und aus der Doppel- eine Dreiermonarchie zu machen, lehnte Franz Joseph ab. Daß dieses Pulverfaß nicht explodierte, lag daran, daß die Slawen der k.u.k.-Monarchie die russische Knute mehr fürchteten, als sie die deutschen und magyarischen Herren haßten. Und es lag daran, daß Franz Joseph – bis 1914 – keinen Krieg mehr riskierte. Achtundvierzig Jahre Frieden in einer Zeit unerhörten technischen und wirtschaftlichen Aufschwungs bedeuteten Wohlstand – auch für das slawische Bürgertum Österreich-Ungarns. Das Bild des jungen bösen Kaisers verblaßte und wich allmählich dem des »guten«, des »guten alten« und schließlich des »armen guten alten Kaisers Franz Joseph«.

Seine 1854 so romantisch begonnene Ehe mit der traumhaft schönen »Sisi«, Prinzessin von Bayern, wurde bald problematisch. Der von seinen »hygienischen Comtessen« nicht gerade zu erotischer Feinheit geschulte Jüngling verschreckte das hochsensible Mädchen. Die beherrschende Schwiegermutter Sophie, die ihr zehn Jahre lang die Erziehung der Kinder vorenthielt, ohne daß Franz Joseph zu widersprechen wagte, das steife Hofzeremoniell, der widerliche Hofklatsch – all das machte Elisabeth krank. Auf langen Reisen versuchte sie, zu sich selbst zu finden. Franz Joseph stand dem hilflos verliebt gegenüber. Briefe an »Sisi« unterschrieb er »Dein Männeken« oder »Dein armer Kleiner«. Der Doppelselbstmord seines begabten, von ihm nicht verstandenen Kronprinzen Rudolph mit der Komtesse Marie Vetsera 1889 in Schloß Mayerling quittierte der Kaiser mit den dürren Worten »Mir bleibt auch nichts erspart«. Die Ermordung der Kaiserin Elisabeth durch einen Anarchisten bei Genf am 10. September 1898 erschütterte ihn tief, warf ihn aber nicht um. Er verstand seine Zeit nicht mehr, fühlte sich ihr aber überlegen kraft des ihm übertragenen apostolischen Amtes und seines Herrschaftswissens. Seit Solferino 1859 gab es keinen Regierungsakt – vom hochpolitischen Staatsvertrag bis zur Bestallung eines Geistlichen oder Lehrers – der nicht über seinen Schreibtisch in der Hofburg gelaufen, von ihm gewissenhaft gelesen, abgezeichnet, abgelehnt oder zur Wiedervorlage durch den zuständigen Beamten oder Offizier beschieden worden wäre. Über seinen Akten verbrachte er bis zu sechzehn Stunden am Tag, unterbrochen durch

Mann zuhilfe. Der ungarische Aufstand wurde niedergewalzt, an den Aufrührern blutige Rache genommen.

Vergeblich rechnete der Zar auf Franz Josephs Dankbarkeit, als er 1851 in die türkischen Donaufürstentümer (etwa das spätere Rumänien) einrückte und Frankreich und Großbritannien ihm darauf den Krieg erklärten. Durch bloßen Aufmarsch zwang Franz Joseph die Russen zum Rückzug von der Donau, griff jedoch nicht, wie die Westmächte von ihm erwarteten, in den Krieg um die Krim ein. So zog er sich den Haß der Russen und die Mißachtung der Westmächte zu. »Es bleibt zu entscheiden, ob Franz Joseph treulos oder nur ein Zauderer ist«, sagte Englands Premierminister Lord Palmerston. Die allgemeine Mißstimmung gegen Österreich nutzte Sardiniens großer Staatsmann Graf Cavour aus, um für die Befreiung Italiens von der österreichischen Herrschaft zu werben. Als Cavour mit Hilfe Frankreichs gegen Österreich rüstete, ließ Franz Joseph im April 1859 seine Italienarmee in Piemont einmarschieren. Nach der verlorenen Schlacht bei Magenta übernahm er selber den Oberbefehl, wurde aber bei Solferino südlich des Gardasees von Franzosen und Italienern entscheidend geschlagen. Entnervt durch die hohen Verluste, die auch er erlitten hatte, und aus Angst vor den Übergriffen Preußens am Rhein war Louis Napoleon, seit 1851 als Napoleon III. Kaiser der Franzosen, zum Frieden bereit. Franz Joseph mußte die Lombardei abtreten; die habsburgischen Herzogtümer Toskana und Modena gingen an Sardinien verloren.

Nach zehn Jahren seiner Regierung war Franz Josephs Ansehen auf einem Tiefpunkt angelangt. Österreich-ungarische Soldaten wurden von »Eseln geführte Löwen« genannt, Solferino die Niederlage »des Absolutismus der Schwachköpfe«. Wenn der Kaiser durch Wien fuhr, wurde ihm nachgerufen »Es lebe Erzherzog Maximilian« – Franz Josephs jüngerer Bruder, der 1861 auf abenteuerliche Weise Kaiser von Mexiko und 1867 erschossen wurde.

Ebensowenig Glück hatte Franz Joseph mit seiner Deutschlandpolitik. So wie es seit 1848 das Ziel Preußens war, Österreich aus dem Deutschen Bund herauszudrängen, so wollte Österreich Preußens Vormachtstellung in Deutschland brechen. Als es 1864 darum ging,

Kaiserin Elisabeth, die Gemahlin Franz Josephs, Gemälde von Franz Xaver Winterhalter in der Wiener Hofburg.

Nächste Seite: Franz Joseph I. in ungarischer Husarenuniform, Gemälde von Michael von Munkácsy im Kunsthistorischen Museum in Wien.

Übernächste Seite: Wilhelm I. als Prinz von Preußen beim Ausritt mit dem Maler Krüger. Gemälde von Franz Krüger in der Nationalgalerie Berlin (West).

Vorhergehende Doppelseite: Proklamation Wilhelms I. zum Kaiser 1871 im Spiegelsaal von Versailles. Auf dem Podium von links: Kronprinz Friedrich Wilhelm (der spätere Kaiser Friedrich III.), Wilhelm I. und der Großherzog von Baden. In der Mitte in weißer Uniform Reichskanzler Otto von Bismarck, rechts daneben Generalfeldmarschall Helmuth von Moltke. Gemälde von Anton von Werner, das dem Fürsten Bismarck 1885 zum 70. Geburtstag von der kaiserlichen Familie geschenkt wurde. Bismarckmuseum Friedrichsruh.

Links: Wilhelm I., Gemälde von Biermann im Historischen Museum Rastatt.

Wilhelm II., Gemälde von V. Corcos aus dem Jahre 1904.

Karl I. von Österreich-
Ungarn, Gemälde von
W. von Krauß aus dem
Jahre 1917 im Kunsthisto
rischen Museum Wien.

Hochwildjagden, Staatsakte und die Ausspannung beim Frühstück mit seiner Altersfreundin, der fünfundzwanzig Jahre jüngeren Hofschauspielerin Katharina Schratt, deren Bekanntschaft Elisabeth ihm noch vermittelt hatte.

Für seinen Neffen und nach Rudolphs Tod designierten Nachfolger Franz Ferdinand, der ein föderalistisches Großösterreich anstrebte, empfand Franz Joseph nur persönliche und politische Abneigung. Franz Ferdinands Ehe mit der tschechischen Hofdame Gräfin Chotek empfand er als Schmach für das Haus Habsburg. Dennoch befahl er wegen der »meinem Haus und meinen Staaten« drohenden Gefahr den Krieg gegen Serbien, als Franz Ferdinand und seine Frau am 28. Juni 1914 in Sarajewo einem Attentat zum Opfer fielen. Damit gab er den Auftakt zum Weltkrieg 1914–18, dessen Ende er nicht mehr erlebte. Er starb am 21. November 1916.

Wilhelm I. Münzbild von einem silbernen Doppeltaler aus Berlin 1865.

WILHELM I. VON PREUSSEN
1871–1888

Der erste Kaiser des von Otto von Bismarck geschaffenen »kleindeutschen« Reiches aus dem Hause Hohenzollern war ein Urgroßneffe Friedrichs des Großen. Er wurde am 22. März 1797 im kronprinzlichen Palais in Berlin »Unter den Linden« als zweiter Sohn des Kronprinzen und nachmaligen Königs Friedrich Wilhelm III. und der Prinzessin Luise von Mecklenburg-Strelitz geboren. Mit seinem älteren Bruder, dem Kronprinzen Friedrich Wilhelm, und der Schwester Charlotte, der späteren Zarin, wuchs Wilhelm im Berliner Kronprinzenpalais und auf dem Gut Paretz an der Havel auf, wo die anmutige, lebensfrohe Mutter den Ton angab. Der trockene, geistig unbedeutende Vater stand den Problemen der Napoleonischen Zeit hilflos gegenüber. Nach der verheerenden Niederlage der veralteten preußischen Armee bei Jena und Auerstädt im Oktober 1806 floh der Hof nach Ostpreußen und kehrte erst Ende 1809 nach Berlin zurück. Vor ihrem frühen Tod im Juli

1810 schrieb Königin Luise: »Unser Wilhelm wird, wenn nicht Alles trügt, wie sein Vater, einfach, bieder und beständig.« Vom sechsten Lebensjahr an wurde Wilhelm fast ausschließlich militärisch erzogen. Am Befreiungskrieg 1813/14 nahm er als Hauptmann teil und zog, mit dem Eisernen Kreuz dekoriert, an der Seite seines Vaters am 21. März 1814 in Paris ein. Schnell zum General avanciert, führte er das Leben eines feudalen Biedermeierkavaliers. Als sein Verhältnis mit einem Fräulein von Viereck Folgen zeigte, witzelte der Kronprinz: »Mein Bruder ist ein mathematisches Genie. Er hat die Quadratur des Kreises gelöst und ein Viereck rund gemacht.« Ernsthaft verliebte sich Wilhelm in die Prinzessin Elisa Radziwill. Nach fünfjährigem Streit über die Ebenbürtigkeit der Radziwills verbot der König die Ehe, und Wilhelm heiratete 1829 ohne Begeisterung die Prinzessin Augusta von Sachsen-Weimar. König Friedrich Wilhelm III. starb 1840, und da die Ehe des neuen Königs mit Elisabeth von Bayern kinderlos geblieben war, rückte Wilhelm mit dem Titel »Prinz von Preußen« zum Thronfolger seines Bruders Friedrich Wilhelm IV. auf.

In den Sturmtagen des März 1848 drängte Wilhelm seinen Bruder, den Aufstand der Berliner Bürger und Arbeiter militärisch niederzuschlagen, und mußte vor dem Volkszorn nach England fliehen. An der Spitze einer Armee aus preußischen und Reichstruppen unterdrückte er im Sommer 1849 blutig die Freiheitsbewegung in der Pfalz und in Baden. Seitdem hieß er im Volksmund der »Kartätschenprinz«. Als Generalgouverneur der preußischen Rheinlande residierte er bis 1854 in Koblenz. Fern von den Intrigen des Potsdamer Hofes gewann die in der liberalen Atmosphäre des Goetheschen Weimar aufgewachsene Prinzessin Augusta größeren Einfluß. Als 1854 der Wortführer der Junkerpartei, Otto von Bismarck, den Eintritt Preußens in den Krimkrieg an der Seite Rußlands gegen Frankreich, England und Österreich forderte, kanzelte Wilhelm ihn als »Gymnasiastenpolitiker« ab.

König Friedrich Wilhelm IV. zeigte in den fünfziger Jahren Anzeichen von Geisteskrankheit. Am 7. Oktober 1858 trat Prinz Wilhelm für ihn die Regentschaft an. Er berief eine Regierung aus verhältnismäßig liberalen Männern, und man sprach von einer »Neuen Ära«. Als Friedrich Wilhelm IV. am 2. Januar 1861 starb, wurde der einstige Kartätschenprinz als Wilhelm I. mit dreiundsechzig Jahren König von Preußen. Um sein Gottesgnadentum, aber auch seine Unabhängigkeit von der Kirche zu betonen, nahm er am 18. Oktober 1861 die Krone vom Altar der Schloßkirche in Königsberg und krönte sich.

Schon als Prinzregent hatte Wilhelm eine große Heeresreform eingeleitet: Statt zwei Jahren drei Jahre Dienstzeit, Unterstellung der Landwehr unter die aktive Armee. Neben einer ungeheuren Erhöhung der Schlagkraft verfolgte er damit auch einen innenpolitischen Zweck. Die in den Befreiungskriegen aus den Jahrgängen der Sechsundzwanzig- bis Vierzigjährigen gegründete Landwehr wurde fast ausschließlich von bürgerlichen Reserveoffizieren geführt und konnte – das hatte die Revolution 1848/49 gezeigt – das Regime gefährden. Und Wilhelm war – trotz Augusta – im Herzen Absolutist geblieben. Seine Heeresvorlage am 12. Januar 1860 stieß im Abgeordnetenhaus auf schärfsten Widerstand der Liberalen. Das Kabinett der Neuen Ära trat zurück. Neuwahlen brachten den Sieg der linksliberalen Fortschrittspartei. Wilhelms Kriegsminister General von Roon stellte Wilhelm vor die Frage, ob er vor dem Parlament kapitulieren und ein »Scheinkönig« sein wolle wie die Könige von England und Belgien, oder ob er den Königswillen mit der vom altpreußischen Adel geführten Armee durchsetzen wolle. Roon schlug auch den Mann vor, der diese Auseinandersetzung führen könnte – Otto von Bismarck-Schönhausen, damals preußischer Gesandter in St. Petersburg. Wilhelm war dieser Stockjunker unheimlich. Bismarck hatte im Hinblick auf die Klein- und Mittelstaaten vom »ganz unhistorischen, gott- und rechtlosen Souveränitätsschwindel der deutschen Fürsten« gesprochen. In den Ohren Wilhelms I. klang das nach Revolution. Würde dieser »rote Junker« vor der preußischen Krone haltmachen? Auch Augusta warnte. Wilhelm wollte zugunsten seines Sohnes Friedrich Wilhelm zurücktreten, doch der lehnte aus Sohnesgefühlen ab. Am 22. September 1862 berief Wilhelm I. Otto von Bismarck zum preußischen Ministerpräsidenten. In einem Gespräch mit dem Führer der Opposition verglich Bismarck den König mit einem »Pferd, das vor einem neuen Gegenstand scheut, bei Gewaltanwendung störrisch wird, sich aber allmählich gewöhnen läßt«. Nach diesem Rezept verfuhr Bismarck. In einer Rede vor dem Haushaltsausschuß am 30. September 1862 erklärte er: »Nicht auf Preußens Liberalismus sieht Deutschland, sondern auf seine Macht. Nicht durch Reden und Majoritätsbeschlüsse werden die großen Fragen der Zeit entschieden, sondern durch Blut und Eisen.« Wilhelm las diese Rede und die wütenden Pressestimmen aus der ganzen Welt in Baden-Baden, wo im Familienkreis – seine Tochter Luise war mit dem Großherzog von Baden verheiratet – der Geburtstag Augustas gefeiert wurde. Die liberale Mehrheit der Familie war einer Meinung: Bismarck muß entlassen werden. Allein reiste Wilhelm im fahrplanmäßigen D-Zug nach Berlin. Bismarck fuhr ihm bis Jüterbogk entgegen. Im Eisenbahnabteil entspann sich der Dialog, den Bismarck später schilderte. Wilhelm: »Ich weiß, wie das alles enden wird. Auf dem Opernplatz, unter meinen Fenstern, wird man ihnen den Kopf abschlagen und etwas später mir.« – Bismarck: »Und nachher, Majestät?« – »Ja, nachher sind wir tot.« – Bismarck: »Und könnten wir anständiger sterben? Eure Majestät können nicht kapitulieren!«

Ohne Bewilligung des Parlaments, gestützt auf Polizeigewalt und Beamtentum, beschaffte Bismarck die Steuermittel für die Heeresreform. 1865 annektierte er gegen Wilhelms legitimistische Bedenken Schleswig-Holstein. 1866 trieb er Wilhelm in den Krieg gegen Österreich. Als Österreich bei Königgrätz geschlagen war, meinten Wilhelm und seine Generäle, Preußen müßte nun mindestens Deutschböhmen schlucken. In einer dramatischen Szene machte Bismarck Wilhelm klar, daß Österreich als künftiger Bundesgenosse gegen Frankreich geschont werden müsse. Annektiert wurden das Königreich Hannover, das Kurfürstentum Hessen-Kassel, das Herzogtum Hessen-Nassau und die Reichsstadt Frankfurt am Main. Der enorme Gebietszuwachs beschwichtigte Wilhelms Gewissensbisse darüber, daß er drei souveräne Fürsten von ihren Thronen gestürzt hatte.

Der Altpreuße Wilhelm verstand die Welt nicht mehr, als Bismarck 1867 den Norddeutschen Bund gründete, dessen Reichstag nach dem allgemeinen Stimmrecht gewählt wurde. Doch Bismarck behielt wieder recht. Konservative und die von der Fortschrittspartei abgespaltenen Nationalliberalen erhielten eine überwältigende Mehrheit, mit der er seine »Blut-und-Eisen«-Politik fortsetzen konnte – nunmehr gegen Frankreich. 1870 kam es zum Deutsch-Französischen Krieg, an dem außer Österreich, Luxemburg und Liechtenstein alle deutschen Staaten teilnahmen, und dessen siegreicher Verlauf dank Bismarcks Verhandlungsgeschick die Neugründung des Deutschen Reiches unter Führung Preußens begün-

stigte. Das »zweite, kleindeutsche« Kaiserreich ohne Österreich entstand.

Unter dem Donner der Belagerungsgeschütze vor Paris wurde Wilhelm I. am 18. Januar 1871 im Spiegelsaal von Versailles zum Deutschen Kaiser proklamiert. Er hatte die Kaiserwürde nur unter der Bedingung angenommen, daß alle deutschen Fürsten zustimmten. Daß Bismarck die Stimme des preußenfeindlichen Königs Ludwig II. von Bayern durch Bestechungsgelder in Millionenhöhe erkauft hatte, ahnte Wilhelm nicht. Trotzdem nannte er den 18. Januar den »unglücklichsten Tag meines Lebens«. Er hatte das Gefühl, das Preußen seiner Vorfahren einer ungewissen deutschen Zukunft geopfert zu haben.

Auch als Kaiser gab Wilhelm I. in allen großen Fragen dem Willen seines »Eisernen Kanzlers« nach. Allerdings ging es nicht ohne heftige Auseinandersetzungen ab, die meist dadurch entschieden wurden, daß Bismarck mit seinem Rücktritt drohte. Mit Recht sah Bismarck in der Kaiserin Augusta die Quelle entgegengesetzter Auffassungen Wilhelms und scheute sich nicht, in Reden und Zeitungsartikeln gegen die »unverantwortlichen Ratgeber« zu wettern. Im Rausch der Großmannssucht, den die Reichsgründung ausgelöst hatte, blieb Wilhelm I. ein Symbol preußischer Schlichtheit und Vornehmheit. Er starb am 9. März 1888 in seinem Palais am Berliner Opernplatz im Alter von einundneunzig Jahren und wurde im Mausoleum im Charlottenburger Schloßpark beigesetzt. Der Versuch seines Enkels Wilhelm II., ihm den Beinamen »der Große« nachträglich zu geben, scheiterte. Im Gedächtnis der Armee lebte er weiter als »der alte Herr«.

FRIEDRICH III. VON PREUSSEN
29. März – 15. Juni 1888

Der Kaiser, der nur neunundneunzig Tage regierte, wurde am 18. Oktober 1831 im Neuen Palais bei Potsdam als Sohn des Prinzen Wilhelm von Preußen und der Prinzessin Augusta von Sachsen-Weimar geboren. Friedrich Wilhelm, wie er als Prinz und Kronprinz genannt wurde, genoß eine sehr sorgfältige Erziehung, als deren Ziel seine Mutter, die Weimaranerin, es bezeichnete, »preußische Prinzlichkeit in deutsche Fürstlichkeit zu verwandeln«. Unter seinen Erziehern ragt der Historiker und Archäologe Ernst Curtis hervor, der später Olympia ausgrub. Am 25. Januar 1858 heiratete Friedrich Wilhelm in London die siebzehnjährige Prinzessin Victoria, Tochter der Queen Victoria und ihres Prinzgemahls Albert von Sachsen-Coburg-Gotha. Die Verbindung wurde in Deutschland sehr unterschiedlich aufgenommen. Der Dichter Ernst Moritz Arndt jubelte: »Victoria in Berlin! Möge uns englischer Geist durchwehen.« Bismarck sprach verächtlich von der »stupiden Begeisterung des deutschen Michel für Lords und Guineen«. Von ihrem Vater, einem begeisterten Befürworter der Einigung Deutschlands unter Führung eines liberal geläuterten Preußen, war Victoria zu politischem Denken erzogen worden. Friedrich Wilhelm, durch die Gegensätze in der elterlichen Ehe verunsichert, war der »Engländerin«, die in Wirklichkeit ein Sproß aus den deutschen Dynastien Hannover und Sachsen war, an Geist und Willenskraft weit unterlegen.

Auf dem Höhepunkt des Verfassungskonflikts um die Heeresvorlage im Juni 1863 distanzierte sich Friedrich Wilhelm öffentlich von

*Friedrich III. Münzbild von einem
silbernen Zweimarkstück aus Berlin 1888.*

Bismarck. Er wurde von da an von den Staatsangelegenheiten fern-
gehalten und auf sein militärisches Kommando beschränkt. Im
Kriege 1866 befehligte er die aus Schlesien nach Böhmen eindrin-
gende 2. Armee, die durch ihr rechtzeitiges Eintreffen auf dem
Schlachtfeld den Sieg von Königgrätz entschied. Im deutsch-französischen Krieg 1870/71 führte er die aus preußischen und süddeutschen Korps bestehende 3. Armee in den blutigen Schlachten von
Weißenburg, Wörth und Sedan. Friedrich Wilhelm war kein Feld-
herrngenie, sondern folgte in Strategie und Taktik seinem Chef des
Generalstabs Graf Blumenthal. In kritischen Lagen bewies er jedoch Mut zur Entscheidung und Verantwortung.

So sehr Friedrich Wilhelm Bismarcks Macchiavellismus verab-
scheute, war er doch Feuer und Flamme für die vom Kanzler herbei-
geführte Einigung des Reichs und für das Kaisertum. Darin schoß er
weit über Bismarcks Absichten hinaus und forderte eine die Rechte
der Bundesfürsten stark einschränkende, zentralistische Kaisermacht. Bismarck wies ihn energisch zurecht und sagte zu einem Mit-
arbeiter: »Der Kronprinz ist der dümmste und eitelste Mensch und
stirbt noch einmal am Kaiserwahn.«

Im Herbst 1887 erkrankte Kronprinz Friedrich Wilhelm an einem
Kehlkopfleiden. Gewebsproben wurden von dem Pathologen Rudolf Virchow als gutartig befunden. Chirurgische Kapazitäten rie-
ten dringend zur Operation, doch der von Victoria herbeigerufene
englische Spezialist Sir Morell Mackenzie empfahl konservative Behandlung.

Als am 9. Februar 1888 ein Luftröhrenschnitt ausgeführt wurde,
war es zu spät. Totkrank reiste Friedrich Wilhelm nach dem Tod
seines Vaters am 9. März nach Berlin. Anknüpfend an die preußische Namensfolge nannte er sich Kaiser Friedrich III. Er behielt
Bismarck als Reichskanzler, doch seine von dem badensischen Liberalen Franz von Roggenbach aufgesetzte Regierungsproklama-
tion hatte eine so entschieden liberale Tendenz, daß Bismarck sie
als Absage auffassen mußte. Friedrich III. starb am 15. Juni 1888 in
Potsdam und wurde im Mausoleum neben der Friedenskirche beigesetzt. Die Frage, ob die Entwicklung des Deutschen Reiches weniger unheilvoll verlaufen wäre, wenn Friedrich III. als gesunder
Monarch länger regiert hätte, ist bis heute umstritten. Daß er eine
parlamentarische Regierung nach britischem Muster durchgesetzt
hätte, gilt jedoch als höchst unwahrscheinlich.

Is it a fine boy? fragte Königin Victoria von Großbritannien auf
die Nachricht von der Geburt ihres ersten Enkelkindes am
27. Januar 1859 im Berliner Kronprinzenpalais telegraphisch an. *It
is a fine boy,* telegraphierte die junge Mutter Prinzessin Victoria zurück. Zwei Tage später stellte sich heraus, daß der Junge einen Ge-
burtsfehler hatte. Bei der schwierigen Entbindung aus einer Steißla-
ge war das linke Armnervengeflecht beschädigt worden. Wenn man
das Kind aufnahm, hing der Arm schlaff herunter. Später stellte sich
heraus, daß auch die linke Hals- und Körperseite betroffen war.
Jahrelang wurde der Junge mit Elektrisierapparaten, Massagen,
Stützgestellen, Schienen und gymnastischen Übungen behandelt.
Dadurch wurden Hals und linke Körperseite normal, doch der Arm
blieb atrophisch, verkürzt und die Hand verkrüppelt.

Es wäre übertrieben, die charakterliche Entwicklung Wilhelms von
Preußen allein auf diesen Körperfehler zurückzuführen, aber eine
nicht unwesentliche Rolle dürfte er gespielt haben. Als Wilhelms
jüngerer Bruder Heinrich auf seinem Pony schon leichtere Hinder-
nisse nehmen konnte, fiel Wilhelm bei Schritt-Tempo hinunter,
weil er das Gleichgewicht nicht halten konnte. So sehr er auch wein-
te, er mußte wieder aufsteigen. Wenn er nicht mehr konnte, kniete
er nieder und betete. Mit sieben Jahren erhielt er als Erzieher den
Dr. Georg Hinzpeter, einen trockenen Pädagogen, unter dem Wilhelm und Heinrich täglich zwölf Stunden arbeiten und spar-
tanisch einfach leben mußten. 1874 siedelte Hinzpeter mit den beiden Prinzen nach Schloß Wilhelmshöhe bei Kassel über. Sie be-
suchten das Gymnasium, wo Wilhelm 1877 als Zehnter von sieb-
zehn Mitschülern das Abitur bestand. Anschließend studierte er in
Bonn in Privatvorlesungen vier Semester Jura und trat dem feudalen Corps Borussia als Konkneipant bei. Bei Besuchen auf Schloß
Kronberg verliebte er sich sterblich in seine schöne Kusine Elisabeth von Hessen, die er in gefühlvollen Versen andichtete. Sie war
aber schon mit dem Großfürsten Sergius von Rußland verlobt. Von
»Ella« und ihren Schwestern wurde Wilhelm wegen seines abrup-
ten Wesens und seiner Reiselust »Wilhelm der Plötzliche« und
»Gondel-Willy« getauft.

Nachdem er schon mit zehn Jahren Leutnant geworden war, übernahm er 1880 als Hauptmann eine Kompanie beim 1. Gardereg-
iment und wurde später Schwadronschef und Kommandeur der
Leibgardehusaren in Potsdam. Durch unermüdliches Training war
er ein schneidiger Reiter geworden. Er ritt mit einem Spezialzügel,
der die Kraft des gesunden Arms gleichmäßig auf das Pferdemaul
übertrug. Er nannte es später den stolzesten Tag seines Lebens, als
er seinem Großvater Kaiser Wilhelm I. seine Schwadron in allen
Gangarten vorführen durfte und dafür allerhöchstes Lob erntete. In
dieser Zeit kam es zu einer völligen Entfremdung zwischen ihm und
seinen Eltern. Wilhelm warf seiner Mutter »Engländerei« vor. In
dem politisch kaltgestellten, einst angebeteten Vater sah er nur noch
einen Pantoffelhelden. Kronprinzessin Victoria und Wilhelm gaben
einander an Schroffheit, Kälte und Taktlosigkeit nichts nach. Als eine medizinische Kapazität dem Kronprinzen zu seinem gelungenen
Sohn gratulierte, fragte Friedrich Wilhelm »Und das sagen mir Sie –
als Psychiater?«

Um schnell zu einer eigenen Hofhaltung zu kommen, heiratete Wil-

*Wilhelm II. Münzbild von einem
silbernen Zweimarkstück aus Berlin 1888.*

helm am 27. Februar 1881 überstürzt die hausbackene Auguste Viktoria, Tochter des von Bismarck 1865 um sein Land betrogenen Herzogs von Schleswig-Holstein-Sonderburg-Augustenburg. Bismarck kommentierte das Ereignis mit einer Anspielung auf die Zuchtqualitäten holsteinischer Kühe. In elf Jahren gebar Auguste Viktoria sechs Jungen und ein Mädchen. Das Bild Ellas stand weiter auf Wilhelms Schreibtisch. Im Dauerkonflikt zwischen Elternhaus, Großvater, Großmutter und Bismarck schlug sich Wilhelm auf die Seite der Stärkeren. Bismarck erwirkte im Herbst 1886 vom alten Kaiser die Erlaubnis, Wilhelm in die Geschäfte des Auswärtigen Amtes einzuweihen. Der Kronprinz protestierte: »Angesichts der mangelnden Reife meines Sohnes, verbunden mit seinem Hang zur Überhebung wie zur Überschätzung, muß ich es geradezu für gefährlich bezeichnen, ihn jetzt schon mit auswärtigen Fragen in Berührung zu bringen.«

Bismarcks Vorliebe für den schneidigen Prinzen Wilhelm verflog schnell. Er fand ihn faul und oberflächlich beim Aktenstudium. Im Mai 1888 verzierte Wilhelm eine Studie des österreichischen Generalstabs zum Präventivkrieg gegen Rußland mit zustimmenden Randbemerkungen und erhielt dafür vom Kanzler eine scharfe Lektion. Das wiederum minderte Wilhelms Begeisterung für Bismarck erheblich.

Am 9. März 1888 starb Kaiser Wilhelm I. Neunundneunzig Tage später lag Wilhelms Vater Friedrich III. im Sterben. Wilhelm riegelte das Gelände des Neuen Palais durch Husaren hermetisch ab und stellte im Sterbehaus Offiziersposten auf. Er hatte seine Mutter im Verdacht, Geheimpapiere nach England schaffen zu wollen. Wenige Stunden später ging die Kaiserstandarte auf dem Rokokoschloß auf halbmast. Es war der 15. Juni 1888. Mit neunundzwanzig Jahren war Wilhelm deutscher Kaiser und König von Preußen. Er war nur ein Jahr älter, als sein Idol Friedrich der Große bei der Thronbesteigung gewesen war. Durch den frühen Tod seines Vaters war eine Generation übersprungen worden. Ein junger Monarch mit alten Ministern, Generälen, Hofmarschällen und Geheimräten, alle überragt vom allmächtigen Reichskanzler und preußischen Ministerpräsidenten Otto von Bismarck. »Friedrich II. wä-

re nie der Große geworden, hätte er einen Bismarck neben sich gehabt«, hatte Wilhelms Intimus Gerneralquartiermeister Graf Waldersee kürzlich zu ihm gesagt. Und Wilhelm hatte geantwortet: »Ich werde mein eigener Kanzler sein.« Schon kolportierte ein anderer Vertrauter, der Hofprediger und antisemitische Agitator Stöcker, ein Wort Wilhelms: »Sechs Monate will ich den Alten verschnaufen lassen, dann regiere ich selber.«

Es dauerte neunzehn Monate. Am 20. März 1890 wurde der Gründer des Reiches unter schofelsten Umständen entlassen. Hauptanlaß war ein neues Arbeiterschutzgesetz, das Wilhelm erlassen wollte. Er war ehrlich überzeugt, daß die Arbeitsbedingungen in der Industrie verbessert werden müßten, und hoffte, dadurch das Anwachsen der Sozialdemokratie aufzuhalten. Bismarck wies daraufhin, daß weder die Einführung der Krankenversicherung noch der Invaliden- und Altersrente die Roten gestoppt hatten. Er wollte ein verschärftes Sozialistengesetz und erwog sogar, das allgemeine und gleiche Wahlrecht wieder abzuschaffen, notfalls durch Staatsstreich von oben. Ein weiterer Grund zu Auseinandersetzungen war Bismarcks Absicht, einen geheimen Rückversicherungsvertrag mit Rußland zu verlängern, der nach Wilhelms Meinung gegen das Bündnis mit Österreich-Ungarn verstieß.

An seinen alten Lehrer Hinzpeter depeschierte Wilhelm am Tag der Entlassung: »Mir ist so weh ums Herz, als hätte ich noch einmal meinen Großvater verloren. Aber von Gott Bestimmtes ist zu ertragen, auch wenn man daran zugrunde gehen sollte. Das Amt des wachthabenden Offiziers auf dem Staatsschiff ist mir zugefallen. Der Kurs bleibt der alte. Volldampf voraus!« Das Telegramm stand am nächsten Tag in allen Zeitungen. Es war von vorn bis hinten geheuchelt, aber der Ton gefiel. Das »der Kurs bleibt der alte« bezog man auf die Friedenspolitik, die Bismarck seit 1871 getrieben hatte. Im Innern, so war der Eindruck, würde der junge Herr einen neuen Kurs steuern. Das Schlagwort vom »Neuen Kurs« war geboren. Aber bald hörte man andere Töne vom jungen Kaiser.

Bei einer Rekrutenvereidigung forderte er die Männer auf, bei Streikunruhen auch auf ihre eigenen Eltern und Brüder zu schießen. Auf einem Bankett drohte er: »Wer sich mir bei dieser Arbeit entgegenstellt, den zerschmettre ich!« In das Goldene Buch der Stadt München trug er am 7. September 1891 ein: *Suprema lex regis voluntas* – Oberstes Gesetz ist der Wille des Königs. Er sprach von der Königskrone, die »wir Hohenzollern uns vom Himmel nehmen«, und vom Gottesgnadentum, das nur Gott verantwortlich ist. In seinen ersten Kanzlern Caprivi, Hohenlohe und Bülow sah Wilhelm nur ausführende Organe, in den Ministern Schreibstuben. Die eigentlichen Machtzentren waren sein Militär- und sein Zivilkabinett, die Büros des Königs und Kaisers für die ihm vorbehaltenen preußischen und Reichsangelegenheiten. Dazu kamen seine Flügeladjudanten und ein Kreis von Freunden und intimen Beratern, Kamarilla genannt, die meist mehr nach ihrem Wert als Unterhalter denn nach sachlichen Kriterien ausgewählt wurden. Das »persönliche Regiment« übertrug Wilhelm auch auf die Außenpolitik. Echte Gesprächspartner in Fragen Europas und der Welt waren für ihn nur gekrönte Häupter. Doch dabei leiteten ihn auch wieder persönliche Zu- oder Abneigungen, Launen, Stimmungen. Die Königin von Großbritannien war heute seine geliebte *Gran'ma,* morgen die »alte Schachtel in Balmoral«. Seinen Onkel Edward behandelte er, solange der noch *Prince of Wales* war, herablassend und als König Edward VII. mit kaum verhohlenem Haß. Seinen jüngeren Vetter Zar Nikolaus II. bombardierte er mit unerbetenen Ratschlägen und Indiskretionen, die dann in der Internationale der Gekrönten kursierten.

Die zwei größten Handicaps Wilhelms II. waren seine Reise- und Redelust. Er hatte kein Sitzfleisch für systematische Arbeit, Frau und Kinder langweilten ihn. Irgendwo gab es immer etwas zu besichtigen, zu eröffnen, einzuweihen. Und überall gab es einen Anlaß, um Reden zu halten. Keine kurzen Ansprachen, sondern lange, abschweifende, sich in poetischen und religiösen Bildern ergehende Suaden. Und immer rutschte dabei ein Satz heraus, der sich eignete, ihn als hemmungslosen Säbelrassler, Imperialisten, Autokraten oder Banausen hinzustellen. Wenn es nichts einzuweihen gab, ging er auf die Jagd. Das Wild wurde ihm zugetrieben, er brauchte nur abzudrücken. 1902 wurde in einem Revier ein Gedenkstein gesetzt auf dem in goldenen Lettern stand: »Hier erlegte S.M. Kaiser Wilhelm II. Allerhöchst seine 50 000. Kreatur, einen weißen Fasan.«

Wilhelms größte Leidenschaft war die Marine. Vier Flottenprogramme von 1898, 1900, 1908 und 1911 brachten die Kriegsmarine auf zwei Drittel der britischen Flottenstärke. Parallel dazu wuchs die Handelsflotte – ohne staatliche Subvention – zur zweitgrößten der Welt. In der Stahlproduktion wurde Großbritannien überflügelt. Dieses erste deutsche Wirtschaftswunder war aber nicht nur dem Flottenbau zu verdanken. Chemische, elektrotechnische und optische Industrie trugen ebenso zum schwindelerregenden Aufstieg bei. Nach den USA wurde Deutschland die zweite Handelsnation. Die Reallöhne stiegen unter Wilhelms Regierung um sechzig Prozent. Die Mehrheit der Sozialisten schaltete von Revolution auf Reform um. An dieser Entwicklung war Wilhelm II. aktiv beteiligt. So tief er mit seinem Gottesgnadentum im Mittelalter und im Rokoko befangen war, so modern dachte er über Wissenschaft und Technik.

Hat Wilhelm II. den ersten Weltkrieg 1914–18 gewollt? Bestimmt nicht. Mehrere Male stand Europa in der Zeit zwischen 1900 und 1914 am Rande des Krieges. Daran war nicht allein die deutsche Politik schuld. Zweimal war es Wilhelm II., der zurückwich. Als *Guilleaume le Timide* – Wilhelm den Furchtsamen, verspotteten ihn französische Karikaturisten. Hat Wilhelm den ersten Weltkrieg mitverschuldet? Bestimmt. Aber er allein, nur sein fünfter Kanzler Bethmann-Hollweg, nur der Generalstab? Man muß, um das Verhältnis Wilhelms II. zum deutschen Volk zu verstehen, Photographien aus dieser Zeit ansehen – Bilder von Hochzeitsfeiern, Erinnerungen an die Dienstzeit, Stammtische, Kegel- und Sangesbrüder, Turner. Da fallen an den Männern die Schnurrbärte mit den steil nach oben gezwirbelten Spitzen auf. Es war derselbe Bart, wie ihn der Kaiser sich jeden Morgen vom Hoffriseur Haby legen ließ – mittels Bartbinde und Bartwichse Marke »Es ist erreicht«, Patent Haby. Alle diese Männer wollten aussehen wie ihr Kaiser, der ihnen versprochen hatte »herrlichen Tagen führe Ich euch noch entgegen«. Es war kein deutschnationales Hurrablatt, sondern die altliberale Vossische Zeitung, die zu seinem vierzigsten Geburtstag schrieb: »Der heute 40 Jahre alt wird, ist ein Kaiser, ein Cäsar, mehr als Napoleon I., und zwar nicht nur für uns Deutsche, nein für die ganze Welt! Heute sind alle Augen Europas auf die Ufer der Spree gerichtet, auf unser altes schönes Königsschloß, in dem das Idol, der Gott des Tages, uns die Ehre schenkt, zu residieren.«

Noch am 3. August 1914, als der Krieg gegen Rußland und Frankreich erklärt war, hätte das Blatt noch gewendet werden können. Frankreich und Rußland konnten den Krieg nur gewinnen, wenn Großbritannien mitging. Großbritanniens Entscheidung hing allein davon ab, ob Deutschland in Belgien einfallen oder die Neutralität Belgiens wahren würde. Doch der deutsche Generalstab hatte nur einen Plan, und in dem war der Einmarsch in Belgien unerläßlich. Wilhelm fragte den Chef des Generalstabs, ob man denn im Westen nicht defensiv operieren könnte. Der Generalstab sagte, das sei unmöglich, es würde den ganzen Aufmarsch durcheinanderbringen. Der Kaiser zuckte mit der Schulter. Er hatte ja nur gelernt, ein Reiterregiment auf dem Paradeplatz vorzuführen. Um einen Kuddelmuddel auf den Eisenbahnen zu vermeiden, mußten in vier Jahren Krieg Millionen fallen, verhungern, verzweifeln. Der Kaiser und oberste Kriegsherr spielte dabei nur noch eine Statistenrolle, durfte mit am Kartentisch stehen, wenn die Feldherrn die Lage diskutierten. Einem in die Hölle vor Verdun marschierenden Landwehrbataillon – meist Familienvätern – rief er zu: »Na, mein Sohn wird euch die Hammelbeine schon langziehen!« Sein Sohn – das war Kronprinz Wilhelm, Oberbefehlshaber der Heeresgruppe Deutscher Kronprinz, dem es in seiner Etappe nie an erotischer Zerstreuung fehlte.

»Da mir der Feldmarschall meine Sicherheit nicht mehr gewährleisten kann und auch für die Zuverlässigkeit der Truppe keine Bürgschaft übernehmen will, habe ich mich entschlossen, das zusammengebrochene Heer zu verlassen.«

Mit diesen erbärmlichen Worten kündigte am 10. November 1918 Wilhelm von Hohenzollern, von Gottes Gnaden Deutscher Kaiser und König von Preußen, dem Kronprinzen seine Flucht nach Holland an. Dort lebte er auf dem idyllischen Landschloß Doorn als Landedelmann und Besitzer eines der ungeheuersten Vermögen, bis er am 4. Juni 1941 an einer Lungenembolie im Alter von zweiundachtzig Jahren starb. In Doorn wurde er begraben. Zwei Erinnerungsbücher, zahlreiche Aufsätze und überlieferte Gespräche zeigten, daß er ungebrochen an seine Sendung glaubte. Aus dem Verhängnis, das so eng mit seiner Person und dem Glauben des deutschen Volkes an eine von Gott gesetzte Obrigkeit verknüpft war, hatte er nichts gelernt.

Elfhundertachtzehn Jahre nach der Krönung Karls des Großen und einhundertzwölf Jahre nach Auflösung des Heiligen Römischen Reiches deutscher Nation war auch das Kaisertum des Bismarckreiches untergegangen. Und keine Hand erhob sich, um Krone und Thron zu verteidigen. Doch große Teile des Volkes blieben blind für die Ursachen dieses Zusammenbruchs, sahen die Schuld bei den angeblichen »Novemberverbrechern« und verweigerten der Weimarer Republik als Gemeinwesen der Freien und Gleichberechtigten ihre Hand. Aber auch den alten Dynastien traute die große Mehrheit der nationalistischen Deutschen eine Erneuerung des Reiches zu alter Macht und Herrlichkeit nicht zu, sondern einem Führer, der »aus der Tiefe des Volkes« emporgestiegen war. Adolf Hitler sah nicht Zufall, sondern Berufung darin, daß er von seinem Haus bei Berchtesgaden den Untersberg im Blickfeld hatte, in dem nach der Sage der alte Kaiser Barbarossa auf seine Wiederkunft wartete.

Hatte jedoch die tausendjährige monarchische Tradition der Deutschen mit dem Ersten Weltkrieg ihr Ende gefunden, so bedeutete das Ende des von Hitler entfesselten Zweiten Weltkrieges den endgültigen Untergang des Reiches.

KARL FRANZ VON ÖSTERREICH-UNGARN
1916—1918

Der letzte Kaiser aus dem Haus Habsburg wurde am 17. August 1887 in Persenbeug (Niederösterreich) als Sohn des Erzherzogs Otto und der Prinzessin Maria Josepha von Sachsen geboren. Nach Ausbildung am Wiener Schottengymnasium trat er 1905 beim Dragonerregiment Nr. 7 Savoyen in Böhmen ein. Als Rittmeister verheiratete er sich 1911 mit Prinzessin Zita, Tochter des Herzogs von Bourbon-Parma. Durch die Ermordung seines Onkels Erzherzogs Franz Ferdinand am 28. Juni 1914 wurde er unvermittelt zum Thronfolger Österreich-Ungarns. Trotzdem war er die meiste Zeit an der Front und führte in den Kämpfen in Oberitalien das aus Elite-Einheiten gebildete 20. (Edelweiß-) Korps, leitete während der Brussilow-Offensive mit dem preußischen General v. Seeckt als Generalstabschef ein Heeresgruppenkommando.
Nach dem Tode Kaiser Franz Josephs I. am 21. November 1916 wurde Karl Kaiser von Österreich und König von Ungarn und am 30. Dezember 1016 in Budapest zum König gekrönt. Als Oberkommandierender entließ er den an der Entstehung des 1. Weltkriegs wesentlich beteiligten Chef des Generalstabs Generalfeldmarschall

Conrad von Hötzendorf. Von der Aussichtslosigkeit des Krieges überzeugt, versuchte er durch die Brüder seiner Frau, Sixtus und Xavier von Bourbon-Parma, Verständigungsgespräche mit Frankreich herbeizuführen. Im deutschen Hauptquartier wurde die realistische Beurteilung der Kriegslage durch Kaiser Karl und seinen Außenminister Graf Czernin nicht geteilt. Der Ausbruch der russischen Revolution 1917 beschleunigte die Zerfallserscheinungen der Vielvölkerarmee, zwang Karl aber auch zu einem engeren Anschluß an Deutschland, um einen Anteil an den Getreidereserven der Ukraine für Österreich-Ungarn zu sichern. Die Verkündung des Selbstbestimmungsrechts der Völker als Voraussetzung für den Frieden und die Neuordnung Mitteleuropas durch den US-Präsidenten Wilson war der Anfang vom Ende der Habsburger Donaumonarchie. Daran konnte auch die Lösung des Bündnisses mit Deutschland am 27. Oktober 1918 nichts mehr ändern. Am 11. und 13. November verzichtete Karl auf Ausübung der Regierungsgewalt und ging in die Schweiz. 1921 unternahm er zwei Versuche, die Monarchie in Ungarn wieder aufzurichten, scheiterte aber. Mit seiner Familie übersiedelte Karl nach Madeira, wo er am 1. April 1922 an einer Lungenentzündung starb. In der Wallfahrtskirche Nossa Senhora do Monte wurde er beigesetzt. Dem Anspruch auf die Kronen von Österreich und Ungarn hat Karl Franz Joseph niemals entsagt. Erst mit dem Thronverzicht seines Sohnes Otto im Jahre 1961 ist Habsburg als Kaiserdynastie endgültig erloschen.

Karl I. als Erzherzog.
Bronzemedaille von A. Hartig 1915.

Für freundliche Hilfe beim Zustandekommen des vorliegenden Werkes, insbesondere für Nachweis und Beschaffung von Abbildungen, sind Autor und Verlag zu Dank verpflichtet: Herrn Dr. Auer, Schloß Ambras bei Innsbruck; Frau Irmgard Ernstmeier vom Hirmer Verlag, München; Frau Dr. Gockerell vom Bayerischen Nationalmuseum, München; Herrn Justus Göpel vom Archiv für Kunst und Geschichte, Berlin; Herrn Dr. Gert Hatz vom Museum für Hamburgische Geschichte, Hamburg· Herrn Dr. Hermann Hauke von der Bayerischen Staatsbibliothek, München; Herrn Dr. Herbert Haupt vom Kunsthistorischen Museum, Wien; Herrn Dr. Roland Klemig vom Bildarchiv Preußischer Kulturbesitz, Berlin; Frau Ingeborg Köpke vom Bismarck-Museum, Friedrichsruh; Frau Krekler von der Württembergischen Landesbibliothek, Stuttgart; Herrn Dr. Georg Johannes Kugler vom Kunsthistorischen Museum, Wien; Frau Dr. Annemarie Kuhn-Wengemayr vom Landesamt für Denkmalspflege, München; Herrn Dr. Harald Küthmann von der Staatlichen Münzsammlung, München; Herrn Ludwig Otto vom Bildarchiv Foto Marburg; Frau Liselotte Renner von der Bayerischen Staatsbibliothek, München; Frau Dr. Scheicher von Schloß Ambras bei Innsbruck; Frau Schmeißer vom Hauptstaatsarchiv, München; Frau Irmgard Wiilemssen vom Rheinischen Bildarchiv, Köln; Frau Wittke vom Zentralinstitut für Kunstgeschichte, München.

Vorlagen für die Abbildungen lieferten: Jörg P. Anders, Berlin; Archiv für Kunst und Geschichte, Berlin; Lala Aufsberg, Sonthofen; Bayerische Staatsbibliothek, München; Bayerisches Hauptstaatsarchiv, München; Bayerisches Landesamt für Denkmalspflege, München; Bayerisches Nationalmuseum, München; Bildarchiv der deutschen Kunst, München; Bildarchiv Foto Marburg; Bildarchiv Preußischer Kulturbesitz, Berlin; Joachim Blauel, Gauting; Deutsches Archäologisches Institut, Rom; Foto Albrecht, Innsbruck; Foto Carstensen, Hamburg; Hirmer Fotoarchiv, München; Hartwig Hotter, München; Edmund von König, Heidelberg; Katholische Kirchengemeide zum Heiligen Klemens, Schwarzrheindorf, Bonn; Kunsthistorisches Museum, Wien; Evelinde Manon, Gräfelfing; Ingeborg Limmer, Bamberg; Walter Lüden, Wyk auf Föhr; Erwin Meyer, Wien; Ann Münchow, Aachen; Nationalgalerie Berlin (West); Preiss & Co., München; Viktor Radnicky, Emmering; Rheinisches Bildarchiv, Köln; Rowohlt Taschenbuch Verlag, Reinbek; Staatliche Münzsammlung, München; Süddeutscher Verlag, München; Württembergische Landesbibliothek, Stuttgart.